Logoterapia
e Análise
Existencial

O GEN | Grupo Editorial Nacional – maior plataforma editorial brasileira no segmento científico, técnico e profissional – publica conteúdos nas áreas de ciências humanas, exatas, jurídicas, da saúde e sociais aplicadas, além de prover serviços direcionados à educação continuada e à preparação para concursos.

As editoras que integram o GEN, das mais respeitadas no mercado editorial, construíram catálogos inigualáveis, com obras decisivas para a formação acadêmica e o aperfeiçoamento de várias gerações de profissionais e estudantes, tendo se tornado sinônimo de qualidade e seriedade.

A missão do GEN e dos núcleos de conteúdo que o compõem é prover a melhor informação científica e distribuí-la de maneira flexível e conveniente, a preços justos, gerando benefícios e servindo a autores, docentes, livreiros, funcionários, colaboradores e acionistas.

Nosso comportamento ético incondicional e nossa responsabilidade social e ambiental são reforçados pela natureza educacional de nossa atividade e dão sustentabilidade ao crescimento contínuo e à rentabilidade do grupo.

VIKTOR E. FRANKL

Logoterapia e Análise Existencial

Textos de seis décadas

Tradução
Marco Antônio Casanova

- O autor deste livro e a editora empenharam seus melhores esforços para assegurar que as informações e os procedimentos apresentados no texto estejam em acordo com os padrões aceitos à época da publicação, *e todos os dados foram atualizados pelo autor até a data de fechamento do livro.* Entretanto, tendo em conta a evolução das ciências, as atualizações legislativas, as mudanças regulamentares governamentais e o constante fluxo de novas informações sobre os temas que constam do livro, recomendamos enfaticamente que os leitores consultem sempre outras fontes fidedignas, de modo a se certificarem de que as informações contidas no texto estão corretas e de que não houve alterações nas recomendações ou na legislação regulamentadora.

- O autor e a editora se empenharam para citar adequadamente e dar o devido crédito a todos os detentores de direitos autorais de qualquer material utilizado neste livro, dispondo-se a possíveis acertos posteriores caso, inadvertida e involuntariamente, a identificação de algum deles tenha sido omitida.

- **Atendimento ao cliente: (11) 5080-0751 | faleconosco@grupogen.com.br**

- Traduzido de
  LOGOTHERAPIE UND EXISTENZANALYSE: TEXTE AUS SECHS JAHRZEHNTEN
  Copyright © 1998 Beltz Verlag • Weinheim Basel
  All Rights Reserved.

- Direitos exclusivos para a língua portuguesa
  Copyright © 2012, 2024 (6ª impressão) by
  Forense Universitária, um selo da Editora Forense Ltda.
  Uma editora integrante do GEN | Grupo Editorial Nacional

- Travessa do Ouvidor, 11
  Rio de Janeiro – RJ – 20040-040
  www.grupogen.com.br

  Reservados todos os direitos. É proibida a duplicação ou reprodução deste volume, no todo ou em parte, em quaisquer formas ou por quaisquer meios (eletrônico, mecânico, gravação, fotocópia, distribuição pela Internet ou outros), sem permissão, por escrito, da Editora Forense Ltda.

  Tradução: *Marco Antônio Casanova*

- CIP – Brasil. Catalogação-na-fonte.
  Sindicato Nacional dos Editores de Livros, RJ.

F915L

Frankl, Viktor E. (Viktor Emil), 1905-1997.

Logoterapia e análise existencial: textos de seis décadas/Viktor E. Frankl; tradução Marco Antônio Casanova. – 1. ed. [6ª Reimp.] - Rio de Janeiro: Forense Universitária, 2024.

Tradução de: Logotherapie und existenzanalyse: texte aus sechs jahrzehnten
ISBN 978-85-309-3535-1

1. Psicoterapia. 2. Personalidade. 3. Existencialismo. 4. Logoterapia. I. Título.

12-1897.
CDD: 150
CDU: 159.9

Em memória de Otto Pötzl[*]

---

[*] 1928-1945 Diretor da Clínica Universitária Neurológico-psiquiátrica de Viena.

Sumário

Sobre o Autor IX

Introdução à primeira edição por Giselher Guttmann* 1

1. Sobre a problemática espiritual da psicoterapia (1938) 9
2. Automeditação psiquiátrica (1938) 27
3. Filosofia e psicoterapia para a fundamentação de uma análise
   existencial (1939) 33
4. Sobre o apoio medicamentoso da psicoterapia no caso de neuroses
   (1939) 43
5. Compêndio de análise existencial e logoterapia (1959) 55
6. Psicologia e psiquiatria do campo de concentração (1961) 193
7. Rudolf Allers como filósofo e como psiquiatra (1964) 227
8. Psicologização – ou humanização da medicina? (1981) 239
9. O encontro da psicologia individual com a logoterapia (1984) 257
10. Fome por pão – e fome por sentido (1985) 273
11. O homem na busca por um sentido derradeiro 279
12. Observações sobre a patologia do espírito do tempo 303

Anexo: Em memória de 1938 315

Indicação das fontes 319
Livros sobre o tema "logoterapia" 321
Índice onomástico 333

---

*   Giselher Guttmann, nascido em 1934 em Viena, é professor de psicologia
geral e experimental na Universidade de Viena.

Sobre o autor

Viktor E. Frankl foi professor de Neurologia e Psiquiatria da Escola de Medicina da Universidade de Viena. Durante 25 anos, ele foi o chefe da Policlínica Neurológica de Viena. Sua "Logoterapia/Análise Existencial" veio a ser conhecida como a "Terceira Escola Vienense de Psicoterapia". Ele segurou cátedras em Harvard, Stanford, Dallas e Pittsburgh, e foi Professor de Logoterapia na Universidade Internacional dos EUA, em San Diego, Califórnia.

Nascido em 1905, Frankl recebeu os títulos de Doutor em Medicina e Doutor em Filosofia pela Universidade de Viena. Durante a Segunda Guerra Mundial, ele passou três anos em Auschwitz, Dachau e outros campos de concentração.

Durante quatro décadas Dr. Frankl fez inúmeras palestras em todo o mundo. Ele recebeu títulos hononários de 29 universidades da Europa das Américas, da África e da Ásia. Recebeu inúmeros prêmios, entre eles o Oskar Pfister Award da American Psychiatric Association, e foi membro honorário da Academia Austríaca de Ciências.

Os 39 livros de Frankl foram traduzidos para 43 idiomas. Seu livro *O homem em busca de um sentido* já vendeu milhões de cópias e foi listado entre "os dez livros mais influentes da América."

Viktor Frankl morreu em 1997, em Viena.

Introdução à primeira edição
por Giselher Guttmann[1]

No dia 14 de maio de 1986, a Universidade de Viena conferiu ao Prof. Dr. Viktor Frankl o título de doutor *honoris causa* em Ciências Naturais. Esse foi o 12º título de doutor *honoris causa* de Frankl,[2] o que abriu para mim, como responsável pelo discurso de entrega do prêmio em jogo nessa festa, a possibilidade de olhar para trás, para a obra de vida e para a vida de um homem que eu mesmo tive a oportunidade de conhecer há mais de 30 anos como jovem estudante.

Não foi tarefa difícil fazer o discurso de congratulação: não é difícil celebrar um homem que, desde 1946, publicou nada menos do que 26 livros em 20 línguas[3] (entre outras, uma edição em sete volumes de sua obra completa em japonês!). Deveria ser uma tarefa simples apresentar o mérito do autor de *Man's Search for Meaning*, uma obra que teve até hoje mundo afora nada menos do que 149 edições, assim como honrar um cientista tão importante em sua área. No entanto, diante da escassez de tempo, precisamos, como responsáveis pelo discurso de congratulação, nos restringir a indicar de maneira exemplar as homenagens e distinções. Não parece haver aí outro problema, senão escolher a partir da imensa

---

1 Giselher Guttmann, nascido em 1934 em Viena, é professor de psicologia geral e experimental na Universidade de Viena.

2 Nesse ínterim, lhe foram conferidos 27 títulos de doutor *honoris causa* (observação da reitoria).

3 Agora são 30 livros ou traduções em 23 línguas (observação da reitoria).

profusão de suas obras aquilo que foi decisivo para ele, para as suas teses e seu desenvolvimento.

Precisei outrora, em um caminho tranquilo e solitário, tomar minha própria decisão, e Viktor Frankl mesmo ratificou a minha escolha. Agora, então, quando as pessoas me pediram para formular algumas ideias introdutórias a uma obra que pretende reunir "textos de seis décadas", não foi pequena a minha curiosidade de saber como que essa seleção poderia se organizar. Ainda tinha plenamente na lembrança o fato de que sua primeira publicação tinha acontecido já no ano de 1924 – uma data que nos deixa perplexos, quando levamos em conta que Frankl nasceu em 1905. O rapaz de 19 anos tinha publicado na *Revista de Psicanálise* uma contribuição sobre o surgimento de afirmação e negação mimética, contribuição que tinha sido precedida de uma longa correspondência mantida pelo ginasiano Viktor Frankl com Freud. Dois anos mais tarde, então, como jovem estudante de medicina, ele proferiu uma conferência fundamental no Congresso Internacional de Psicologia Individual.

Já naquela época deparamo-nos com a peculiaridade mais essencial de Viktor Frankl: a vontade inflexível de tomar um caminho próprio. E quem se decide por isso tem dificuldades para ser aceito por instituições estabelecidas. As divergências já insinuadas na citada conferência fundamental em relação às opiniões escolásticas ortodoxas próprias à psicologia individual tornaram-se mais graves e levaram, por fim, ao rompimento com Adler, por cujo desejo expresso Frankl foi excluído em 1927 da Sociedade dos Psicólogos Individuais.

A contribuição *O encontro da psicologia individual com a logoterapia* oferece um retrospecto reconciliador dessa fase de seu desenvolvimento, uma fase que representou para Frankl um passo necessário em seu próprio caminho. Para ele, já estava evidentemente claro naquela época que a psicanálise estabelecia por meta *adequar* o homem à realidade efetiva, enquanto a psicologia individual visava a uma *configuração* dessa realidade – uma progressão na qual parecia faltar para o jovem Frankl a posição mais imediata, derradeira e decisiva. Ela é exposta na contribuição *Para a problemática da psicoterapia*:

Introdução à primeira edição por Giselher Guttmann ∗ 3

O passo essencial para além de adequação e configuração é a assunção da *responsabilidade*: ser eu significa ser responsável. E, assim, é preciso postular como o plano mais elevado o plano da *descoberta de sentido*, o encontro daqueles valores, que o particular pode realizar em seu destino vital concreto. E já nesse trabalho, redigido em 1938, Frankl deixa claro que não somos nós, mas o doente mesmo que tem de decidir. Decidir-se *diante de quem* ele se sente responsável (seja diante de Deus, seja diante de sua consciência) e *pelo que* ele se sente responsável, ou seja, que sentido ele encontra em sua vida.

Nesses escritos de juventude oriundos dos sonoros anos 1930, Viktor Frankl já coloca no ponto central de suas reflexões o problema da aparente ausência de sentido da existência e exige o passo terapêutico notável do *diálogo conduzido em termos de visão de mundo*.

Com isso, reconhece-se e contorna-se um perigoso rochedo: o fato de não se poder oferecer ou mesmo outorgar um determinado ponto de vista, mas de se ter muito mais de afirmar que a postura intransigentemente não missionária é um dogma central da atividade psiquiátrica. De maneira clara e imperativa, Frankl diz isso em *Automeditação psiquiátrica*: "A visão de mundo escolhida por alguém permanece sem ser influenciada. Decisivo é o *fato de que* ele possui uma visão de mundo."

Essa postura tolerante não se interrompe nem mesmo diante da esfera religiosa: em *Man's Search for Ultimate Meaning*, conferência que fez quando recebeu o Prêmio Oskar Pfister,[4] estabelece-se a ponte com a religião sem deixar de considerar nenhuma das consequências dessa ponte para a atividade psiquiátrica. De qualquer modo, a concepção de Frankl do conceito "religião" é tão ampla que pode incluir até mesmo o agnosticismo e o ateísmo.

Em sua autobiografia, Viktor Frankl descreve como, mais ou menos aos 40 anos, ele se viu diante da necessidade de despertar

---

4   Na segunda edição, essa conferência aparece com o título "O homem à busca de um sentido último" (p. 265 e segs.).

assustado do sono e constatar que também precisaria morrer um dia. Foi esse antigo impulso que o fez formular de maneira extremamente clara a questão central: como é possível compatibilizar o sentido da vida com a perecibilidade? Já como ginasiano, estimulado entre outros aspectos pelas ideias de Gustav Theodor Fechner, Frankl tinha se confrontado com ideias que discutiria mais tarde com Martin Heidegger. E, assim, o âmbito da visão de mundo integrou-se para ele desde o início na atividade psiquiátrica.

Em *Filosofia e psicoterapia*, apresenta-se a exigência inequívoca de que o médico de doentes nervosos não "trate do paciente passando ao largo" de suas decisões ideológicas e dos seus valores pessoais. Neuroses surgem por meio de posições ideológicas totalmente determinadas ou são mantidas por essas posições. E não foi certamente por acaso que Frankl recorreu, em sua contribuição sobre *Rudolf Allers como filósofo e psiquiatra*, a uma citação literal de seu mestre em fisiologia: "Ainda não vi nenhum caso de neurose no qual uma questão metafísica não resolvida, se quisermos formulá-lo assim, não tivesse se desvelado como problema derradeiro e como conflito último...".

Como se o destino de Frankl o quisesse medir com suas próprias teses, esse caminho consequente e exitoso experimentou uma ruptura repentina: Frankl foi arrancado do trabalho como médico responsável em Rothschild-Spital e levado a muitos campos de concentração (entre outros, para Auschwitz). O que podemos dizer sobre esses anos, nos quais ele perdeu sua primeira mulher nos campos de concentração, seu pai, sua mãe e seu irmão? De maneira completamente desprovida de teor dramático, Frankl mesmo nos fala de um grande *experimentum crucis* para as suas representações, outrora já claramente formuladas, sobre a descoberta de sentido: "A reflexão só pode acontecer por meio de uma orientação para o futuro, para um sentido cujo preenchimento é esperado no futuro."

Não soa como uma ilustração sintética do destino o fato de o manuscrito sobre o *Cuidado médico psíquico* ter se perdido e de o desejo de sua reconstrução ter se tornado um dos impulsos mais

Introdução à primeira edição por Giselher Guttmann * 5

decisivos para a sobrevivência de Viktor Frankl? Em *Psicologia e psiquiatria do campo de concentração*, Frankl apresenta de forma dissecadora e desprovida de afetos a situação limite de uma existência permanentemente provisória e da incerteza constante do fim. Não obstante, ele não teve apenas força para sobreviver, mas também, depois de seu retorno do campo de concentração, força para permanecer fiel às suas máximas com uma tranquila serenidade. Com decisão, ele se colocou contra a ideia de uma culpa coletiva e escreveu em 1947, em *Análise existencial e os problemas do tempo*: "Na medida em que há responsabilidade coletiva, ela só pode ser uma responsabilidade planetária. Uma mão não deve imaginar que não foi ela, mas a outra, que se viu tomada por uma ulceração; pois é sempre o corpo inteiro que adoece."

Sua postura diferenciada, sustentada por uma posição fundamental positiva – a postura voltada para trazer algo à existência por meio do amor –, foi condensada por Viktor Frankl em 1947 em um texto intitulado *Tempo e responsabilidade*; e isso na medida em que ele contrapôs ao *cogito ergo sum* cartesiano um *amo ergo sum*.

A ponte estabelecida entre filosofia e psicoterapia – uma ponte construída por Frankl em sua doutrina tanto quanto em sua vida – não pode, naturalmente, fazer com que esqueçamos um outro componente decisivo: seu entusiasmo experimental com as ciências naturais. Em seu esboço de autobiografia, ele nos relata que, já aos 3 anos de idade, tinha declarado o desejo de ser médico e podido imaginar algumas ideias para o teste de medicamentos (que, com certeza, não podiam corresponder completamente aos padrões atuais).

De qualquer modo, a psicologia experimental fascinava Frankl a tal ponto que ele se doutorou em psicologia em 1949, em Viena. A principal ideia de que, ao lado do plano noético e psicológico, o âmbito *biológico* não pode ser desconsiderado, também foi certamente responsável pelo fato de, já em 1939, Frankl ter apresentado o trabalho *Sobre o apoio medicamentoso à psicoterapia no caso de neuroses*. E, assim, só os *outsiders* se espantarão com o fato de Pöldinger, em seu *Kompendium der Psychopharmakotherapie* (Compêndio de terapia psicofarmacológica), citar Frankl como o primeiro a poder

6 * Logoterapia e Análise Existencial * Viktor E. Frankl

relatar sucessos promissores no tratamento de depressões nervosas provocadas por angústia com o auxílio de ésteres de glicerina, inserindo-o no rol dos pioneiros da pesquisa dos ansiolíticos.

Naturalmente, o "instrumento" medicamento também não é visto aqui isoladamente. De acordo com a convicção de Frankl, ele tem muito mais o valor conjuntural de um *doping* "em uma luta na qual o doente precisa ter recebido já anteriormente a arma da mão do psicoterapeuta". Essa frase, escrita em 1939, parece hoje mais importante do que nunca – em um tempo que é marcado pela convicção de que há e precisa haver uma pílula para tudo e contra tudo.

A abertura de Viktor Frankl em relação à psicologia experimental, porém, também foi o fator impulsionador do fato de, já em 1972, ter-me sido entregue o primeiro trabalho empírico (*Logotherapie als Persönlichkeitstheorie* – Logoterapia como teoria da personalidade –, de Elisabeth Lukas) como tese de doutorado. A essa tese se seguiu uma longa série de trabalhos, nos quais teses e ideias particulares da corrente de pesquisa própria à análise existencial ou ao método de tratamento psicoterápico logoterapia foram investigadas.

Precisamente nesse contexto, uma ideia central da obra de vida de Frankl certamente não deve ser desconsiderada: na tentativa de ajudar os doentes, não se deve evitar a confrontação ideológica. Técnicas como ignorar os sintomas, como a des-reflexão, ou mesmo como a ironização dessa des-reflexão, tanto quanto a intenção paradoxal, podem vir ao nosso encontro em pontos de partida terapêutico-comportamentais surgidos muito mais tarde. Empregá-las como instrumentos isolados, contudo, precisa levar necessariamente à mesma decepção que uma supervalorização do apoio medicamentoso da terapia.

O corte longitudinal aqui exposto através de 50 anos de trabalho de pesquisa mostra a maravilhosa ponte que Viktor Frankl construiu entre psiquiatria, filosofia e psicologia. Apreçaríamos mal o seu interesse se nos satisfizéssemos em admirar a construção dessa ponte e não reconhecêssemos que Frankl exige, ao mesmo tempo, a unidade indissolúvel desses três âmbitos. Um esforço psicoterápico sem vinculação com a dimensão filosófico-ideológica acaba, necessariamente, por permanecer algo infrutífero. Os presentes trabalhos ajudarão a compreender essa exigência a partir da história de seu surgimento e, com isso, a levá-la a sério. Permitam-me que me apoie nas próprias formulações de Frankl ao exprimir a esperança de que esse volume torne possível reconhecer o seguinte: o sentido da vida de Viktor Frankl estava em ajudar os outros a verem um sentido em sua vida!

1.
Sobre a problemática espiritual da psicoterapia
[1938]

Ao nos entregarmos à tarefa de apresentar a problemática espiritual da psicoterapia, é aconselhável investigar de início as correntes psicoterápicas atuais em um aspecto histórico-científico com vistas a que tendências de desenvolvimento histórico-espirituais sejam observadas. Aqui, então, encontramos como grandes representantes históricos os sistemas da *psicanálise* e da *psicologia individual*. Se nos perguntarmos, porém, o que constituiria, afinal, a descoberta essencial feita a partir do ponto de vista das opiniões doutrinárias citadas em relação ao acontecimento neurótico, poderemos, então, constatar o seguinte: para o psicanalista, o momento essencial no surgimento dos sintomas neuróticos consiste na *repressão*, no tornar inconscientes certos conteúdos de consciência: o princípio terapêutico no quadro da psicanálise é, de acordo com isso, essencialmente um deixar tornar-se consciente no sentido da suspensão das repressões. Característica desse traço fundamental do método de tratamento psicanalítico pode ser certamente a sentença de Sigmund Freud, segundo a qual lá onde se acha o id é que o eu deve vir a ser – um ato que ele compara com secar o Lago de Zuídas. Em contrapartida, vemos no modo de tratamento psicológico individual que o sintoma neurótico, totalmente no sentido do conceito adleriano fundamental do *arranjo*, é interpretado aí como uma tentativa do indivíduo de livrar-se de uma responsabilidade. Portanto, de acordo com a concepção psicanalítica, no acontecimento neurótico o eu se vê reduzido como um ser-consciência, enquanto, segundo a doutrina psicológico-individual, há aí uma atenuação do ser responsável.

Em uma meditação geral sobre as bases mais profundas da existência humana obtém-se, então, a seguinte fórmula antropológica: *ser-eu significa ser-consciente e ser-responsável.*[1]

À luz dessa fórmula antropológica fundamental mostra-se, portanto, que a psicanálise ou a psicologia individual consideram, cada uma em seu campo de visão, um lado da existência humana, a fim de avançar a partir desse lado em direção a uma interpretação do acontecimento neurótico. Ao mesmo tempo, porém, isso não significa outra coisa senão que os dois sistemas não foram criados de maneira totalmente casual, que eles precisaram surgir muito mais juntamente com o aparato normativo epistemológico, sim, que eles precisaram surgir da necessidade ontológica, e, nesse aspecto, suas unilateralidades, tanto quanto suas mútuas oposições, representam apenas complementos reais e efetivos.

Mas não são apenas os dois *pontos de partida antropológicos* supostos por nós que forjam um verdadeiro complemento mútuo. Ao contrário, essa complementariedade também se dá junto ao *caminho metodológico* no qual elas se movimentam em sua concepção fundamental da vida psíquica humana. As duas doutrinas padecem claramente de uma restrição da realidade psíquica fenomenalmente dada; a psicanálise em um aspecto material, no que diz respeito ao conteúdo das aspirações psíquicas, uma vez que ela sempre acaba por fazer valer como conteúdo possível em última análise apenas algo libidinoso. Em contrapartida, a concepção da psicologia individual limita o acontecimento psíquico em um aspecto formal, na medida em que ela certamente reconhece aspira-

---

[1] Esses dois componentes têm naturalmente, tal como toda e qualquer função espiritual, a sua fundação biológica, na medida em que o ser consciente é suportado pelo sentimento de evidência e, por outro lado, o ser-responsável depende da segurança instintiva do indivíduo. As duas funções parecem abaladas no caso do caráter neurótico-compulsivo em sua camada biológica e se estabelecem na superestrutura de maneira compensatória em meio aos sintomas neurótico-compulsivos: mas achamos, de qualquer modo, que o neurótico compulsivo tem de sofrer em toda a sua vida precisamente de uma falta de consciência e de sentimento de responsabilidade.

1. ✴ Sobre a problemática espiritual da psicoterapia (1938) ✴ 11

ções dotadas de um conteúdo diverso, mas, quando o que está em questão são formas neuróticas, apresenta-as de algum modo como inautênticas, como meios para fins, no sentido do conceito de arranjo.[2] Faticamente, as coisas se dão naturalmente de tal modo que, no aspecto psíquico-geral, mas também no acontecimento neurótico, não são significativas apenas as aspirações libidinosas, mas também outras aspirações; enquanto, por outro lado, em contraposição à concepção da psicologia individual, sintomas neuróticos não são apenas meios para fins, mas também (ao menos primariamente) expressão imediata. Não obstante, vimos como, mesmo nessa relação, psicanálise e psicologia individual, em suas posições fundamentais psicológicas unilaterais que conduzem a exageros, não representam senão dois complementos necessários.

Agora, porém, no que diz respeito finalmente àquilo que, para além do ponto de partida antropológico e do caminho metodológico, se denomina a *meta ideológica*, uma meta que paira livremente de maneira consciente ou inconsciente diante das duas doutrinas em sua práxis, mas que se acha de qualquer modo implícita nelas, podemos fazer as seguintes constatações: a máxima mais elevada do agir psicanalítico é a produção de um compromisso entre as requisições do inconsciente, por um lado, e as exigências ou o fracasso da realidade, por outro. Com isso, a *adaptação* da vida pulsional à realidade efetiva. A psicologia individual, em contrapartida, tem o lema terapêutico de alcançar, indo além de toda adaptação do indivíduo, uma *configuração* corajosa da realidade efetiva por parte do eu. (Aqui nos deparamos pela primeira vez, portanto, em meio à comparação entre esses dois sistemas, com uma gradação progressiva em vez de com uma contraposição complementar.) Se nos perguntarmos, agora, então, se haveria, afinal, além de adaptação e configuração, por assim dizer, uma outra dimensão na qual o homem tem de penetrar, na medida

---

2   No I Congresso de Psicologia, em Düsseldorf (1926), o autor procurou apresentar a neurose primariamente como expressão e só secundariamente como meio.

em que queiramos deixá-lo se tornar saudável; ou se nos perguntarmos quais seriam as categorias derradeiras que teríamos ainda de inserir em nossa imagem do homem, se ele devesse fazer jus à sua realidade efetiva espiritual e psíquica – então chegaremos à visão de que essa categoria pode ser o *preenchimento* da descoberta de sentido. Neste caso, seria preciso observar que o preenchimento do homem é algo que se lança essencialmente para muito além da mera configuração de sua vida; e isso de tal modo, em verdade, que a configuração representa respectivamente uma grandeza extensiva, enquanto o preenchimento ou a descoberta de sentido representam, por assim dizer, uma grandeza vetorial: a descoberta de sentido é direcionada; direcionada justamente para aquela possibilidade valorativa reservada a cada pessoa humana particular ou, melhor dito, entregue a ela, uma possibilidade valorativa que ela tem de preencher; direcionada para aqueles valores, que todo homem particular precisa realizar na unicidade de sua existência e na unicidade do espaço de seu destino. Se, com isso, a psicanálise está dirigida para o *passado* e para a causalidade, enquanto a psicologia individual está dirigida para o *futuro* e para a finalidade, então uma psicoterapia nesse último sentido citado recorreria antes ao *atemporal-supratemporal*, a saber, a algo absoluto no sentido do caráter objetivamente valorativo. Ou: se a psicologia individual contrapõe à mera necessidade da concepção psicanalítica o querer (falamos acima de uma "configuração corajosa"), então precisamos perguntar ainda: onde fica aquela terceira categoria do dever? Será que nas duas doutrinas foi de fato desconsiderado o complexo de todas aquelas aspirações, complexo este que se poderia designar, com uma variação da expressão--chave da psicologia individual, como uma "aspiração moral de validade", no sentido de uma aspiração inteiramente autêntica e originária por validade moral?

Como se sabe, Fritz Künkel foi ao encontro de tais requisições de direitos por parte da psicoterapia ao contrapor à terapia psíquica até aqui o postulado de uma informação sobre a saúde psíquica. Diante disso, precisamos nos lembrar daquela definição de Max

1. ✳ Sobre a problemática espiritual da psicoterapia (1938) ✳ 13

Weber, segundo a qual a saúde do homem depende do preenchimento de seus valores mais elevados possíveis. J. H. Schultz falou, certa vez, de "camadas valorativas existenciais mais elevadas" e disse sobre elas o seguinte: "Quem está acomodado nessas camadas pode sofrer, sem se tornar doente, sem se tornar neurótico." Onde está aquela psicologia terapeuticamente interessada, que vincularia essas camadas "mais elevadas" da existência humana em seu projeto e, nesse sentido e em contraposição às palavras da "psicologia profunda", mereceria o nome de *psicologia elevada*"? Onde se acha, em outras palavras, aquela teoria do acontecimento pura e simplesmente psíquico e, em particular, do acontecimento neurótico, que levaria em conta, se lançando para além do âmbito do psíquico, a existência humana conjunta, em toda a sua profundidade e elevação, e que, por conseguinte, poderia ser designada como *análise existencial*?

Tais ideias não são certamente novas: tudo dependerá, porém, de que as sigamos com asseio metodológico, a fim de preservarmos em suas consequências práticas aquela correção ideológica, sem a qual uma postura existencial em relação ao doente não é pensável. – Aqueles terapeutas que, graças à sua união pessoal com a prática psicoterápica, podem se mostrar ao mesmo tempo como médicos e como líderes ideológicos, terão certamente facilidade em colocar de maneira consciente o seu agir psicoterapêutico, por exemplo, a serviço de sua convicção religiosa ou de sua avaliação política. Justamente nesse ponto, contudo, fica claro o risco de uma transgressão dos limites do agir puramente médico, assim como de uma imposição da visão de mundo pessoal do médico ao doente no campo de seu tratamento. De fato, há muito tempo vozes de advertência vêm se levantando. Um dos espíritos que lideraram até bem pouco a psicoterapia alemã, Hanz Prinzhorn, um homem que morreu cedo demais, levantou certa vez a questão: "Em nome de que instância...". Quer dizer, em nome de que instância o psicoterapeuta consegue proceder em sua práxis. V. Weizsäcker lembra-nos de que nós, psicoterapeutas, "não devemos formar homens, mas antes possibilitá-los". Por fim, ninguém menos do que Kretschmer nos adverte sobre o risco de o médico se tornar padre.

Por outro lado, no entanto, as exigências para que venhamos a inserir conscientemente no agir psicoterápico uma visão de mundo e valorações têm vindo ao nosso encontro de maneira cada vez mais urgente. Gauger chega a falar diretamente sobre o fato de "a questão acerca da dotação de sentido da existência humana ser *a* questão da psicoterapia", designando a "saúde psíquica" como "não sendo outra coisa senão a resposta correta à pergunta sobre o sentido da vida". Para J. H. Schulz, "a neurose é um caso bastante peculiar de vida sem sentido". E C. G. Jung caracteriza a neurose como "o sofrimento da alma, que não encontrou seu sentido".

Vemos com isso, de maneira inequívoca e penetrante, o quanto uma tomada de posição ideológica e conscientemente valorativa é necessária na psicoterapia, e precisamos nos perguntar, por outro lado, se ela também seria possível, isto é, se ela seria permitida a partir do ponto de vista daquela lisura ideológica e daquele asseio metodológico que pressupomos anteriormente. Diante do dilema: *necessidade de uma avaliação e impossibilidade da imposição* – chegamos, assim, a uma situação do problema, que pode ser expressa da seguinte forma com o auxílio da formulação histórica exemplarmente válida de Kant: a psicoterapia é possível como psicoterapia valorativa? E: como é possível a psicoterapia como psicoterapia valorativa? Portanto, o que se faz essencialmente necessário na situação crítica atual da psicoterapia são, para continuar a falar como Kant, "prolegômenos a uma psicoterapia, que possa vir à tona no futuro como psicoterapia valorativa".

O que pode nos ajudar a sair do dilema descrito, porém, é aquela meditação simples mas abrangente sobre o mais profundo conteúdo do ser-aí humano, sobre o fato fenomenal originário da existência humana, cujo ponto de partida tocamos efetivamente em meio à fundamentação já esboçada de uma análise existencial. Partimos do fato de que o ser responsável constituiria, ao lado do ser consciente (óbvio), o ser-aí humano. A responsabilidade da pessoa humana, considerada como conceito antropológico central, também significa, contudo, um conceito ético limite, isto é, um conceito que ainda é eticamente neutro. Se deixarmos justamente

1. ✷ Sobre a problemática espiritual da psicoterapia (1938) ✷ 15

que um homem compreenda da maneira mais profunda possível o seu ser-aí como ser responsável, se tornarmos consciente para ele, com isso, a sua responsabilidade como fundamento de sustentação de sua existência, então isso já conterá para ele uma imperatividade incondicionada em relação a uma tomada de posição valorativa, em outras palavras, o homem que se tornou consciente de sua responsabilidade é, de alguma forma, obrigado a avaliar a partir justamente dessa responsabilidade; no entanto, como ele avalia, que ordem hierárquica de valores ele pode, por exemplo, erigir, tudo isso já se subtrai à influência médica. Sim, precisamos até mesmo exigir que ele, precisamente a partir de sua responsabilidade, da qual ele se conscientizou, avance autonomamente por si até os valores e as escalas de valores que se mostram de acordo com sua individualidade (que são como "afinidades seletivas" [Wladimir Eliasberg]); enquanto, por outro lado, precisamos nos recusar a exercer uma ingerência sobre essa tomada de posição concreta ou sobre os seus conteúdos valorativos particulares.[3]

Portanto, no momento em que, justamente no quadro de uma análise existencial como a exigida, o doente se torna consciente de sua responsabilidade essencial por meio do psicoterapeuta, o mé-

---

3 Essas concepções podem ser atestadas em muitos aspectos por meio de outras concepções que apresentam teor semelhante. Karl Jaspers fala, por exemplo, do "ser como ser decisivo"; Pfeiffer, em seu livrinho sobre Martin Heidegger e Karl Jaspers, designa expressamente a "responsabilidade como o elemento derradeiro". A partir de uma consideração particular da psicoterapia, Rudolf Allers definiu certa vez a psicoterapia como "educação para o reconhecimento da responsabilidade". E Artur Kronfeld, que certamente estava consciente do dilema anteriormente discutido, exige que o neurótico "se torne mais intensamente responsável perante si mesmo". Em relação ao estabelecimento de limites indicado para a psicoterapia valorativa, J. H. Schultz exige "que o doente se torne, por meio do trabalho do médico, uma pessoa com um ser próprio, um mundo próprio, uma responsabilidade própria". E mesmo Meinertz deseja: "... não mostrar, não converter a valores determinados; mas ajudar, impelir a seus valores, às possibilidades que são apropriadas para a sua possibilidade". De maneira totalmente clara, Oswald Schwarz formula o estado de coisas (em um escrito privado): "Nós damos apoio, nunca conteúdo."

dico precisará deixar, por exemplo, a solução das duas seguintes questões centrais nas mãos do próprio doente: 1. *Diante de quem* ele se sente responsável – por exemplo, se ele se sente responsável perante a sua própria consciência ou perante Deus – e 2. *Pelo que* ele se sente responsável, ou seja, para que valores concretos ele se volta buscando servir a eles, em que direção ele encontra o sentido de sua vida e que tarefas preenchem esse sentido.

Em todo caso, a solução dessas perguntas mantém-se, portanto, reservada ao doente. E se ele, como tantas personalidades diferenciadas, nos revelar a sua luta pelo sentido de sua existência com a questão acerca do sentido da vida, então precisaremos fazer antes de mais nada com que ele se conscientize de que não é ele em última instância o questionador, mas propriamente o interpelado; com que ele se conscientize do fato de que há uma correspondência ao estado de fato originário da responsabilidade na existência, se ele, em vez de perguntar constantemente sobre o sentido da vida, vivenciasse a si mesmo como interpelado pela questão, como homem, para o qual a vida apresenta constantemente questões, como um ser inserido em uma profusão de tarefas. Ora, a psicologia ensina que a dedução de sentido se encontra em um nível de desenvolvimento mais elevado do que a doação de sentido. Nós, psicoterapeutas, precisamos levar o doente, porém, para a capacidade pessoal de deduzir sentido da própria vida em sua unicidade e singularidade, ou seja, para a capacidade da descoberta autônoma de sentido.

Tudo aquilo que discutimos até aqui constitui a parte geral de uma análise existencial que é, desde então, carente de complementação por sua parte especial. Por essa parte temos em vista aquela técnica que faz frente às mais multifacetadas objeções do doente, assim como aquela dialética que suspende a insurreição do homem contra o suposto fardo do ser responsável, a fuga diante de sua liberdade. Em determinadas circunstâncias, será necessário sobretudo aproximar a indicação do ser responsável, como um traço fundamental da existência humana, da compreensão do homem simples; e isso em uma linguagem cotidiana que torne tudo maximamente concreto. Desse modo, o psicoterapeuta não pode

1. ✳ Sobre a problemática espiritual da psicoterapia (1938) ✳ 17

temer, em alguns casos, se servir de alegorias apropriadas. O que se segue aqui e no processo ulterior é um produto autoeloquente de uma experiência pessoal que surge em tais discussões ideológicas com doentes. De acordo com isso, não é apenas a nota do elemento prático, mas naturalmente também o caráter do fragmentário e do subjetivo, assim como o caráter próprio a toda empiria pessoal, que se aferroa a tudo isso.

Portanto, para que deixemos o homem simples do cotidiano se conscientizar de sua plena responsabilidade, podemos remetê-lo ao modo como ele, não apenas com o seu sofrimento pessoal, mas também com as suas múltiplas possibilidades de vencer esse sofrimento, se encontra aí presente de maneira totalmente singularizada; só há esse senhor X e Y ou essa senhora N e Z, por assim dizer, uma única vez em todo o acontecimento cósmico; e o modo como ele ou ela fazem frente às suas vidas, aquilo que esses homens fazem ou deixam de fazer, tudo isso é irrepetível e definitivo. Esses homens encontram-se respectivamente presentes com o seu destino de uma maneira única, ninguém consegue retirar isso deles, a tarefa de preencher essa vida é singular e exclusiva. A partir dessa consciência da tarefa específica de todo indivíduo se segue, então, automaticamente a consciência da responsabilidade diante dele, sim, ao mesmo tempo precisamente o sentimento de certa missão. Nada, contudo, consegue tornar um homem mais forte na luta contra dificuldades ou, se é isso o que está em questão, nada o ajuda mais a suportar o inevitável do que justamente esse sentimento de ter uma tarefa única e de ser irrepresentável em sua realização.

Ou então podemos solicitar ao doente em questão que ele imagine, por um momento, que o transcurso de sua vida seja um romance e que ele mesmo seria uma personagem central correspondente; que estaria, em seguida, porém, completamente em suas mãos dirigir o prosseguimento do acontecimento por si mesmo, por assim dizer, determinar aquilo que viria no próximo capítulo. Mesmo nesse caso, ao invés do peso aparente da responsabilidade, diante do qual ele se amedronta e do qual ele foge, ele vivenciará sua responsabilidade essencial na existência como liberdade de decisão ante um sem-número de possibilidades de ação. De maneira ainda mais intensa, podemos apelar, por fim, para a inserção pessoal em sua atividade, ao incitá-lo a imaginar que ele teria chegado a um ponto final em sua vida e que estaria na iminência de escrever sua própria biografia; e que, justamente agora, ele pararia naquele capítulo que trata do presente; e estaria, então, como que por um milagre, totalmente em suas mãos empreender correções; ele ainda poderia determinar de maneira completamente livre mesmo aquilo que deveria acontecer imediatamente em seguida... O veículo dessa alegoria também o obrigará a viver e a agir a partir do sentimento pleno de sua responsabilidade.

Mesmo em meio ao acontecimento neurótico-doentio ainda é possível demonstrar como a responsabilidade, ainda que inconscientemente, atravessa o homem nas bases de sua pessoa. Pois a angústia doentia e exagerada diante da morte de alguns neuróticos não representa em última instância outra coisa senão uma angústia ante a consciência; e eu mesmo pude conscientizar certa vez, em um caso particular, um carcinofóbico de que seu interesse corporal e quase exclusivo pelo modo como futuramente morreria não era outra coisa senão uma superestrutura para o seu desinteresse em relação a todo o modo no qual ele vivia, em relação ao seu modo de vida não consciente de sua responsabilidade. (Assim, algumas neuroses hipocondríacas podem representar, por assim dizer, uma cisão da angústia geral diante da morte = angústia da consciência em relação a um único órgão.)

Mesmo nesse caso, contudo, ao levarmos o doente que nos foi confiado até o ponto em que ele reconhece sua responsabilidade essencial na existência, há ainda uma grande quantidade de contra-argumentos aparentes e de subterfúgios diante da liberdade.

Assim, sempre ouvimos novamente a afirmação de que a vida seria efetivamente sem sentido, levando em consideração o fato de sua finitude temporal, ou seja, levando em consideração a morte. Não obstante, conseguimos simplesmente nos confrontar com essa objeção quando apresentamos ao doente em questão as seguintes reflexões simples: se a nossa existência fosse temporalmente ilimitada, então

1. ✶ Sobre a problemática espiritual da psicoterapia (1938) ✶ 19

poderíamos adiar com razão toda e qualquer ação de maneira arbitrária. Nesse caso, nunca chegaríamos à ideia de realizá-las justamente agora, pois elas também poderiam ser realizadas da mesma maneira amanhã ou depois de amanhã ou em 100 anos. É precisamente o fato de um limite derradeiro da vida, ou seja, de um limite derradeiro da possibilidade de ação, que nos obriga a aproveitar o tempo e a não deixar sem utilização uma ocasião propícia para a ação. Portanto, é justamente a morte que, então, empresta sentido à vida e à nossa existência como algo único.

Porém, não é apenas a finitude temporal de nossa existência que é apresentada como um contra-argumento, mas também a finitude, a restrição da pessoa humana com relação às suas capacidades e interesses, por assim dizer o fato da individuação: o fato de não sermos universais, mas imperfeitos, presos àquilo que Georg Simmel chama "o caráter fragmentário da vida". Mas essa objeção contra o fato de nossa vida ter sentido pode ser refutada, contanto que estejamos em condições de apresentar a individuação como um princípio inteiramente doador de sentido. Isso pode acontecer, por sua vez, com uma simples alegoria retirada da biologia. Quanto mais baixo é o nível biológico de desenvolvimento em que se encontra um ser multicelular, quanto menos as suas células particulares são diferenciadas, tanto mais cedo cada uma dessas células se mostra como substituível. Só a célula extremamente diferenciada na associação do estado celular hierarquicamente articulado se nos apresenta como relativamente insubstituível, ao menos não representável indiscriminadamente por meio de outro tipo de célula. Em outras palavras, essa célula extremamente diferenciada paga com a sua própria impotência a importância e a significância no interior do todo, do organismo estruturado sobre o princípio da divisão do trabalho. De maneira análoga, é precisamente a nossa unicidade, sim, a nossa unilateralidade, que constitui a unicidade de nossa pessoa, toda a nossa individualidade. Assim como em um mosaico cada partezinha particular só é insubstituível na medida em que nenhuma outra peça apresenta sua forma e sua cor, o indivíduo particular na comunidade também se mostra como um membro absolutamente valoroso desse todo mais elevado precisamente por meio de seu dom e de suas capacidades imperfeitas e unilaterais. (Dessa maneira, a comunidade – para além de seus dados sentimentais – pode ser justificada como uma tarefa essencial na existência humana.)

Ainda haveria naturalmente uma grande série de outras objeções, que cabe ao médico por vezes afastar logo que ousa se entregar ao plano de tais discussões ideológicas com seus pacientes. Não faz parte, contudo, do quadro dessas exposições sobre a problemática geral da psicoterapia e da fundamentação de uma análise existencial geral contribuir com algo ainda mais meritório sobre a sua parte especial. Por isso, retornaremos agora às questões gerais e procuraremos, então, reter o fato de que a tentativa analítico-existencial de conduzir a psicoterapia até o cerne de suas consequências ideológicas só muito raramente e em casos excepcionais substitui a técnica psicoterapêutica até aqui, não representando em geral senão meramente um complemento, ainda que importante em certas circunstâncias. Mas mesmo esse complemento não constitui em si nada de novo: todo bom psicoterapeuta já considerava de maneira mais ou menos consciente em sua prática tais pontos de vista ideológicos: de fato! Mas nossa questão é justamente saber se e em que medida ele o fazia de maneira justa. E nosso empenho estava voltado para a demarcação metodológica de uma psicoterapia "a partir do elemento espiritual", a fim de banir o risco de uma transgressão arbitrária de limites.

Durante muito tempo, a visão de mundo foi sempre apenas objeto do agir psiquiátrico. As pessoas caíram no erro do psicologismo e acreditaram até mesmo que era possível falar de uma "psicopatologia da visão de mundo". Não se percebeu nesse caso que, por exemplo, a dedução de uma imagem de mundo pessimista ou fatalista de um sentimento de inferioridade representa uma crítica tão inadequada como quando se busca aconselhar um homem que duvida do sentido da vida e se desespera a melhorar sua disposição corporal por meio de um tratamento com arsênio. O que é necessário é uma crítica imanente à concepção de vida do doente,

1. ✳ Sobre a problemática espiritual da psicoterapia (1938) ✳ 21

o que pressupõe o fato de estarmos por princípio prontos a acolher a discussão em uma base puramente ideológica. Portanto, não há nenhuma psicoterapia da visão de mundo e nunca poderá haver *a priori* tal psicoterapia. No entanto, uma visão de mundo como psicoterapia é certamente possível e, como mostramos, por vezes mesmo necessária. De maneira semelhante à que acontece com a superação do psicologismo no interior da filosofia por meio do logicismo, o que estará em questão, portanto, é superar os desvios psicologistas até aqui no interior da psicoterapia por meio de uma espécie de *logoterapia*, o que significa, por meio da vinculação de confrontações ideológicas no conjunto do tratamento psicoterápico – ainda que sob a forma condicionada, limitada e neutra que foi exposta anteriormente. A saber, sob a forma de uma análise existencial que parte do estado de fato originário inegável de uma responsabilidade humana como essência da existência humana e que tem por meta nem mais nem menos do que o reconhecimento puro e simples desse estado de fato por parte do doente, a fim de contribuir a partir desse ponto para a sua ancoragem espiritual, dando-lhe apoio no âmbito espiritual.

Em muitos casos, tal psicoterapia orientada em termos analítico-existenciais merece inteiramente a designação de uma "terapia" não específica, isto é, ela ajudará em certas circunstâncias o doente em questão, sem que parta da respectiva causa concreta de seu sofrimento. Sabemos, porém, que *toda psicoterapia* procede em grande parte de maneira não específica. Recentemente, admitiu-se em muitas correntes que a psicogênese de um sintoma, por um lado, e a indicação de sua psicoterapia, por outro, não precisam equivaler uma à outra completamente. Assim, por exemplo, é conhecido o fato de certas formas de surgimento de quistos serem acessíveis simplesmente a um tratamento por sugestão, e, contudo, ninguém acreditará seriamente que teria se tratado, nos casos em questão, de uma causa psíquica; em contrapartida, é possível afastar em *status nascendi* alguns casos de insônia com base em círculo vicioso, a saber, com base em uma mera angústia diante de uma expectativa, apesar de essa angústia ser psiquicamente demonstrável, por meio da influência medicamentosa – que quebra o círculo. Assim, alguns psicoterapeutas experientes sabem hoje que, por exemplo, os "complexos" expostos pela psicanálise como patogênicos representam fenômenos mais ou menos ubíquos – e, contudo, é sempre possível curar a neurose a partir de uma apreensão psicanalítica do sintoma. Por outro lado, estou convicto de que, assim, certas terapias psicológico-individuais devem seu efeito menos à descoberta de contextos reais e muito mais a um apelo radical à moralidade do doente, que não se dispõe mais a "deixar", por assim dizer, "por isso mesmo" o fato de o médico o apresentar, por exemplo, como tirano ou como um covarde no que se refere à vida e que prefere, com o último resto de energia presente, superar o sintoma assim interpretado.

Existe, portanto, por toda parte uma incongruência entre psicogênese e indicação de psicoterapia; e, por isso, também é possível compreender e deixar vigorar o fato de um tratamento psicoterápico significar, com base em um procedimento analítico-existencial, por vezes um tratamento não específico. Pois também se mostrará, entre outros aspectos, que o ponto de partida da análise existencial pelo elemento ideológico, o esforço terapêutico de partir do âmbito espiritual, é, por assim dizer, o caminho mais econômico. Lembro-me, por exemplo, de uma mulher que sofria de fenômenos neurótico-compulsivos (a assim chamada compulsão à blasfêmia) e, pouco antes de se mudar definitivamente para o estrangeiro, procurou meu consultório. Em face da brevidade do tempo que ela tinha à disposição, não havia nenhuma possibilidade de se falar de um tratamento. O que teve lugar foi muito mais o transcurso do diálogo com a doente logo de saída por entre as vias de uma discussão mantida em termos gerais, que levou em consideração preponderantemente a sua posição ideológica. Tanto mais espantado eu fiquei, portanto, quando a doente em questão, imediatamente antes de sua viagem, aparecendo uma vez mais no consultório, declarou que estaria – "curada", e, aparentemente, o que ela quis dizer com isso foi que ela ao menos não *sofria* mais com o

1. ✳ Sobre a problemática espiritual da psicoterapia (1938) ✳ 23

sintoma. Ao ser perguntada sobre como tinha conseguido chegar até esse ponto, ela respondeu de maneira totalmente simples e literal: "Sabe, ele se tornou completamente indiferente para mim – eu estabeleci para mim que viver é um dever!". Naturalmente, esse é um caso particular. Não obstante, trata-se de um experimento não intencional, que lança uma luz decisiva sobre o significado em questão de uma transformação ideológica no caso de algumas formas da neurose.

Se nos perguntarmos, portanto, de maneira resumida, em que casos uma psicoterapia no sentido da análise existencial exigida e projetada parece indicada, então podemos dizer:

1. Em todos os casos nos quais o doente nos confronta com a sua indigência ideológica, a inconsistência espiritual e a sua luta por encontrar o sentido de sua vida. Tratar-se-á nesses casos compreensivelmente de tipos intelectuais, que transpuseram toda a sua indigência psíquica para a esfera espiritual, na qual só podemos e devemos segui-los, porém, como vimos, até um determinado limite neutro, evitando toda imposição ideológica.

2. A indicação do procedimento "logoterapêutico" com base na análise existencial será dada naqueles casos nos quais podemos esperar que o ponto de partida capacitará, por assim dizer, o doente no centro espiritual da pessoa e de uma maneira repentina a lançar ao mar o lastro de sintomas neuróticos leves; tratar-se-á, portanto, daqueles doentes que não nos urgem a tomar parte em discussões ideológicas das quais eles aparentemente se acham à altura. (Quando certa vez, em um caso semelhante, comecei a falar como que por acaso da questão ideológica ou da concepção de vida do paciente em questão, ele me interrompeu de repente completamente abalado com as palavras: "Esse é o *nervusrerum*, doutor!")

3. Todos aqueles casos em que se padece de um fato insuperável, de um destino inevitável – deficientes, enfermos terminais e pessoas em relação às quais uma situação de indigência inalterável a curto e a médio prazo, ou seja, uma situação de indigência puramente econômica, trouxe consigo uma razão para depres-

sões –, exigem que adentremos em questionamentos ideológicos. Tais homens precisam ser remetidos, antes de tudo, também ao fato de que o que está em jogo em uma vida conscientemente responsável não é sempre apenas uma realização criativa de valores ou um locupletar-se na vivência (no gozo artístico, no gozo com a natureza), mas que também há ainda uma última categoria de possibilidades valorativas, que podemos denominar, de maneira totalmente geral, como valores posturais; isto é, a questão de saber como um homem se comporta em relação a um estado de fato duradouro ou por enquanto inevitável sempre traz consigo uma chance de realização valorativa: como é que alguém suporta o destino – até o ponto em que se trata efetivamente de uma determinação do destino –, se a pessoa se dá, por exemplo, por vencido ou mantém, contudo, a postura, também isso contém uma derradeira possibilidade de realizar valores pessoais (bravura, coragem, dignidade). Não precisamos senão perguntar seriamente a um homem que, por exemplo, perdeu uma de suas pernas em uma amputação, se ele acreditaria que o sentido da vida consistiria em andar da melhor forma possível; se ele acreditaria, por exemplo, que a vida humana é tão pobre em possibilidades valorativas que ela poderia se tornar sem sentido por meio da perda de uma extremidade – e ele não vai mais poder se desesperar de maneira alguma como acreditava que era preciso. Cabe um significado particular, porém, a uma meditação filosófica desse tipo sobre a responsabilidade e as possibilidades valorativas em todos aqueles casos nos quais a indigência econômica transpõe o homem naquela típica apatia e frustração, que se poderia designar de maneira apropriada como *neurose do desemprego*; pois sabemos por experiências psicológicas correspondentes (sobretudo em jovens desempregados) o quanto é importante preencher o tempo livre que se acha, infelizmente, por demais presente e os conteúdos e estabelecimentos de metas espirituais escolhidas de maneira apropriada.

O momento do nascimento da psicoterapia se deu quando se passou a ver por detrás dos sintomas *corporais* causas *psíquicas*, ou seja, quando se passou a descobrir sua psicogênese; agora, po-

1. ✳ Sobre a problemática espiritual da psicoterapia (1938) ✳ 25

rém, ainda é preciso dar um passo à frente e olhar, por detrás da psicogênese, para além de toda a dinâmica afetiva das neuroses, o homem em sua indigência *espiritual*, a fim de ajudá-lo a sair daí naquele sentido, cujas possibilidades metodológicas tentamos de início apresentar aqui.[4]

---

4   Ver realizado esse passo triplo de um posicionamento terapêutico possível em um e mesmo "caso" foi possível para mim, certa vez, por acaso, e me parece bastante elucidativo. Uma paciente encontrava-se em uma instituição para doentes nervosos por causa de uma depressão típica periodicamente reincidente de caráter completamente endógeno. Ela obteve uma medicação com ópio, ou seja, um tratamento medicamentoso em face da condicionalidade orgânica dos sintomas. Quando, então, ela foi encontrada, certa vez, em um estado de excitação e choro, descobriu-se por acaso que se achava concomitantemente em jogo um componente psicogênico, que estava presente uma superestrutura psíquica, na medida em que a paciente também chorava comprovadamente por conta da necessidade de chorar, em geral: na medida em que, por causa da depressão endógena que entrava em cena como um destino, ela se achava deprimida, para além dessa depressão, de maneira psicogênica. Uma simples explicação pertinente desse estado de coisas foi suficiente para restringir o choro e para diminuir a depressão. Portanto, realizou-se a passagem da terapia medicamentosa que se iniciou junto ao elemento corporal para uma psicoterapia requintada e complementar. Tendo sido alcançada a compreensão médica em relação à penúria psíquica, a paciente começou falar com maior frequência com o médico sobre as suas questões vitais mais genéricas: toda a suposta pobreza de conteúdo e aparente ausência de sentido da existência de um homem, que se sente justamente estiolado justamente por meio do destino de depressões endógenas reincidentes! Logo que surgiram, como que por si mesmos, diálogos mantidos em termos de visões de mundo, que conduziram o doente com o tempo à mais profunda compreensão de sua existência como um ser responsável, ela aprendeu a não apenas construir uma vida cheia de tarefas pessoais, apesar de seus estados de indisposição, mas também a ver precisamente nesses estados de indisposição constitutivos de seu destino ainda uma tarefa a mais, a tarefa de fazer frente a isso com a menor perda de energia possível e com menos perda de valor possível.

2.
Automeditação psiquiátrica
[1938]

O leigo ainda confunde hoje, com frequência, psicoterapia com psicanálise, equiparando as duas de maneira equivocada. De fato, a psicanálise foi durante muito tempo o sistema psicoterapêutico mais representativo e é, do ponto de vista histórico, o primeiro grande sistema coerente de uma psicoterapia. Esse valor histórico--espiritual não tem como ser negado a ela, por mais meritória e frequentemente que ela possa ser "superada".

No que diz respeito a essa "ultrapassagem", o que está em questão é com certeza menos do que se podia imaginar, a princípio ou por fim apenas outras *respostas*, que talvez sejam dadas atualmente: principalmente, o que importava era muito mais formular em geral outras *questões* – onde quer que o problema do sofrimento psíquico tenha sido atacado. Com certeza, a caracterização mais pertinente possível é feita nesse caso por Oswald Schwarz (*Sexualpathologie*– Patologia sexual, 1935): "... a psicologia médica... degradou a vida humana, por conta de ambições científico-naturais mal compreendidas, em parte a uma pura satisfação pulsional, em parte a uma luta por validação social (o que se tem em vista nesse caso é a psicologia individual; observação do referente). Sem dúvida alguma, foi um ato heroico e histórico de Freud ter aguçado a nossa visão para a impropriedade da existência neurótica e ter nos ensinado a desconfiar de algumas motivações e convicções mesmo da vida cotidiana. Agora, porém, uma vez que esse conhecimento se tornou um bem comum não apenas da psicologia científica, já é tempo de ver uma vez mais o "homem" no doente e de confiar nesse elemento humano". Max Scheler já nos tinha ensinado o fato de esse elemento humano ser estabelecido em um plano essencialmente diverso ou representar no mínimo algo mais total, mais abrangente em relação ao campo meramente pulsional; ele falou certa vez sobre uma "alquimia psíquica que produz 'pensamento' e 'bens' a partir de suas artes da libido". O que fica claro é a contradição interna da psicanálise, onde ela é confrontada com o ético no homem e precisa construir um "ego" e um "superego". Com relação a isso, Erwin Strauss (*Geschehnis und Erlebenis* – Acontecimento e vivência) nos diz: "As forças reguladoras da vida pulsional precisam pertencer concomitantemente à dotação originária do homem; elas não podem ser deduzidas das pulsões mesmas."

Como um complemento positivo a essa crítica à psicanálise (em parte também à psicologia individual), que permanece no negativo, vem à tona agora o clamor por uma ampliação de toda psicoterapia em direção ao campo das visões de mundo ou em direção à sua orientação pelo elemento espiritual. Nesse caso, a problemática epistemológica quase ilimitada de uma pesquisa psicoterapêutica desempenha um papel menor do que o *problema da avaliação* no interior do agir psicoterápico (cf. meu ensaio "Psicoterapia e visão de mundo. Sobre a crítica fundamental de suas relações", 1925). C. G. Jung já denominava a neurose como "o sofrimento da alma que não encontrou seu sentido". A isso também diz respeito completamente aquilo que Leonard Seif afirma sobre a terapia das neuroses: "Ponto de partida e meta da comunidade de trabalho composta por médico e paciente para a cura de uma neurose precisa ser *a questão acerca do sentido da vida*."

Aqui, porém, já se levanta também a problemática valorativa propriamente dita. Pois, a partir desse momento, é de se perguntar quem tem de determinar o sentido da vida – pois não se trata de outra coisa senão disso aqui, quem teria a capacidade, sim, a princípio ao menos, o direito de mostrar o caminho! Uma vez que toda a indigência espiritual e toda a ausência de direcionamento ideológico nos são impostas, nós, médicos que tratamos de problemas nervosos, estamos autorizados e conclamados a ajudar? Não ultrapassamos, nesse caso, a nossa competência como médicos?

2. ✳ Automeditação psiquiátrica (1938) ✳ 29

Não apagamos, com isso, os limites entre psiquiatria e assistência espiritual? – Quem conhece a urgência e a dificuldade dessas questões, e, em verdade, em sua figura concreta do cotidiano de nossas consultas, sabe da importância de uma linha diretriz, que consiga, de maneira geral, viabilizar aos doentes preocupados e aflitos que sofrem de problemas psíquicos e lutam com questões espirituais um agir limpo e correto. O agir limpo e correto, na medida em que o risco de que a *inserção de discussões ideológicas* no trabalho psicoterapêutico possa conduzir a uma imposição da visão de mundo pessoal, eu diria casual, do respectivo psicoterapeuta é grande e imediato.

Portanto, no interior da psicoterapia, até o ponto em que ela precisa ou deve estabelecer juízos de valor, nós nos encontramos diante de um dilema: por um lado, a necessidade inexorável de inserir nela a visão de mundo e, com isso, a problemática valorativa; por outro, contudo, ao mesmo tempo a exigência incontornável de evitar toda e qualquer imposição! Eu mesmo tentei (cf. *Sobre a problemática espiritual da psicoterapia*, 1938) resolver esse dilema. Para tanto, é necessário recorrer a um valor que ainda não implique, como valor ético puramente formal, nenhum direcionamento para valores concretos: é necessário recorrer ao valor da *responsabilidade!*

Não é possível pensar de maneira alguma em nenhum sistema valorativo, em nenhuma hierarquia valorativa pessoal, em nenhuma visão de mundo privada, que não tenha de reconhecer a responsabilidade como um valor fundamental, como um valor formal em contraposição às diversas determinações de conteúdo: para nós, psicoterapeutas, o que está em questão não pode ser quais são as convicções ideológicas de nossos pacientes ou que valores eles escolheram; o que é necessário, no entanto, é levar os doentes ao ponto de eles terem pura e simplesmente uma visão de mundo e de eles se sentirem realmente responsáveis perante os seus valores. Em que medida significativa tal condução daquele que sofre psiquicamente até a própria responsabilidade pode se tornar um ponto de virada precisamente em termos terapêuticos, isso é algo que não podemos nem devemos comentar mais detidamente no quadro da presente investigação.

Mais importante nos parece a indicação do modo como se realiza em torno do eixo da responsabilidade como o único valor possível no interior do trabalho psicoterápico a virada da psicoterapia para a visão de mundo. Pois o que para nós, psicoterapeutas, se mostra como a meta derradeira é, para a filosofia de hoje (sob a marca da antropologia filosófica e da filosofia existencial), um ponto de partida. Se Rudolf Allers definiu em uma conferência a psicoterapia como "educação para o reconhecimento da responsabilidade" (de maneira semelhante, aliás, a Artur Kronfeld), reencontramos a responsabilidade, por exemplo, na representatividade da consciência moral, como o estado de fato mais originário na filosofia contemporânea. Cito intencionalmente uma publicação que apareceu em uma revista de medicina: "A consciência moral é o que há de mais certo... aqui temos o ponto arquimediano... A partir desse ponto é preciso intuir o mundo, se quisermos conquistar uma visão de mundo" (Prof. Lic. F. K. Feigel. In: *Deutsche medizinische Wochenschrift*, 19 de setembro de 1936). Meinertz afirmou, certa vez, que "o destino da psicoterapia depende de que se consiga inserir a esfera da 'existência' na concepção científica do psíquico" (*Zentralblatt für Psychotherapie*, 1937); Gustav Bally, porém, já tinha tentado preencher concretamente essa requisição programática geral em sua conferência sobre a existência humana na psicoterapia (1936) ao dizer: "Por isso, a tarefa da psicoterapia é em última instância trazer aquele que busca ajuda para a responsabilidade por si mesmo."

Com isso, a responsabilidade não é apenas o único valor, enquanto tal, que possibilita a transição para uma *psicoterapia valorativa*, mas também é o que há de mais certo como realidade efetiva, aquilo de que necessitamos como ponto de partida para a *análise existencial*. Tal análise existencial – cuja fundamentação busquei no segundo de meus trabalhos citados – precisaria, em contraposição, ou melhor, em complementação aos métodos psicoterapêuticos anteriores, abarcar a totalidade do ser do homem, e, portanto, transcender conscientemente o âmbito do psíquico; ela não precisaria ver apenas a neurose, assim como todo e qualquer sofrimento psíquico, como enraizada no campo psíquico ou mesmo no campo fisiológico, mas no mínimo também do mesmo modo no espiritual; ela não poderia se restringir a ver o ponto de partida terapêutico simplesmente na descoberta de complexos ou sentimentos de inferioridade, mas precisaria perseguir em um caso ou outro o conflito até a esfera espiritual de decisões ideológicas, a fim de viabilizar também a partir do espiritual uma solução. A psicoterapia, orientada pelo espiritual e transformada em análise existencial, só esgotará todas as possibilidades terapêuticas se conseguir ver, por detrás daquele que sofre psiquicamente, aquele que luta espiritualmente, como um ser, disposto em um mundo de necessidades e possibilidades, na tensão entre ser e dever; lembremo-nos das palavras de Goethe, que poderiam funcionar muito bem como o melhor lema pensável para o nosso trabalho: "Se tomarmos os homens tal como eles são, então os tornaremos piores; mas, se os tomarmos como eles devem ser, então os transformaremos naquilo que eles podem ser."

3.

Filosofia e psicoterapia
Para a fundamentação de uma análise existencial
[1939]

Ao adentrarmos a *região limite entre filosofia e psicoterapia* – as duas consideradas a princípio de maneira totalmente genérica, para além de todas as correntes e opiniões escolásticas –, precisamos nos ocupar com as possíveis relações entre essas duas regiões. De acordo com isso, pretendemos, por assim dizer, confrontá-las a princípio uma com a outra, e, em verdade, em um duplo aspecto: por um lado, psicoterapia e filosofia podem ser respectivamente contrapostas como instâncias teóricas – ora uma, ora a outra como sujeito da consideração; em seguida, por sua vez, é preciso colocá-las à prova uma partir da outra em uma ligação pragmática, isto é, é preciso ver até que ponto uma ou outra entrariam em questão como meios para fins. A partir daí vêm à tona desde o início os quatro aspectos possíveis:

1. Filosofia como sujeito, psicoterapia como objeto de consideração (e, em verdade, teórica) – concretamente, esse problema significaria: crítica ao conhecimento da psicopatologia.

2. Inversamente: psicoterapia como sujeito, filosofia como objeto – de uma consideração teórica – concretamente: a tentativa – como ainda teremos de demonstrar – por princípio condenada a se mostrar como impossível e, assim, a fracassar de uma "psicopatologia da visão de mundo", tal como esta foi denominada.

3. Filosofia como sujeito pragmático, psicoterapia como meio questionável na mão do filósofo – concretamente: psicoterapia como (instrumento da) ética. Por fim,

4. Psicoterapia como aquela instância que coloca à prova até que ponto inversamente a filosofia se adequaria a ela como ferramenta: filosofia como (instrumento da) psicoterapia.

Ora, mas tratemos logo da primeira de nossas questões principais, passemos ao tema de uma *crítica ao conhecimento característica da psicopatologia* (psicopatologia seria aqui sem sentido, porque temos de falar nesse contexto efetivamente de uma teoria e não de uma prática). Tendo em vista a nossa tentativa de uma breve elucidação da situação do problema, tomemos os dois grandes sistemas ainda hoje representativos da psicoterapia: *psicanálise e psicologia individual!* E perguntemo-nos, a partir do ponto de vista daquele que julga em termos de uma crítica ao conhecimento, se elas estariam efetivamente em condições de, a partir de seus pressupostos e posições fundamentais, oferecer efetivamente uma imagem abrangente da realidade patológica e psicológica que fizesse jus a essa realidade. Em meio a uma visão panorâmica rudimentarmente esquematizante, vemos nesse caso, então, que os dois sistemas incorrem no erro de restringir a realidade fenomenal, e, em verdade, a cada vez em uma direção oposta: a psicanálise, por um lado, reduz tudo à sexualidade (à energia pulsional derradeira: à libido). Para ela, os fenômenos no campo psíquico seriam seus símbolos. A psicologia individual, por outro lado, mostra como todos os sintomas da neurose seriam meios para fins (arranjos), reconhecendo, ao lado das aspirações sexuais, também outras aspirações psíquicas. Vemos, portanto, o seguinte: a redução empreendida pela psicanálise é uma redução *material*, uma redução que diz respeito aos conteúdos das aspirações – a redução empreendida pela psicologia individual, em contrapartida, é uma redução *formal*, na medida em que ela duvida, por assim dizer, da seriedade, da autenticidade e da imediatidade das aspirações dadas. Faticamente, porém, as coisas se dão de tal modo que não há apenas aspirações sexuais, mas também outros conteúdos – isso em contraposição à psicanálise: e que, por outro lado, contra o ponto de vista da psicologia individual, há também sintomas imediatamente expressivos e nem tudo pode ser interpretado como mero meio para fins.

3. ✴ Filosofia e psicoterapia ✴ 35

Também em outro aspecto, contudo, a visão que a psicanálise e a psicologia individual têm da realidade se mostra como uma visão redutora; e isso, por sua vez, em uma direção oposta. Se partirmos aqui, a princípio, de uma maneira puramente heurística, da tese de que *ser um eu significaria ser consciente e ser responsável*, então veremos como é que, dos dois aspectos fundamentais da existência humana que se tornaram possíveis, tanto uma concepção quanto outra destacam respectivamente um aspecto isolado: para a psicanálise, o sintoma da neurose é essencialmente produto de um processo de repressão. Portanto, algo é – nesse aspecto – pensado como inconsciente. No campo de visão da psicologia individual, contudo, o sintoma neurótico representa uma tentativa do homem doente de se desonerar da responsabilidade por algo! Com isso, em tal consideração, psicanálise e psicologia individual não se mostram como sistemas casuais, mas precisamente como doutrinas mutuamente contrapostas por conta de uma necessidade ontológica, doutrinas que se completam de algum modo reciprocamente em meio a essa contraposição.

Portanto, a imagem do homem que elas esboçam no plano de uma projeção psicológica é uma imagem parcial. A *totalidade do ser humano* não é apreendida nessa abordagem teórica. No caso da psicanálise, tal visão parcial já acontece por conta de tal parcialidade e não na medida em que ela destaca apenas o primeiro elemento da tríade Eros – Logos – Ethos, destruindo essa triplicidade da antropologia filosófica. A psicoterapia, em contrapartida, também precisaria assumir ainda justamente a totalidade do ser humano, sua imagem previamente dada do homem como unidade corpóreo-anímico-espiritual, em sua visão do homem psiquicamente doente, a fim de, assim e apenas assim, poder satisfazer parcialmente às exigências da crítica ao conhecimento.

Agora passemos ao segundo tema, a questão acerca da possibilidade de uma "psicopatologia da visão de mundo". Jamais podemos retirar de alguém o direito de submeter os filósofos a um julgamento psicopatológico; as filosofias, em contrapartida, como criações espirituais objetivas, subtrair-se-ão sempre a tal abordagem divergente. Essa abordagem corresponderia à tentativa de uma transgressão de limites e de competências no sentido do psicologismo, que supõe poder concluir a partir do surgimento de um ato a validade de seu conteúdo. Toda intuição filosófica carece de uma crítica imanente, e mesmo o doente psíquico tem direito a tal crítica no quadro de uma psicoterapia. Quem recusa a visão de mundo de um *neurótico eo ipso*, fala sem entendê-lo, por mais que se empenhe em "reconduzir" essa visão de mundo a complexos ou sentimentos de inferioridade. $2 \times 2 = 4$, mesmo quando a equação é afirmada por um esquizofrênico! Um erro de cálculo, no entanto, não é indicado por nós como psiquiatras, mas sempre apenas na medida em que refazemos o cálculo. Assim, o médico também precisará se empenhar por prestar contas ao paciente filosofante e abdicar de fugir dos argumentos por meio de uma confortável *metabasis es allo genos*,[1] ao invés de refutar tais argumentos materialmente, no plano de confrontação ideológica. Ele evitará, então, o erro do psicologismo no interior da psicoterapia e terá a coragem de completar sua psicoterapia por meio de algo que ela certamente ultrapassa de maneira essencial – gostaria de dizer: por meio de uma *logoterapia*! Pois é só no sentido do *logos* que podemos nos contrapor de maneira efetivamente crítica a uma concepção ideológica, mesmo à concepção ideológica de um neurótico; portanto, mesmo no quadro da psicoterapia, se quisermos nos desviar do psicologismo, então também precisaremos estar aqui decididos a superá-lo por meio do "logismo" – e isso significaria aqui justamente complementar a psicoterapia, na medida em que ela se vê colocada por si mesma diante de problemas filosóficos do paciente, por meio de uma logoterapia.

Na ação psiquiátrica homogênea e viva, não é naturalmente possível realizar essa diferenciação metodológica; a única coisa que nos cabia aqui era destacar com um intuito heurístico os componentes logoterapêuticos a fim de mostrar que problemas essenciais, assim como que riscos vêm à tona junto a esse ponto.

---

1   **N.T.:** Em grego no original: "passagem para outro gênero".

3. ★ Filosofia e psicoterapia ★ 37

Nesse sentido, se tentamos mostrar na seção anterior o quão necessariamente o paciente precisa ser visto em um aspecto amplo, humanista, então obtivemos, ao final dessa parte de nossas considerações, como resultado o quão impossível é julgar de maneira pura e simplesmente psicopatológica sua filosofia mais ou menos declarada – o quão absolutamente sem sentido é considerar uma filosofia no espelho psiquiátrico distorcido.

Procuremos de qualquer modo, porém, usar o psicologismo, que está contido em tal procedimento, como arma contra si mesmo! Conhecemos há décadas a postura espiritual que nunca procura empreender outra coisa senão desmascaramentos, que jamais tem em vista senão desbaratar, que sempre se restringe ou está pronta a apresentar tudo o que há de espiritual e criativo como "não sendo em última instância senão mera" sexualidade ou aspiração de poder ou coisas do gênero; aquela corrente de pesquisa que não vê nada de próprio, mas sempre, por fim, apenas algo que se encontra "por detrás daí": libido, sentimentos de inferioridade, aspiração à validade etc. Como se, pelo fato de em algum momento ou em algum lugar (em tempos de crítica cultural ou em casos de neurose) uma realização ou configuração psíquica qualquer ter se mostrado como máscara ou como meio para fins, essa realização e configuração nunca pudessem ser autênticas, imediatas e originárias. O quanto essa postura não lembra aquela piada, de acordo com a qual Sereníssimo teria perguntado certa vez ao seu ajudante: "Que pássaro é esse?", tendo recebido a resposta: "Trata-se de uma cegonha!" A essa resposta, ele reage em seguida rindo: "Mas não existem cegonhas!!" Ora, mas será que, pelo fato de a figura da cegonha ser empregue aqui e acolá como exemplo de uma célebre história da carochinha, jamais devem existir cegonhas? Pelo fato de a angústia poder ter, por vezes, fundamentos sexuais inconscientes ou "tendências de asseguramento", será que não pode haver nenhuma angústia pura e simples diante da vida ou da morte – ou uma angústia diante da consciência moral? Como a arte significa ocasionalmente para o artista fuga diante da realidade efetiva ou diante da sexualidade, será que nenhuma arte pode significar outra coisa senão isso em termos essenciais e originários? Tais correntes

38 ✳ Logoterapia e Análise Existencial ✳ Viktor E. Frankl

de pesquisa não têm nada em comum com o julgamento – como vimos: incompetente –, mas antes com uma condenação. Tendo se transformado agora em objeto de uma interpretação psicológica, elas se acham presentes como meio de uma tendência de desvalorização, que se ratificou há um século no materialismo, mais tarde no relativismo e no psicologismo, e que buscou deduzir das coisas o seu valor – tal como os diversos coletivismos modernos tentam deduzir do homem (com sua liberdade), a sua dignidade.

Inversamente, contudo, a psicoterapia deveria garantir o respeito pela autarquia de tudo o que há de espiritual e evitar, já por meio daí, sobreposições psicologistas por parte do psicoterapeuta. No interior da situação psicoterapêutica concreta, não se trata meramente de algo pura e simplesmente espiritual, por exemplo, da visão de mundo, mas de algo pessoal, de uma visão de mundo particular, a visão de mundo do doente. E diante desse elemento pessoal, único, diante desse elemento concretamente espiritual, uma postura humanista do médico precisará assumir com maior razão ainda a posição contraposta com atenção, discrição, tolerância e correção. E, com isso, já nos encontramos junto à 3ª seção de nossas considerações: com isso, já estamos em meio às questões acerca da possibilidade de uma psicoterapia como instrumento técnico de influência ética dos homens, ou seja, como um meio para um fim ético.

Pois é claro que a psicoterapia precisaria avaliar, caso ela recebesse, ou seja, caso ela pressupusesse valores como oriundos das mãos da ética. A questão agora, porém, é saber se ela também teria o direito de nesse caso avaliar. Nas consultas, sempre acompanham passo a passo o médico que trata de doentes nervosos decisões ideológicas e avaliações pessoais por parte do paciente, decisões e avaliações que não têm como ser de modo algum deixadas de lado durante o tratamento e em relação às quais se está muito mais obrigado a tomar por si mesmo posição, na medida em que o doente, como costuma acontecer com tanta frequência, impõe ao médico a sua indigência espiritual e exige dele soluções. O médico consciencioso tem, nesse caso, a permissão ou mesmo a possibilidade de se desviar dessa imposição? Por outro lado,

3. ✴ Filosofia e psicoterapia ✴ 39

é-lhe permitido avaliar por si mesmo? Talvez seja mesmo necessário proceder ou interferir segundo determinados critérios de medida? Ora, o valor da saúde pelo menos – mesmo em uma perspectiva psiquiátrica – está implicitamente dado em toda ação médica, mesmo na ação psiquiátrica. Além disso, sempre veio à tona uma vez mais o fato de a própria neurose se enraizar em última instância no elemento espiritual, o que significa dizer que ela surge ou é mantida a partir de determinadas posições ideológicas. Portanto, a intervenção nessa esfera da visão de mundo e das avaliações pessoais do paciente, assim como uma valoração por parte do médico, são importantes; em outras palavras: a psicoterapia precisa avaliar por si. Desse modo, a psicoterapia já precisa estabelecer desde o princípio valores éticos como tais e servir à ética. Ora, mas se uma psicoterapia valorativa é nesse sentido necessária, levanta-se a questão de saber: *a psicoterapia é possível como psicoterapia valorativa?* E: *como é que a psicologia valorativa é possível?* Perguntamos porque já dissemos efetivamente que, na postura espiritual do médico voltado para a psicoterapia, precisaria se expressar justamente o respeito por avaliações pessoais, pelo elemento espiritual concreto, o que significa o mesmo que: o fato de o médico não poder de maneira alguma ultrapassar a sua competência enquanto tal, o fato de ele não ter o direito de, como o faz conselheiro de almas que tem legitimidade para tanto, simplesmente transportar uma ordem hierárquica de valores previamente dada para o doente, inserindo-a no tratamento psiquiátrico e, com isso, realizando uma imposição ideológica.

Portanto, encontramo-nos diante de um dilema: por um lado, há uma necessidade, sim, uma pressuposição de valores, e, por outro, tem-se a impossibilidade ética de estabelecer uma tutela valorativa. Pois bem, acredito que uma solução para essa pergunta seja possível – mas só uma, uma solução determinada! Há claramente um valor formalmente ético, que é ele mesmo condição de todas as valorações ulteriores, mas que não determina por isso a sua escala hierárquica: a *responsabilidade!* Ela representa, por assim dizer, aquele valor limite de uma neutralidade ética. É até esse ponto precisamente que a psicoterapia pode – e deve – avançar como ação valorativa implícita e explícita. O doente que alcança no tratamento psicoterápico e por meio desse tratamento a consciência profunda de sua responsabilidade como traço essencial de sua existência atingirá automaticamente, já por si mesmo, as avaliações que correspondem à sua própria personalidade e ao espaço único de seu destino. A responsabilidade é, por assim dizer, o lado subjetivo. Do lado objetivo encontram-se os *valores*. Sua escolha, sua seleção e reconhecimento acontecem, então, sem imposição por parte do médico. Sim, já a questão: *diante de quem* – diante de que instância (Deus, a própria consciência etc.) – o doente em questão se sentiria responsável subtrai-se à intervenção médica, assim como a questão: *pelo que* – por que valores ou por que escalas de valores ele se decidiria. A questão é que o *fato* de ele se decidir por valores, de ele vivenciar uma responsabilidade, é essencial. Em todo caso, era isso que pretendíamos mostrar aqui: que é *possível* levar a esse ponto o doente psíquico no quadro do tratamento psiquiátrico, e isso mesmo sem abandonar o posicionamento médico no sentido da recusa a uma imposição de valores.

Ora, mas se nos voltarmos agora para a questão de saber se e em que medida também seria *necessário* conscientizar plenamente o doente da responsabilidade, então também já nos encontramos diante do problema que mostramos antecipadamente com o 4º e último modo de formulação das questões: o problema de saber se e como a ética seria possível como psicoterapia, ou seja, como confrontações ideológicas poderiam ser colocadas a serviço do tratamento psiquiátrico. Em outras palavras: tem um significado terapêutico o fato de, quando mobilizamos o doente para a atualização de seu ser responsável, deixarmos que a sua responsabilidade se torne completamente presente para ele? – Já recorremos anteriormente à fórmula fundamental da antropologia filosófica: ser um eu significa ser consciente e ser responsável. Exigimos da psicologia que ela apreenda nesse sentido e para além de unilateralidades escolásticas a *totalidade* do ser humano em sua imagem do homem (psiquicamente doente): além disso, exigimos que ela simplesmente estimasse a *normatividade própria* ao elemento espiritual, ao invés de decair no erro psicologista; por fim, na 3ª seção, exigimos do psicoterapeuta que ele não ferisse a *legitimidade própria* ao que é concretamente espiritual, a personalidade espiritual do doente enquanto escolha valorativa, ou seja, que ele evitasse a imposição de sua visão de mundo pessoal. Agora, porém, um derradeiro aspecto é ainda importante: apresentar uma 4ª exigência à psicoterapia, justamente no sentido da última exigência. Surge, então, a 4ª problemática: o doente não deve ser apenas conscientizado pura e simplesmente da responsabilidade – perante tarefas puras e simples. Ao contrário, ele precisaria vivenciar a sua responsabilidade *específica* em relação a tarefas *específicas*: somente no momento em que ele tiver vivenciado sua disposição interna e sua situação externa, por conseguinte, toda a sua posição no mundo como única e singular, a consciência de sua responsabilidade o levará ao desdobramento mais elevado possível de suas forças – e contraforças em relação à neurose: a partir da vaga consciência da responsabilidade, a vivência de sua inserção no mundo é acompanhada por uma tarefa pessoal totalmente determinada. Nada, contudo, arrebata o homem e o lança para além de si, nada consegue ativá-lo tanto, nada faz com que ele supere dores ou dificuldades tão intensamente quanto a consciência da responsabilidade pessoal, a vivência de sua missão particular. E nisso reside o valor terapêutico utilitário incomparável e maravilhoso de uma análise da existência como ser responsável, de uma análise do ser humano com vistas ao seu traço essencial, ao ser responsável. Não é aqui o lugar para entrar em questões especiais relativas à técnica de tal *análise existencial* – que é como denominamos essa psicoterapia; em contrapartida, gostaríamos de insistir no fato de que uma inserção da ética na psicoterapia, a indicação de uma responsabilidade particular do doente também a partir do ponto de vista da psicoterapia, representa uma necessidade – *quod erat demonstrandum.*[2] E se exigimos anteriormente que o psicoterapeuta avance para além do âmbito psíquico em direção ao elemento espiritual, ou seja, que ele inscreva na psicoterapia a totalidade da existência

---

2   **N.T.:** Em latim no original: "como se queria demonstrar".

humana, o que requisitamos agora é ainda uma última coisa: colocar a essência da existência humana – ser responsável, ter uma missão – no ponto central da psicoterapia. Visto assim, a psicoterapia se transforma em uma análise existencial em duplo aspecto: ela se transforma na análise da existência como um todo (Eros e Logos, Ethos) e se torna uma análise com vistas à existência (ser humano, ser-aí e ser responsável). Essa ampliação em direção ao elemento ideológico e esse ponto de partida pelo espiritual se nos mostra como a reivindicação temporal à psicoterapia; as exposições aqui presentes estavam devotadas à possibilidade e à necessidade de realizar essa reivindicação.

4.
Sobre o apoio medicamentoso da psicoterapia
no caso de neuroses
(1939)

O beta-sulfato de fenelisopropilamina, que é manipulado com o nome de benzedrina, uma substância similar à efedrina, com um efeito preponderantemente atuante no sistema nervoso central (Prinzmetal e Bloomberg) e quase sem nenhum efeito vegetativo (Guttmann), foi empregado pela primeira vez em termos terapêuticos com grande sucesso no caso de narcolepsias e de parksonismo pós-encefálico. Mais tarde tentou-se utilizar para os estados de depressão o efeito euforizante constatado não apenas por Nathanson, mas também por Davidoff e Reifenstein em pessoas normais (Willbur, MacLean e Allen). Constatou-se, aí, que casos com um bloqueio preponderantemente psicomotor, sem excitação por angústia, em mais ou menos 70% dos casos, mas com frequência apenas no início, reagiam de maneira favorável (Clínica de Mayo). Como Guttmann e Sargant, Myerson chega ao seguinte resultado: "Em certos casos de neurose associada a depressão, fadiga e desprazer, assim como em certos casos de psicose do mesmo tipo geral, o 'sulfato de benzedrina' atua como uma influência positiva e traz melhoras."

Nossas próprias experiências com psicoses clínicas mostram a benzedrina como um complemento valioso do arcabouço médico que se encontra até aqui à disposição para o tratamento da melancolia. Não tínhamos em nossas mãos na clássica terapia com ópio senão um meio para o combate da angústia, enquanto o outro sintoma cardinal, o bloqueio psicomotor, permanecia praticamente sem ser influenciado. Precisamente esses componentes do complexo de sintomas do melancólico pareciam-nos, contudo, reagir eletivamente ao tratamento com a benzedrina. Uma vez que o bloqueio, lá onde ele impera sobre a imagem da doença, constitui ao mesmo tempo as típicas oscilações do dia com remissões noturnas, pudemos observar claramente sob o efeito da benzedrina um tipo de *anteposição da oscilação do dia*, e, em verdade, de tal modo que a aplicação matutina do medicamento já fazia com que ocorresse pela manhã o processo de dissolução do estupor melancólico que, de outro modo, só era esperado para o início da noite. O efeito da benzedrina sobre o humor do melancólico, em contrapartida, ou seja, sobre a depressão enquanto tal, é a nosso ver questionável: vez por outra tivemos antes a impressão de que esse efeito acontecia *de maneira mediada*, na medida em que, nos casos em questão, um componente reativo, a saber, a reação afetiva ao bloqueio psicomotor, se dava juntamente com o efeito euforizante.

Recentemente, então, Schilder tentou "alcançar uma visão mais profunda do modo de atuação psicológico da benzedrina", acompanhando, em uma série de casos selecionados no sentido de uma psicanálise farmacológica por ele postulada, as "transformações da estrutura do eu" provocadas pela benzedrina. O resultado de sua investigação é resumido por ele da seguinte maneira: "A benzedrina certamente não curará neuroses, mas será útil do ponto de vista sintomático." A seguir, com base em alguns casos tratados primariamente de maneira psicoterápica, nós mesmos procuraremos apresentar uma contribuição para demonstrar a legitimidade da opinião citada.

Caso 1. Senhora R. S., 43 anos, paciente. Os pais tiveram gêmeos. A mãe era pedante e irascível; o irmão mais velho, consciencioso de uma maneira pedante e exagerada, sofria aparentemente de compulsão à repetição e com frequência tinha a sensação de ter perdido algo; o irmão mais novo era banalmente "nervoso". A própria paciente tinha tido, já na infância, sintomas particulares de compulsão e, nessa época, experimentado uma pesada neurose compulsiva com compulsão à repetição e compulsão à limpeza no primeiro plano. Ela fez tratamentos reiterados e chegou a fazer psicoterapia. Apesar disso, teve um agravamento crescente, de tal modo que a paciente passou a ter intenções de suicídio. Ela se sentia atormentada pela sensação de ainda não ter resolvido totalmente uma tarefa; mostra, nesse caso, uma *insuficiência em seu sentimento de evidência*: "Preciso fazer algo ainda uma vez mais, apesar de saber exatamente que o fiz bem" – *em termos de sentimento*, ela vivencia sempre um resíduo não realizado! – Indica-se, em um primeiro momento, para a paciente que ela tem de diferenciar os impulsos neurótico-compulsivos das intenções saudáveis e, com isso, se distanciar daqueles impulsos. Mais tarde, ela aprende a, a partir desse distanciamento, levar os ataques neuróticocompulsivos como que *ad absurdum* e a retirar, por assim dizer, o vento de suas velas, por exemplo, sob a forma: "Temo que as minhas mãos ainda não estejam suficientemente limpas. Suponho mesmo que elas ainda estejam muito sujas – e quero que elas estejam ainda muito mais sujas!" Ao invés de combater os impulsos neurótico-compulsivos – a pressão gera uma contrapressão! –, a paciente é incitada a exagerar esses impulsos com fórmulas engraçadas (o humor cria distância) – e a superá-los. Toda a concepção de vida dos doentes é, então, submetida a uma revisão: ela mostra a aspiração tão típica dos doentes compulsivos aos cem por cento, à certeza absoluta no conhecimento e nas decisões – aspiração essa nascida de sua insuficiência no sentimento de evidência ou de uma profunda *insegurança instintiva*. Como, porém, nunca há como alcançar cem por cento na existência, os cem por cento são restritos a campos especiais – por exemplo, pureza das mãos, limpeza do apartamento e coisas do gênero. Exige-se uma admissão do "caráter fragmentário" da vida e a ousadia do agir, uma ousadia diante da qual a neurose se apresenta como proteção, representando ao mesmo tempo peso e proteção. Esse último significado é discutido com a doente a princípio de maneira puramente teórica; na próxima vez, contudo, ela exprime espontaneamente (!) a "suspeita" de que a doença também lhe serviria às vezes como desculpa.[1] Depois

---

1   Esse "motivo secundário da doença" não é a causa dos sintomas compulsivos, mas meramente causa de sua fixação tenaz; a doença compulsiva

de duas semanas de tratamento, há uma melhora significativa: a paciente domina em uma medida crescente a técnica de se colocar corretamente em relação aos impulsos neuróticos, assim como se sabe plenamente responsável; não por eles, em verdade, mas por seu comportamento em relação a eles. Logo, ela aprende a avaliar mais elevadamente o prazer dos "triunfos" sobre os impulsos neurótico-compulsivos – com certeza, por enquanto ainda não frequentes – do que o desprazer condicionado por sua inflexibilidade em relação a eles. Nessa fase do tratamento – três semanas depois de seu início –, prescrevemos benzedrina à paciente. De acordo com o seu relato sobre o efeito geral, ao tomar o medicamento, ela teve logo a sensação de que tudo lhe era mais fácil, de que o seu humor se elevara – "eu passei a ver tudo através de uma lente rosa"; à noite, durante o jogo de bridge, ela tinha se sentido mais viva do que nunca a essa hora do dia. Então, ela disse: "Tinha a sensação de que estava vendo tudo com mais clareza, como se meus olhos tivessem ficado melhores, como se a capacidade de ver tivesse se tornado mais fácil." Um revés do destino que tem lugar por essa época é acolhido pela doente de uma maneira curiosamente tranquila e serena: "Naquela época (sob o efeito da benzedrina), não conseguia ver as coisas tão negras..." Em seguida: "O trabalho (doméstico) é executado mais facilmente – por conta da melhora do humor (!)". No que diz respeito, então, ao efeito especial sobre a

---

enquanto tal, a disposição para mecanismos compulsivos como algo puramente *formal*, faz parte, como sabe, até certo ponto do destino, talvez seja mesmo hereditária. As diversas determinações *de conteúdo* são naturalmente psicogenéticas. Com isso, se está longe de dizer que a descoberta da psicogênese de conteúdos concretos também teria um significado terapeuticamente essencial, para não falar da afirmação de que ela seria marcada por uma necessidade incondicionada; esperamos antes um efeito terapêutico para nós de uma tentativa de levar o doente ao ponto de alcançar, a partir de uma transposição central de sua visão conjunta da vida, ou seja, quase a partir do elemento espiritual, uma realização vital transformada, e, a partir de tal transposição, a possibilidade de ele se distanciar da neurose, talvez até mesmo eliminá-la de maneira total, mas ao menos poder levar uma vida plena de sentido com ela, apesar dela, passando ao largo dela.

compulsão à repetição, ou melhor, no que diz respeito ao seu comportamento em relação a essa compulsão, a paciente indica que ela podia se "defender" a partir de agora de maneira mais eficaz, que era mais fácil para ela ir ao seu encontro de maneira bem-humorada e inexorável. Aquilo que ela tinha aprendido a cada vez nas seções psicoterapêuticas continuou duradouramente atuante e mais fácil de empregar. A paciente acha-se agora completamente otimista, ela tem a sensação de que conseguirá "fazer frente às coisas – de modo que não as considero mais como estando acima de mim, mas como estando abaixo de mim; enquanto até aqui a neurose compulsiva tinha sido, por assim dizer, uma pessoa diante da qual precisava manter o respeito, já me acho agora em uma posição de desrespeito em relação a ela...". A paciente se sente como se "não fosse mais a mesma"; "poder-se-ia arrancar do mundo uma perna" (expressão vienense para expressar um humor e um sentimento de força altivos). Recomenda-se à paciente aproveitar de maneira correspondente o ímpeto que o medicamento lhe empresta; a psicoterapia fez com que ela, por assim dizer, dominasse as armas contra a neurose – o medicamento, porém, funciona para ela como um *doping* na luta e lhe promove um aumento de forças. Ela precisaria reconfigurar em outro treinamento o fomento que é criado para ela pela benzedrina; tendo se sentido animada, ela precisaria passar a buscar também permanecer animada. De fato, nas semanas seguintes de tratamento, ela consegue cada vez mais frequentemente, tomando um a dois comprimidos de benzedrina, "resistir à tentação (por exemplo, de ceder a uma compulsão à limpeza)", sim, ela tem até mesmo a sensação de que as obsessões – por exemplo: as mãos estão sujas – teriam "se tornado mais vagas"! Por fim, o sucesso relativo também se mantém depois de ela parar de tomar a benzedrina; a doente consegue simplesmente se distanciar por completo dos impulsos neurótico-compulsivos: "Aqui estou, lá está a obsessão: ela apresenta exigências – mas eu não preciso aceitar essas exigências; a obsessão mesma não pode naturalmente lavar as mãos – *eu* precisaria fazer isso por ela, mas *deixo isso de lado...*" – Nesse estágio, o tratamento é interrompido por razões extrínsecas.

Caso 2. Senhor S. S., 41 anos, paciente. Imediatamente depois de uma experiência sem sucesso com a psicanálise, ele chega para tratamento ou propriamente apenas com fins de aconselhamento, uma vez que deixaria a cidade em poucos dias, pois precisaria retornar à sua terra natal (no estrangeiro). Ele achava-se tão desesperado com o insucesso da análise, na qual ele tinha depositado grandes esperanças, que passou a pensar seriamente em suicídio e também já portava, por isso, em sua bolsa, uma carta de despedida. O paciente sofria há 15 anos de pesados sintomas neurótico--compulsivos. Nos últimos tempos vinha acontecendo uma exacerbação. Oferece-se a imagem de um homem inteiramente tenso: mesmo a sua luta contra as ideias obsessivas é tensa. De acordo com isso, ensina-se sobretudo ao doente que esses combates, essas disposições contra os ataques neurótico-compulsivos acabavam necessariamente por aumentar o "poder" desses ataques e o seu efeito aflitivo, que ele deveria inversamente soltar, por assim dizer, muito mais as rédeas. Já em face da brevidade do tempo que se encontrava à disposição – o paciente vai apenas adiando sua partida de um dia para o outro –, abdica-se desde o princípio de toda e qualquer análise de sintomas e só se considera a posição do doente em relação aos mecanismos compulsivos. Efetivamente, consegue--se em poucos dias mobilizar francamente o paciente para uma reconciliação com o fato de seus ataques neurótico-compulsivos, com o que, porém, não se alcança pela primeira vez apenas uma descarga psíquica geral significativa, mas também se faz com que as cismas em questão efetivamente diminuam e se esvaeçam ao mesmo tempo. Esse tratamento psíquico foi apoiado por um tratamento medicamentoso com benzedrina; o paciente relata, então, que se sentiu mais corajoso, mais esperançoso e aliviado depois do uso do medicamento, que escreveu à sua mulher uma carta otimista e que já estava pensando uma vez mais em seu trabalho profissional. No terceiro dia, ele informou eufórico que, no dia anterior, tinha vivenciado uma hora livre das obsessões, como não acontecia no mínimo há dez anos! Ele consegue, então, a olhos vistos, efetivamente por meio do impulso dado pelo efeito da benzedrina, se distanciar cada vez mais dos pensamentos neuróticos e não levar esses pensamentos em conta – viver à revelia deles; com uma postura bem-humorada e com uma atitude espiritual serena, ele vai ao encontro desses pensamentos, ao invés de se arremeter contra eles e levá-los constantemente em conta, e tenta ignorá-los. Assim, ele age de acordo com a imagem, segundo a qual um mastim, que late para alguém, ladra ainda mais quando esse alguém bate com o pé perto dele, mas logo para de latir, quando a pessoa o ignora; nessa medida, ao *desconsiderar* já de antemão o latido, não prestando atenção a ele, acontece com o latido o mesmo que com o tique-taque do relógio no quarto de dormir... – Como coadjuvante do tratamento psíquico, a benzedrina também se confirmou nesse caso. Tudo se dá como se, na luta contra as obsessões, uma *vis a tergo* fosse emprestada ao eu, contanto que nós tenhamos anteriormente – no quadro da base de tratamento psicoterapêutica – fornecido as armas apropriadas para o doente. No que diz respeito à epicrise, precisamos observar que o paciente, muito tempo depois de sua partida para a sua terra natal, comunicou em uma carta enviada de lá que estava se sentindo muito bem, que estava satisfeito – e isso apesar das circunstâncias externas desfavoráveis –, e que continuava assumindo a postura correta exigida e aprendida na psicoterapia em relação aos ataques neurótico-compulsivos, o que, segundo a sua opinião, tinha se tornado muito mais fácil por intermédio da continuação do emprego da benzedrina.

Caso 3. F. B., 24 anos, paciente. Apresenta gagueira desde a infância. Dois parentes também são gagos. – Ensinamos ao paciente que a fala nada mais é do que, por assim dizer, um pensar em voz alta. Ele mesmo não precisaria senão se preparar para o pensamento – nesse caso, a fala seria realizada como que automaticamente pela boca; ele não deveria prestar atenção no modo como isso se daria, mas muito mais apenas no "conteúdo objetivo". De outro modo, o desvio da atenção para a forma da fala – ao invés de para o conteúdo do pensamento – acarretaria, por um lado, um acanhamento na fala e, por outro, uma falta de concentração no pensamento. A disposição para a perturbação da fala poderia e precisaria ser compensada por ele por meio de um treinamento correspondente, para o qual ele é instruído: distensão no sentido dos exercícios indicados por J. H. Schultz – respiração – expiração audível – "medição da respiração" (Fröschels) – fala; nesse escalonamento, o doente também faz exercícios em casa. Ele logo relata certos sucessos: teria conseguido alcançar a posição correta em relação ao ato de fala: "sem que eu tenha *querido*, deu-*se* a fala...". Ele deixa apenas que os pensamentos ganhem voz – assim como deixa a boca falar. Contra uma timidez geral persistente, aconselha-se que, de início, apesar do medo da fala e da sociabilidade, ele procure a vida social e fale a mesma coisa sempre para si ("quem é que disse que é proibido ter medo de falar?"). Ele precisa se arriscar a alguns insucessos. Somente nesse caso é que ele poderia ter mais tarde sucessos, e somente então o medo poderia finalmente desaparecer; mesmo na roleta, o capital inicial precisa "ser colocado em jogo" se é que se pretende multiplicá-lo... Na próxima fase do tratamento, o doente passa a se queixar de sentimentos de angústia depois de aparições – aliás, exitosas – em sociedade; evidentemente, ele teme agora as consequências de seu contato com a vida, a perda de sua *splendid isolation*.[2] Ele compreende que é importante, agora, deixar que a esse medo existencial irracional se siga a sua superação consciente. O doente passa a receber a prescrição de benzedrina. Alguns dias depois, com base nas suas anotações em um diário, ele relata que, logo após os primeiros comprimidos, tinha conseguido falar muito melhor ao telefone – por fim, o que continuava se mostrando como difícil para ele era falar ao telefone –, que ainda muitas horas depois, em um encontro social à noite, tinha se portado de uma maneira acentuadamente tranquila e segura de si nas conversas. Por outro lado, como efeitos colaterais, ele indica: um pouco de taquicardia, aflição e, à noite, sono entrecortado. Posteriormente, ele passou a tomar apenas metade de um comprimido por dia, e, em consequência disso, conseguia se sentir "em forma" por várias horas em ocasiões de fala ou em encontros sociais. Em resumo, o paciente comenta um claro efeito, que se expressou nele em primeira linha na fala, e, em verdade, de tal modo que o sentimento de "vergonha" desaparece e as "inibições" se atenuam, sem que se tenha, porém, a experiência de uma

---

2   **N.T.:** Em inglês no original: "esplêndido isolamento".

4. ⋆ Sobre o apoio medicamentoso da psicoterapia... ⋆ 51

pressão expressa em meio à fala. Além disso, o efeito também diz respeito à autoestima geral e o influencia de maneira favorável. – A melhora se mantém.

Caso 4. F. W., 37 anos, paciente. Clinicamente, o caso oferece a imagem de um estado de depressão com inibição psicomotora que é acompanhada por um comportamento externo completamente organizado e um transcurso de ideias intacto; subjetivamente, ele mostra um vivo sentimento relativo à doença, sentimentos de angústia, de culpa e de insuficiência, assim como inclinação a autorrepreensões; vivências alucinatórias não são comprováveis e as ideias paranoicas presentes são apenas de tipo catatímico. O diagnóstico presumível é o de fases de depressão renitentes em meio a uma psicopatia esquizoide. Os sintomas dominantes são, então, vivências de despersonalização; o paciente se queixa: "Sou uma sombra daquilo que era..., uma Fata Morgana". Até o ponto em que o doente efetivamente experimenta a sua existência, ele a experimenta como um ser insuficiente: "Estou deprimido, isto é, oprimido – literalmente: saí de uma existência tridimensional para o interior de uma existência bidimensional." O sentimento de insuficiência relaciona-se preponderantemente com a vivência do ímpeto: "Tudo se dá como se a fonte da qual se nutre a vida interior estivesse obstruída." Os atos cognitivos também são tocados pela insuficiência: "Parecem faltar as ideias mais sentimentais, aquela esfera na qual as ideias emergem." Além disso, a perturbação intencional é descrita de maneira pertinente: "Em meus pensamentos, preciso tatear em minha direção, como um cego espiritual, de um estado de pensamento para o outro... espiritualmente, estou sempre deslocado." Ao mesmo tempo, a perturbação da atividade é descrita no sentido mais estrito da palavra: "Tudo o que faço é inessencial, irreal, como se se tratasse de uma imitação, como se eu fosse um animal, que apenas macaqueia aquilo que permanece na lembrança de um tempo longínquo no qual vigorava algo verdadeiramente humano." O paciente também vivencia a "síntese espiritual precária" ou tem o *sentiment de désagregation totale de l'être*[3]

---

3   **N.T.:** Em francês no original: "o sentimento da total desagregação do ser".

(Cambriels): "Não tenho nenhuma consciência de um transcurso contínuo do tempo..., como se eu fosse constituído espiritualmente por puras peças de mosaico, que não têm entre si nenhuma conexão, porque não há argamassa..., tal como quando, em um cordão de pérolas, o fio é partido." Algumas declarações do doente apontam para a presença de "hipotonia da consciência" (Berze): "Tenho uma sensação de ausência total de tensão e de falta de elasticidade..., como se eu estivesse superestressado, de maneira semelhante a um relógio de bolso, cujo motor quebrou." Por fim, vivencia-se a alienação do mundo perceptivo (desrealização), em particular a transformação da percepção de si do próprio corpo: por ocasião de uma neuralgia intermitente no trigêmeo, o paciente se queixou em particular, mais do que das dores propriamente ditas enquanto tais, do fato de ele as sentir de algum modo mudadas. "Minha mão, minha voz me parecem de algum modo estranhas. Ao que parece, não tenho mais nenhuma ligação correta com a coisa, com o objeto, as coisas não são mais, por assim dizer, nenhum objeto... Tudo continua o mesmo e, no entanto, tudo se mostra como uma imagem no espelho: tudo está mais esvaecido e, de alguma forma, invertido." Ele mesmo, porém, seria como "um violino, que perdeu a caixa de ressonância. O paciente queixa-se de uma sensação "de que estaria faltando o substrato"; anteriormente, "o mundo tinha se mantido colorido; agora, ele aparece apenas em preto e branco". – Prescreve-se benzedrina para o paciente, com um intuito mais experimental. Em pouco tempo, ele só continua tomando a metade de um comprimido por dia, e, em verdade, por causa de efeitos colaterais desagradáveis que se apresentam (RR 130/90 mm hectograma; mas perturbações cardíacas funcionais já há muito tempo!) – sensação de vertigem, sensações de tensão, de pressão e coisas do gênero –, que o levaram, por fim, a preferir abdicar dos efeitos favoráveis. Se eles já eram, por um lado, desejáveis do ponto de vista terapêutico, eles são, em face da estrutura psicológica peculiar do caso concreto, ainda mais desejáveis do ponto de vista experimental; o doente (um mestre da auto-observação tanto quanto da formulação introspectiva) descreveu como é que – abstraindo-se do frescor corporal e espiritual acentuado comumente observado – a vivência da alienação do mundo perceptivo foi "decididamente" atenuada, em uma dimensão que ele não experimentava há muitos anos. O pensamento passou a "se mostrar muito mais pertinente e preciso", ele mesmo estava "espiritualmente lançado para um nível elevado – de algum modo, mais presente em termos espirituais...". O "fomento da função pensante" mantinha-se por até três horas depois de tomar a metade de um comprimido. Ele designa o estado como "uma espécie de embriaguez – como se eu tivesse recebido novos impulsos; fui ativado, tive a necessidade de permanecer ativo e de continuar falando".

Síntese

O ponto de vista de Schilder de que a benzedrina deveria ser levada em conta para a terapia com certeza apenas sintomática de algumas neuroses é confirmado com base em experiências próprias; por intermédio de dois casos de neurose compulsiva, assim como de um caso de gagueira e de despersonalização, respectivamente, mostra-se como a psicoterapia pode ser complementada por uma terapia medicamentosa de apoio com benzedrina, por mais que não caiba ao uso de benzedrina naturalmente outra coisa senão a função de um *doping* passageiro em uma luta, na qual o doente já precisa ter recebido anteriormente as armas da mão do psicoterapeuta.

Bibliografia

E. Guttmann, *The Effect of Benzedrine on Depressive States*. In: Jour. Mental Science 82, 1936, p. 618.

E. Guttmann e W. Sargant, *Observations on Benzedrine*. In: Brit. Med. Jour. 1, 1937, p. 1013.

A. Myerson, *Effect of Benzedrine Sulfate on Mood and Fatigue in Normal and Neurotic Persons*. In: Arch. Neur. and Psych. 36, 1936, p. 816.

M. Prinzmetal e W. Bloomberg, *The Use of Benzedrine for the Treatment of Narcolepsy*. In: J. A. M. A. 105, 1935, p. 2051.

D. L. Wilbur, A. R. MacLean e E. V. Allen, *Clinical Observations on the Effect of Benzedrine Sulphate*. Proc. Staff Meet. Mayo-Clinic 12, 1937, p. 97.

5.

Compêndio de análise existencial e logoterapia

[1959]

Índice

I. Análise existencial como explicação da existência pessoal 57
Ontologia dimensional 62
1. A espiritualidade do homem 72
2. Liberdade 88
3. Responsabilidade 99
a) O "pelo-quê" do ser responsável do homem 102
a) Prazer e valor 102
b) Pulsão e sentido 108
b) O ante-o-quê do ser responsável do homem 111
a) Algo ante-o-quê alguém é responsável 111
b) Alguém diante de quem o homem é responsável 113
II. Análise existencial como terapia de neuroses coletivas 117
O vácuo existencial 120
III. Logoterapia como assistência médica espiritual 126
Pathodiceia metaclínica 135
IV. Logoterapia como terapia específica de neuroses noogênicas 153
V. Logoterapia como terapia não específica 161
1. Intenção paradoxal 168
2. De-reflexão 179

A logoterapia e a análise existencial são, respectivamente, aspectos de uma e mesma teoria. E, em verdade, a logoterapia é um método de tratamento psicoterápico, enquanto a análise existencial representa uma corrente antropológica de pesquisa. Como corrente de pesquisa, ela está aberta, e, em verdade, em duas dimensões: ela está pronta para a cooperação com outras correntes e para a evolução de si mesma.

No que diz respeito inicialmente à *logoterapia*, essa expressão não deve ser deduzida do fato de, por exemplo, no quadro desse método de tratamento, o psicoterapeuta "se aproximar do paciente com a lógica" – isso significaria confundir a logoterapia com um método de persuasão; em realidade, ao menos no que concerne àquilo que é designado no interior de seu método como uma "intenção paradoxal", a logoterapia representa exatamente o contrário da persuasão. No termo "logoterapia", o "logos" significa muito mais duas coisas: por um lado, o sentido – e, por outro, o elemento espiritual; e, em verdade, esse elemento em uma oposição ao menos heurística em relação ao meramente psíquico.

De acordo com a análise existencial, não há apenas uma dinâmica pulsional inconsciente, mas também uma espiritualidade inconsciente; em outras palavras: nós não conhecemos nem reconhecemos apenas um inconsciente pulsional, mas também um inconsciente espiritual. E o *logos*, que a configuração terapêutica da análise existencial, a logoterapia, transforma intensamente em meta e origem de seu empenho, se enraíza no inconsciente. A partir daí é possível mensurar o quão pouco o *logos*, em nosso sentido, tem algo em comum em primeiro lugar com a *ratio* e, em segundo lugar, com o intelecto. Dito de outro modo: o quão pouco o elemento espiritual em nosso sentido pode ser identificado, por um lado, com o elemento meramente intelectivo e, por outro lado, com o elemento meramente racional.

Mas tratemos, agora, da *análise existencial*: nessa cunhagem vernacular, existência significa um modo de ser, e, em verdade, em particular, a peculiaridade do ser humano. Para esse modo de ser determinado do ser-aí, a filosofia contemporânea reservou justamente a expressão existência – e nós repetimos no interior da análise existencial ou da logoterapia a utilização dessa expressão para aquele conteúdo.

5. ✳ Compêndio de análise existencial e logoterapia ✳ 57

Apesar de tudo isso, a análise existencial não é nenhuma análise da existência:[1] pois não há nem uma análise da existência, nem tampouco uma síntese da existência. Ao contrário, a análise existencial é uma explicação da existência. Com a única diferença de que nós não deixamos de considerar o fato de a existência, de a pessoa, também explicitar a si mesma: ela se explicita, ela se desdobra, ela se desenrola, e, em verdade, na vida em seu transcurso. Tal como um tapete desenrolado revela o seu padrão inconfundível, deduzimos do curso da vida, do devir, a essência da pessoa.

Mas análise existencial não designa apenas uma explicação da existência ôntica, mas também uma explicação ontológica daquilo que é a existência. Nesse sentido, a análise existencial é a tentativa de uma antropologia psicoterapêutica, de uma antropologia que é anterior a toda psicoterapia, não apenas à logoterapia; pois, se podemos acreditar em F. W. Foerster,[2] a análise existencial "não é apenas um complemento à psicoterapia, não, ela é a sua base espiritual imprescindível".

Os cinco aspectos da análise existencial e da logoterapia são os seguintes:

1. Análise existencial como explicação da existência pessoal
2. Análise existencial como terapia de neuroses coletivas
3. Análise existencial como assistência psíquica médica
4. Logoterapia como terapia específica de neuroses noogênicas
5. Logoterapia como terapia não específica

I. Análise existencial como explicação da existência pessoal

Em verdade, logoterapia e análise existencial partem da prática clínica; no entanto, não é possível evitar que elas confluam para uma teoria metaclínica, tal como ela se encontra implicitamente na base

---

1   Ver as traduções corretas: *análisis existencial* (espanhol), *analisi existenziale* (italiano) e *existential analysis* (inglês).

2   *Sexualethik und Sexualpädagogik* (Ética sexual e ética pedagógica). Recklinghausen, 6. ed., 1952, p. 275.

de toda terapia. Teoria, por outro lado, significa visão, visão de uma imagem do homem. Dessa maneira, o círculo se fecha tanto mais, uma vez que a prática clínica é sempre já influenciada e determinada da maneira mais ampla possível por uma imagem de homem, que aproxima o médico de seu paciente, ainda que essa aproximação não possa ser praticamente controlada nem se tornar consciente.

De fato, toda psicoterapia transcorre sob um horizonte *a priori*. Já se encontra sempre na sua base uma concepção antropológica, por menos que essa concepção seja consciente para a psicoterapia.

Não há nenhuma psicoterapia sem uma imagem do homem e sem uma visão de mundo. Mesmo Paul Schilder[3] confessa: "Psicanálise é uma filosofia tanto quanto uma psicologia. Nós sempre trabalhamos a partir de uma *visão de mundo*, mas muitas vezes não sabemos ou não queremos saber nada sobre isso." Quando um psicanalista se arroga a possibilidade de prescindir de todos os juízos de valor, então mesmo essa *epoché* significa, por sua parte, um juízo de valor. Não podemos deixar de ousar afirmar que uma psicoterapia que se toma como isenta em termos valorativos seria, em realidade, cega em termos valorativos.

E ela é, então, cega em termos valorativos, quando se mostra desprovida de espírito: pois, do mesmo modo que houve outrora uma psicologia sem psique, também continua havendo agora uma psicologia sem espírito. Mas precisamente a psicoterapia precisa tomar cuidado com essa obscuridade, porque senão ela se exporá ao risco de perder uma de suas mais importantes armas na luta pela saúde psíquica ou pelo restabelecimento do paciente.

Sim, há o risco de que nós corrompamos o homem, de que trabalhemos em prol do niilismo e, com isso, também aprofundemos sua neurose, quando trazemos para ele uma imagem do homem que não representa a imagem do homem verdadeiro, mas propriamente apenas uma caricatura: quando fazemos do homem um homúnculo! O homúnculo moderno não é gerado em grutas e

---

3   *Psychiatry, Man and Society*, 1951, p. 19.

alambiques alquimistas, mas lá onde expomos o homem como um autômato reflexivo ou como um feixe pulsional, como um joguete de reações e instintos, como um produto de pulsões, herança e mundo circundante. Em uma palavra: onde retiramos consequências biologistas de resultados de pesquisas biológicas, de resultados de pesquisas psicológicas e psicologistas etc. A partir da biologia é bem fácil ver surgir biologismo – mas de uma teoria homunculística nunca pode resultar uma práxis humanista.

Toda psicoterapia baseia-se em premissas antropológicas – ou, se elas não são conscientes, em implicações antropológicas. As coisas, então, se mostram tanto piores: devemos a Sigmund Freud o conhecimento do perigo inerente aos conteúdos psíquicos, assim como, também, tal como podemos dizer, às posturas espirituais, enquanto elas permanecem inconscientes. Desse modo, o interesse da análise existencial como explicação antropológica da existência pessoal é tornar consciente *a imagem de homem inconsciente que é própria à psicoterapia*, explicitando-a, desenvolvendo-a, de maneira em nada diversa da que um diapositivo é revelado e, assim, retirado pela primeira vez da latência.

A análise existencial caracteriza e qualifica a essência da existência no sentido de que a *existência* é um modo de ser, e, em verdade, o ser humano, *o ser que é especificamente próprio ao homem*, o ser cujo modo de ser consiste no fato de que o que está em questão no homem *não* é um ser *fático*, *mas* um ser *facultativo*, não um precisar-ser-dessa-vez-de-tal-modo-e-não-de-outro, que é o modo como o homem neurótico compreende mal o seu ser-de-tal-modo, mas muito mais um sempre-poder-vir-a-ser-de-outro-modo.

Ex-sistir significa sair de si e se apresentar ante si mesmo, uma dinâmica na qual o homem sai do plano corpóreo-psíquico e chega a si mesmo atravessando o espaço do espiritual. A ex-sistência acontece no espírito. E o homem se apresenta diante de si, na medida em que ele se apresenta como pessoa espiritual diante de si mesmo como organismo psicofísico.

Figura 1

Esse apresentar-se diante de si pode acontecer, então, sob a forma de um contrapor-se. Para demonstrá-lo com base em uma casuística clínica: o homem que sofre no sentido de uma depressão endógena pode se contrapor como pessoa espiritual a essa afecção do organismo psicofísico, mantendo-se, assim, fora do acontecimento organísmico da doença. De fato, no caso da depressão endógena, lidamos com uma afecção psicofísica, pois o elemento psíquico e o elemento físico são nela sincronizados, são ativados paralelamente. Lado a lado com a depressão psíquica dão-se as anomalias somáticas da menstruação, da secreção do suco gástrico ou de outras coisas mais do gênero. O homem é melancólico com o estômago, com a pele e com os cabelos, com o corpo e a alma, mas não justamente com o espírito. Ao contrário, é apenas o organismo psicofísico que é afetado, mas não, contudo, a pessoa espiritual que, enquanto tal, não conseguiria de modo algum ser afetada. Se, *ceteris paribus*, um homem se distancia ou não de sua depressão endógena, enquanto o outro se deixa cair nessa depressão, é algo que não se acha sob o domínio da depressão endógena, mas, antes, da pessoa espiritual. E, em verdade, esse espiritual – em outras palavras, a pessoa – sofre desse revolvimento existencial caracterizado para além de si mesmo graças àquilo que denominamos na análise existencial como o *poder opositor do espírito*. E, assim, vemos como se contrapõe ao paralelismo psicofísico um *antagonismo psiconoético*.

A questão é que a logoterapia e a análise existencial têm de tomar cuidado para não se tornarem um "clinicismo" e precisam evitar o risco de serem mal interpretadas como tal. Mesmo diante de uma psicose, a confrontação da pessoa espiritual com esse acontecimento organísmico da doença não precisa ser sempre realizado no sentido de um contrapor-se. Ao contrário, não é raro vermos essa confrontação se dirigir para uma reconciliação.

O antagonismo psiconoético é, em contraposição ao paralelismo psicofísico obrigatório, um antagonismo facultativo. De acordo com isso, o poder opositor do espírito é uma mera possibilidade, mas não uma necessidade. Opor-se é, em verdade, sempre possível, mas o homem nem sempre precisa desse poder opositor. O homem sempre pode, mas nem sempre precisa se opor. O homem não precisa de modo algum fazer sempre uso do poder opositor do espírito. Ele não precisa incomodá-lo sempre. Ele não precisa se opor sempre às suas pulsões, à sua herança e ao seu mundo circundante, porque ele necessita deles, pois, no mínimo tão frequentemente quanto ele se opõe às suas pulsões, à sua herança e ao seu mundo circundante, o homem também se afirma com base em suas pulsões, graças à sua herança e graças ao seu mundo circundante.

Falamos anteriormente do autodistanciamento do homem em relação a si mesmo. É esse distanciar-se de si mesmo enquanto organismo psicofísico que constitui pela primeira vez efetivamente a pessoa espiritual enquanto tal, enquanto espiritual, dimensionando ao mesmo tempo o espaço do humano enquanto espiritual. Somente quando o homem se confronta consigo mesmo, o espiritual e o psíquico-corporal se estruturam. As coisas, porém, não se dão de modo tal como se o homem se compusesse a partir de corpo vital, alma e espírito. A *unidade antropológica* do homem, contudo, apesar da *multiplicidade ontológica* do corpóreo, do psíquico e do espiritual, só pode ser compreendida no sentido de uma *ontologia dimensional*.

Ontologia dimensional

Se projeto um copo d'água no plano da mesa no qual ele se encontra, então ele representa, na planta, um círculo. Por outro lado, no esboço de perfil, ele é representado como um quadrilátero. Portanto, essas projeções são incomensuráveis. Apesar disso, elas são compatíveis, contanto que sejam tomadas como projeções. Assim como estamos longe de pensar em afirmar que um copo d'água é composto por um círculo e por um quadrilátero, o homem também não é composto a partir de corpo, alma e espírito. Ao contrário, o que está em jogo no elemento corporal, psíquico e espiritual é, a cada vez, uma dimensão do ser do homem.

O espiritual, contudo, não é apenas uma dimensão própria, mas também a dimensão propriamente dita do ser do homem. Por mais, porém, que a dimensão espiritual constitua a dimensão propriamente dita, ela não é, de maneira alguma, a única dimensão do ser do homem. Ora, o homem é efetivamente uma unidade e uma totalidade corpóreo-psíquico-espiritual.

A pessoa é um indivíduo: a pessoa é algo indivisível – ela não é ulteriormente divisível, não pode ser seccionada, e, em verdade, não porque ela é uma unidade. A questão é a que a pessoa não é apenas indivisível, mas também impassível de ser alcançada por meio da soma; ou seja, ela não apenas é indivisível, mas também não é fundível; e ela não o é por não ser apenas unidade, mas também totalidade.

O psíquico e o físico ou o somático formam no homem, em verdade, uma unidade íntima; mas isso ainda não significa, contudo, de maneira alguma, que unidade e mesmidade sejam termos idênticos, ou seja, que o psíquico e o somático sejam uma e mesma coisa. O psicologismo não deixa vigorar nenhum outro âmbito ontológico – para além do físico, do fisiológico ou do biológico e do psicológico. Contra todo o falatório acerca da totalidade corpóreo-psíquica do homem, porém, essa totalidade só se inicia exatamente lá onde – para além da unidade corpóreo-psíquica – o elemento espiritual entra em cena como um terceiro elemento: *tertium datur!* Mesmo uma unidade psicossomática tão íntima no homem ainda não constitui sua totalidade; a essa totalidade pertence muito mais essencialmente o elemento noético, o elemento espiritual, na medida em que o homem se mostra como um ser, em verdade, não apenas, mas em essência espiritual. Ao mesmo tempo, a dimensão espiritual é para ele constitutiva, uma vez que ela (com efeito, não sendo a única, mas sendo essencial para ele) representa a dimensão propriamente dita de sua existência, por mais que esse elemento espiritual no homem possa abarcar fenomenologicamente sua personalidade ou, antropologicamente, sua existencialidade.

A relação entre os diversos âmbitos ontológicos entre si foi interpretada preponderantemente no sentido de uma construção em níveis ou no sentido de uma estruturação em camadas. Como exemplo do primeiro caso temos o nome de Nicolai Hartmann (que utiliza, aliás por si mesmo, a expressão "camadas"); como exemplo do segundo caso temos o nome de Max Scheler, que introduziu na construção ontológica o princípio de individuação, na medida em que, segundo ele, o elemento espiritual é individualizado no homem, uma vez que ele gira em torno do centro espiritual da ação, a saber, a pessoa do homem, como a sua camada nuclear.

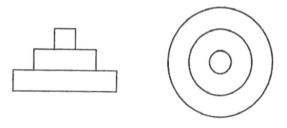

Figura 2

Um modo de consideração dimensional, que toma o fisiológico, o psicológico e o noológico como justamente uma dimensão a cada vez particular do ser humano uno e total, deveria ser superior tanto à doutrina da construção em níveis quanto à doutrina sobre a construção em camadas.[4] Pois, por mais que esses três mo-

---

4   Ver meu *Ärztliche Seelsorge* (Assistência psíquica médica). Viena, 1946, p. 140 ou 196.

mentos sejam fundamentalmente diversos e, por isso, precisem ser distintos uns dos outros, eles pertencem, de qualquer modo, por princípio uns aos outros no que diz respeito ao homem, ou seja, eles são antropologicamente inseparáveis uns dos outros.

Só podemos nos aproximar por analogia do ser idêntico que se articula nos três momentos indicados. Em particular, nosso modo de consideração dimensional significa uma tentativa de aproximação do ser idêntico *more geometrico*.[5] Naturalmente: não parece ainda decidido para nós se também se trata, nesse caso, realmente apenas de um procedimento analógico, a saber, um procedimento em analogia com a matemática, e se as dimensões matemáticas não representam talvez inversamente meras especificações de uma *dimensionalidade pura e simples do próprio ser*. De tal modo que não podemos apenas considerar o mundo propriamente *ordine geometrico*,[6] mas precisamos também conceber inversamente a matemática *more ontologico*,[7]

No interior desse nosso esquema dimensional obtém-se, então, a partir da tridimensionalidade – *sit venia verbo*[8] – do homem, o fato de que o elemento humano propriamente dito só pode vir à tona se ousarmos nos inserir na dimensão do espiritual. Como homem, o homem só se torna visível na medida em que inserimos essa "terceira" dimensão em sua consideração: somente então vislumbramos o homem enquanto tal. Enquanto a vida vegetativa (vida no sentido do meramente vital) é, por um lado, passível de ser explicada ainda no interior da dimensão do corpóreo, assim como sua vida animal pode ser explicada em casos de necessidade no interior da dimensão do psíquico, a existência humana enquanto tal, a existência pessoalmente espiritual, não se deixa absorver nessa dupla dimensionalidade. Ela não se inscreve nesse "plano" da mera psicossomática: ao contrário, o *homo humanus* talvez não

---

5   **N.T.:** Em latim no original: segundo o modo geométrico.
6   **N.T.:** Em latim no original: em sua ordem geométrica.
7   **N.T.:** Em latim no original: segundo o modo ontológico.
8   **N.T.:** Em latim no original: com o perdão da palavra.

possa ser senão no máximo projetado para o interior desse plano bidimensional. De fato, isso constitui efetivamente a essência daquilo que denominamos projeção: o fato de uma dimensão ser a cada vez sacrificada – o fato de ela ser projetada na dimensão imediatamente inferior.

Uma tal projeção tem, então, duas consequências: ela conduz 1. à plurissignificância e 2. a contradições. No caso 1, a razão de ser dessa consequência é a seguinte circunstância: algo diverso se apresenta em uma e mesma projeção da mesma maneira; no caso 2, por sua vez, a razão de ser é dada no seguinte fato: um e o mesmo se apresentam em diversas projeções de maneira diversa.

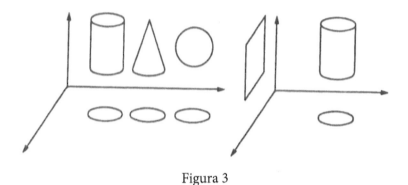

Figura 3

Consideremos o lado esquerdo da ilustração: a composição tridimensional de cilindro, cone e esfera se apresenta na dimensão imediatamente inferior, no plano, na planta, como uma e mesma superfície esférica; o círculo mesmo é plurissignificativo. O homem, porém, também se mostra exatamente assim. No mesmo instante em que eu, a partir do "espaço" do humano – o espaço que só é constituído pela dimensão do espiritual –, projeto o elemento humano para o interior do "plano" do meramente corpóreo e psíquico, qualquer fenômeno humano se mostra como plurissignificativo: a partir de então, em face de tal plurissignificância, não posso mais ver, por exemplo, nenhuma diferença entre a visão de um santo e a alucinação de uma histérica; e, por exemplo, no caso de Dostoievski, jamais posso saber se ele é apenas um epilético ou também é, contudo, alguma coisa mais. Pois, no mesmo instante em que essa projeção é empreendida, santos, por um lado, e histéricas ou epiléticos, por outro, são colocados em um mesmo plano – eles são justamente projetados para o interior de um único plano: todavia, enquanto não transcendo de algum modo esse plano, não há nenhum diagnóstico diferencial possível entre "louco ou profeta" – para me valer desse belo título do livro de A. v. Muralt – ou entre "loucura" e "pressentimento" – para aludir às palavras de Richard Dehmel ("Não o chame de loucura, mas prefira chamá-lo de pressentimento!").

Mas não é apenas a passagem do âmbito corpóreo-psíquico para o espiritual, da facticidade psicofísica para a existencialidade espiritual, que permanece sem ser buscada, mas também, sim, com ainda maior razão, a ascensão da existência para a transcendência. Com isso, a transcendência do mundo é sacrificada com vistas a um supra-mundo. Assim como uma vivência, projetada a partir do espaço do humano para o plano do meramente corpóreo-psíquico, é plurissignificativa, um acontecimento também é plurissignificativo, caso não seja considerado em sua *transparência em meio à dimensão do que é no supra-mundo*, mas continue sendo projetado para o interior do espaço mundano, ou seja, sendo visto de maneira obtusa e limitada em sua mera mundaneidade.

Voltemo-nos agora para o lado direito da ilustração: a partir dele fica evidente que um cilindro, por exemplo, projetado a partir do espaço para o interior de um plano a cada vez, se apresenta em uma dimensão como quadrilátero e na outra, porém, como círculo. O elemento psíquico, por exemplo, não pode ser, contudo, por princípio, reduzido ao elemento corporal ou deduzido dele; ao contrário, os dois são muito mais incomensuráveis. Uma qualidade de cor, por exemplo, e a frequência de ondas que lhe é "correspondente" não apenas não são idênticas, mas são mesmo incomensuráveis; ninguém jamais conseguiu "ver" até hoje uma frequência de ondas, para não falar de que alguém teria podido perceber nessa frequência uma cor. Ao mesmo tempo, a percepção de algo vermelho não é, por seu lado, vermelha, do mesmo modo

5. ✷ Compêndio de análise existencial e logoterapia ✷ 67

que a representação de algo redondo não é, ela mesma, redonda. Enquanto essa incomensurabilidade ontológica ameaça implodir, por um lado, em todo e qualquer outro modo de consideração a concepção antropológica do homem como uma unidade autêntica, sim, mais do que isso, como uma totalidade, ela não permanece a última palavra no interior do quadro de nossa imagem dimensional do homem.

A partir de agora é possível compreender o fato de que, analogamente ao que acontece entre o elemento corporal e o elemento psíquico,[9] a contradição entre necessidade, por um lado, e liberdade, por outro, representa, em verdade, a consequência necessária de uma projeção. Ao mesmo tempo, porém, torna-se possível uma dissolução dessa contradição, e, com efeito, justamente por meio de nosso modo de consideração dimensional. No interior do plano físico, causa, efeito e reação reúnem-se em um "círculo causal" em si mesmo fechado, e, nesse sentido, será preciso designar o sistema nervoso central, por exemplo, absolutamente como um "sistema fechado". Como é que acontece, então, de esse sistema que, ao que parece, é totalmente fechado em si ser ao mesmo tempo aberto e estar pronto para acolher em si o elemento psíquico e o espiritual, deixando-os fluir em si e deixando-se influenciar por eles? Será que isso acontece para viabilizar pela primeira vez desse modo

---

9   Análoga à relação entre o psíquico e o corporal é a relação entre *morphé*(forma) e *hylé* (matéria); e isso de tal modo, em verdade, que a primeira dimensão pertence à imediatamente superior como a última. Assim, também é legítimo denominar a alma, no sentido do hilemorfismo, uma *"forma corporis"*. Só que, em face da relação análoga entre o espiritual e o psíquico *no interior* da "alma" como uma *forma corporis*, teríamos de diferenciar, por um lado, entre "a alma espiritual" como uma, tal como gostaria de dizer, *forma formans*, e, por outro, a "alma corporal" como uma, se é que posso falar assim, *forma formata*. De fato, o homem configura-se a si mesmo, na medida em que o espiritual nele, ou seja, ele mesmo enquanto pessoa espiritual, forma e, nessa medida, cria pela primeira vez ele mesmo enquanto caráter psíquico, isto é, o psíquico nele: "a pessoa é criadora" – "o caráter é algo criado" (V. E. Frankl, *Der unbedingte Mensch. Metaklinische Vorlesungen* – O homem incondicionado. Preleções metaclínicas. Viena, 1949, p. 99).

ao organismo o seu duplo serviço em nome da pessoa – de acordo com a sua função expressiva e instrumental? Pois bem, temos nesse caso também essa contradição: aqui fechamento do sistema neurofisiológico, lá abertura em relação a todo ente transfisiológico – essa contradição também se revela como aparente e passível de ser resolvida logo que consideramos o ser humano de maneira dimensional. Pois, se olharmos a planta de um copo d'água, ou seja, para a sua projeção no plano da mesa, então essa planta também já se mostrará, em todo caso, como um círculo fechado em si; não obstante, o copo d'água mesmo na dimensão imediatamente superior, na terceira dimensão, no espaço, é igualmente "aberto" e se acha "pronto" a acolher algo em si; também essa abertura, contudo, apesar do fechamento coetâneo, se nos revela naquela dimensão na qual algo assim como copos d'água em geral aparecem pela primeira vez... Copos d'água que são, por sua vez, produtos tridimensionais, espaciais. As coisas não são diversas no que diz respeito ao homem. Só que, ainda hoje, o fato de o elemento espiritual pertencer concomitantemente à totalidade do homem, sim, *o fato de a dimensão do espiritual constituir pela primeira vez efetivamente o espaço do humano* não é uma obviedade tal como a primeira.

Antes de prosseguirmos, gostaríamos ainda de reconhecer aqui também que uma relação similar à que se dá entre necessidade e liberdade (ver anteriormente) também pode existir entre a liberdade existencial do homem, por um lado, e, por outro, uma necessidade mais elevada, a saber, a necessidade providencial: mesmo a contradição entre essas duas instâncias se revela como aparente em meio a uma consideração dimensional, e aquilo que se mostra a nós, homens, como decisão livre – e também há decisão livre no espaço do humano! – é querido e previsto certamente por Deus apesar de sua liberdade, sim, precisamente nessa sua liberdade. Por fim, o animal domesticado (digamos um boi) também não tem nenhuma ideia – a partir de seu meio ambiente – de quais são as metas "superiores" para as quais o homem literalmente "emprega" seus instintos; instintos esses que, com isso, são inseridos no mundo do homem, por exemplo, do camponês. Mas o meio ambiente animal não se comporta em relação ao mundo circundante humano de outra forma senão aquela como o mundo circundante humano se comporta em relação ao mundo superior – uma relação análoga àquela que se dá com a seção dourada na matemática.[10] Permaneçamos, contudo, junto ao humano e retornemos à tese que apresentamos anteriormente: ao fato de a dimensão do espiritual constituir pela primeira vez o espaço do humano – dizemos expressamente "pela primeira vez", mas não "apenas"! E isso porque o elemento espiritual, em verdade, não significa uma, mas *a* dimensão do homem, sem ser, contudo, de maneira alguma, a única. E se Paracelso disse certa vez: "Somente a parte elevada do homem é o homem", então gostaríamos de substituir precisamente este "somente" por um "pela primeira vez" e de dizer em uma variação: não é "apenas" na parte elevada, na dimensão elevada, na dimensão do espírito, que o homem "é"; mas é somente no espaço do corporal-psíquico-espiritual como o espaço do humano que algo assim como o ser humano vem à tona "pela primeira vez". Portanto, não apenas na "terceira" dimensão, na dimensão do elemento espiritual, mas pela primeira vez na tridimensionalidade de corpo, alma e espírito: é pela primeira vez nessa tripla unidade que o *homo humanus* se vê em seu lar, que sua *humanitas* está em casa. Em contraposição a isso, aceitar a tese de Paracelso significaria apenas projetar uma vez mais, ou seja, considerar tudo uma vez mais de maneira linear e decair em um monismo, ainda que um monismo de cima, a saber, um monismo espiritualista, em oposição ao monismo materialista de baixo.

Em verdade, o espiritual é ontologicamente um modo de ser *próprio* e antropologicamente o modo de ser *propriamente dito* do homem; todavia, isso só é válido com duas restrições. Em primeiro lugar, o elemento espiritual não é, de maneira alguma, a única região ontológica à qual o homem pertence (afirmar isso seria decair em

---

10   N.T.: A expressão alemã *Goldener Schnitt* (seção dourada) aponta para o estabelecimento de uma certa proporção ideal entre partes de uma linha. Nós temos uma seção dourada quando dividimos uma linha *a* em duas partes, *b* e *c*, e *b* é duas vezes maior do que *c*.

um espiritualismo); pois o homem – por mais que ele possa se mostrar como um ser espiritual, por mais que ele possa ser, em essência, espiritual – é uma unidade e uma totalidade corporal e psíquica. Para além disso, é importante dizer que, no interior do espírito, ou seja, noologicamente, o racional e o intelectual não representam nem mesmo o elemento propriamente dito no ser humano; o emocional e o existencial contestam muito mais a eles essa posição hierárquica. (Por meio do reconhecimento dessa ordem hierárquica, a análise existencial se encontra imune perante os três perigos que ameaçam uma antropologia logo que ela se dispõe a inserir o espiritual em seu projeto de uma imagem do homem: ela se torna imune ao risco do espiritualismo, do racionalismo e do intelectualismo).

Não se deve contestar o fato de que nem sempre conseguimos escapar de projeções. Se quero tratar, por exemplo, neurologicamente um paciente, então preciso fazer as coisas como se o homem estivesse acomodado apenas na dimensão fisiológica; só que não tenho o direito de imaginar que ainda estou lidando propriamente nesse caso com o *homo humanus*. Enquanto durar o tratamento, sou constantemente obrigado a agir como se o doente que se acha sentado diante de mim fosse "um caso de...", em uma palavra, como se estivesse lidando com o adjetivo "doente" e não, antes, com um "homem" doente inteiramente substantivado – com o *homo patiens*.

Portanto, preciso agir respectivamente "como se..."; pois o reflexo patelar não pode ser colocado à prova por mim junto à essência plenamente dimensional do homem, mas apenas junto a um organismo, para não dizer junto a um sistema nervoso central – que representa uma mera projeção do *homo humanus*.

Exatamente do mesmo modo, pode ser legítimo não projetar o homem, tal como acontece no caso do tratamento neurológico, a partir do espaço noológico que lhe é adequado, para o interior do plano fisiológico, mas para o interior do plano psicológico; e é isso que acontece, por exemplo, no quadro da pesquisa psicodinâmica. Mas se isso não acontece com uma plena consciência metodológica, então também pode muito bem me induzir em erro. Antes de mais nada teria de manter a cada vez diante de meus olhos todas as coisas que retirasse daí por meio da filtragem; pois no sistema de coordenadas de uma consideração unilateral e exclusivamente psicodinâmica não consigo ver no homem desde o princípio nada além e nada diverso de sua essência que, aparecendo aí, é apenas impelida ou satisfaz a impulsos. O elemento propriamente humano, contudo, necessariamente só se apresenta em tal sistema referencial desfigurado; sim, certos fenômenos humanos me escapam efetivamente. Pensemos apenas em algo assim como o sentido e os valores: eles precisam desaparecer de meu campo de visão logo que deixo vigorar impulsos e forças impulsionadoras; e, em verdade, eles precisam desaparecer desse meu campo de visão pela simples razão de que valores não me impelem, mas me – puxam! E há entre os dois uma diferença enorme, a cujo reconhecimento não podemos nos fechar, se é que buscamos um acesso à realidade efetiva total e não restrita do ser humano.

Portanto, há projeções necessárias; sim, toda ciência ôntica está como tal – em oposição a todo saber ontológico – em uma relação de dependência com o empreendimento de projeções; em uma relação de dependência com a abstração do caráter dimensional de seu objeto – com o afastamento de dimensões. Exatamente isso, porém, não significa outra coisa senão: projetar o respectivo objeto. Assim, a *ciência tem a necessidade de anular a estrutura plenamente dimensional da realidade*: a ciência precisa obscurecer e suspender – ela precisa fingir e fazer tudo "como se...".

Mas a ciência também precisa saber o que faz! E ela não deve pretender enganar ninguém dizendo que nesse caso não é ela que simula, mas o "saudável entendimento humano" – ou, como preferiríamos dizer: a autocompreensão imediata do ser humano; para essa autocompreensão do homem puro e simples, coisas como espírito, liberdade e responsabilidade não são mais do que meras "ficções" – como o naturalismo adora sugerir, na medida em que os reduz biologisticamente a processos cerebrais quaisquer ou em que até mesmo os identifica com esses processos, ou na medida em que ele os deduz psicologisticamente. O homem puro e simples não se compreende, porém, como "mecanismo psíquico". Ao contrário, o homem puro e simples sempre compreendeu que tipo de conjuntura se constitui com sua espiritualidade, liberdade e responsabilidade – ele já descobriu a conjuntura muito antes de ter vislumbrado algo assim como o cérebro ou mesmo muito antes de ter ouvido falar um dia em conflitos pulsionais, dos quais o espírito deveria despontar pela primeira vez de maneira não inventiva. Vemos: não há apenas projeções obrigatórias e ficções necessárias da ciência – mas também há projeções desnecessárias. A Psicologia também já precisa ser propriamente noologia – quer queiramos denominá-la assim ou não. É somente como noologia que ela consegue se aproximar, sim, mesmo apenas chegar um pouco mais próximo de algo assim como a "pessoa" – a "existência" – o "espiritual" (sempre de acordo com se nos aproximamos desse algo fenomenologicamente, antropologicamente ou ontologicamente).

Dentre os existenciais do ser humano estão: a *espiritualidade*, a *liberdade* e a *responsabilidade* do homem. Esses três existenciais não caracterizam apenas o ser-aí humano enquanto tal, enquanto algo humano, mas antes o constituem. Nesse sentido, a espiritualidade do homem não é apenas uma característica, que meramente distingue o homem, assim como o elemento corporal e o psíquico o fazem, elementos esses que são próprios também ao animal. Ao contrário, o espiritual é algo que distingue o homem, algo que só cabe a ele e que lhe advém pela primeira vez.

Um avião não deixa, evidentemente, de ser um avião mesmo que ele se movimento no solo: ele pode, sim, ele precisa se movimentar sempre uma vez mais no solo! Mas ele demonstra pela primeira vez o fato de ser um avião logo que alça voo. Analogamente, o homem só começa a se comportar como homem quando sai do plano da facticidade psicofísica-organísmica e se coloca diante de si mesmo – sem que ele precise, por isso, vir já também ao encontro de si mesmo.

Poder fazer algo desse gênero significa justamente existir, e existir diz: já se encontrar sempre para além de si mesmo.

1. A espiritualidade do homem

Um ente espiritual "está junto" a um outro ente. Com a única diferença de que esse estar-junto-a não pode ser representado espacialmente – e, em verdade, porque ele não é um estar-junto-a espacial, mas um "efetivamente real"; mas essa "realidade efetiva" não é justamente nenhuma "realidade efetiva" ôntica, mas ontológica. Ou seja, não é nunca em um sentido ôntico que o espírito se acha "fora". Ao contrário, é em um sentido ontológico que ele está a cada vez *quase*-fora!

Pois bem, não precisamos nem mesmo afirmar tanto que não visamos a todas essas coisas senão "em sentido figurado"; pois também se poderia dizer simplesmente que o ser-junto-a corpóreo (por exemplo, o estar-juntos de dois homens) seria um estar-junto em um sentido restrito, a saber, em um sentido restrito ao campo espacial – ou, caso se queira, em um sentido restrito ao corporal! Pois o sentido não-espacial e não-corporal, o sentido não pertinente ao corpo, mas *consonante com o ser*, é o mais originário.

A questão que caracteriza toda teoria do conhecimento já é formulada de maneira falsa no ponto de partida! Pois perguntar como é que o sujeito poderia se aproximar do objeto não faz sentido algum, porque essa questão já representa o resultado de uma espacialização inadmissível e, com isso, de uma ontificação do estado de coisas verdadeiro. É ocioso perguntar como é que o sujeito, a "partir de si", poderia se aproximar do objeto que se encontra "fora" de si, que se encontra "lá fora"; e isso simplesmente porque esse objeto nunca esteve efetivamente "fora" em sentido ontológico. Mas, se essa questão é visada ontologicamente e se "fora" só é dito "como se", então nossa última resposta precisaria ser: o *assim chamado* sujeito já sempre esteve *por assim dizer* fora, junto ao *assim chamado* objeto!

Expresso de outra forma: aquela distância aberta, aquela ruptura, assim como aquela queda que faz com que o sujeito e o objeto se contraponham um ao outro, tudo isso que a teoria do conhecimento deixa vir à tona por meio de sua espacialização ilegítima não pode ser repetido de maneira alguma por nós, nem tampouco introduzido por nós; somente então alcançaremos o ponto de partida para uma autêntica ontologia do conhecimento, somente então deixaremos efetivamente de *abrir violentamente o abismo entre*

74 ✴ Logoterapia e Análise Existencial ✴ Viktor E. Frankl

o ente espiritual cognoscente e o outro ente conhecido. Toda distância entre "fora de" e "dentro de", entre "fora" e "dentro", toda distância e toda proximidade devem à teoria do conhecimento entificante e não-ontológica a consideração espacial dessas expressões.

Essa posição epistemológica designa assim, efetivamente, um "pecado original" filosófico – designa propriamente o "fruto" da teoria sobre a "árvore do conhecimento". Pois logo no momento em que essa cisão foi estabelecida, já não havia mais nada que pudesse funcionar como um meio para ir além dela, para ir além desse "abismo": então já não havia mais volta! Na medida, portanto, em que queremos tentar escapar dessa fatídica cisão sujeito-objeto – precisamos retornar incondicionadamente até um ponto anterior a essa divisão da existência em sujeito e objeto.

A possibilidade de o ente determinado de maneira espiritual "ser junto" a um outro ente é uma capacidade originária, é a essência do ser espiritual, da realidade efetiva espiritual – e, uma vez reconhecida, ela nos poupa da problemática epistemológica trazida de muito longe acerca de "sujeito" e "objeto"; ela nos liberta do ônus *probandi* inerente ao problema de saber como um poderia se aproximar do outro. Esse desencargo, contudo, precisa ser conquistado por nós, e, em verdade, abdicando de questões ulteriores – e, com isso, também abdicando da pergunta sobre o que se esconde por detrás daí, por detrás dessa derradeira e extrema possibilidade do espírito de "ser junto" a um outro ser.

De fato, uma ontologia do conhecimento não está mais em condições de demonstrar e enunciar outra coisa senão que um ente espiritual está "de algum modo" junto ao outro ente: somente esse caráter fático pode ser alcançado ontologicamente – mas não a quidi-dade, não a essência do ser-junto-a.

Ante o ente espiritualmente cognoscente, o ente nunca se acha "fora", mas sempre simplesmente "presente". Pois bem: é apenas naquele posicionamento reflexivo próprio a toda psicologia que esse simples ser-"aí" se rompe em um sujeito e um objeto! No entanto, essa postura reflexiva também já não se mostra mais enquanto tal como nenhuma postura ontológica, mas muito mais como uma

5. ✳ Compêndio de análise existencial e logoterapia ✳ 75

postura ôntica, a saber, como a postura psicológica. Assim, mesmo o espiritualmente ente se transforma em uma coisa entre coisas[11] – e o seu ser-junto-a se torna uma relação intramundana.

O que é, então, em última instância, esse ser-junto-a do espiritualmente ente? Trata-se da intencionalidade desse ente que é de maneira espiritual! O ente que é espiritualmente, porém, é intencional no fundo de sua essência, e, assim, é possível dizer: um ente que é de maneira espiritual é *espiritualmente* ente, é um ser-consciente, é "junto a si" à medida que "é" junto a um outro ente – à medida que "se conscientiza" de um outro ente. Com isso, o espiritualmente ente se realiza no ser-junto-a, assim como esse ser-junto-a do ser espiritual é a sua possibilidade mais originariamente própria, sua capacidade propriamente dita.

Um ente que é de maneira espiritual não consegue apenas "ser" simplesmente "junto" a um outro ente. Ao contrário, também é possível para ele "ser" em particular "junto" a um ente congênere – a saber, junto a um ente por sua vez espiritual, ou seja, junto a um ente do mesmo gênero. Esse ser-junto-a do ente que é espiritualmente junto a um outro ente que também é espiritualmente, esse ser-junto-a entre entes que são a cada vez por si mesmos de maneira espiritual, é o que denominamos agora ser-junto-um-do--outro. E, então, vem à tona o fato de que é só em um tal ser-junto--um-do-outro que um ser-junto-a pleno é possível – isto é, apenas entre entes congêneres.

Pois bem, isso também só é possível, contudo, naquele estar--entregue-irrestritamente-um-ao-outro que denominamos amor.

Ora, mas o amor pode ser paulatinamente definido como: poder dizer "você" para alguém – e, para além disso, poder dizer sim a ele; em outras palavras: apreender um homem em sua essência, em seu modo de ser, em sua unicidade e singularidade, sem se deter apenas em sua essência e em seu modo de ser, mas também abarcando-o em seu valor, em seu dever ser, ou seja, afirmá-lo. E, assim, mostra-se então uma vez mais o fato de não ser de modo al-

---

11   Cf. a "*res* (!) *cogitans*" de Descartes.

gum correto afirmar que o amor nos tornaria cegos – ao contrário, o amor nos faz ver inteiramente; sim, ele nos torna precisamente videntes; pois o valor que ele torna possível ver e reluzir no outro ainda não é nenhuma realidade efetiva, mas uma mera possibilidade: algo que ainda não é de maneira alguma, mas que virá a ser pela primeira vez, que pode e deve vir a ser. É próprio ao amor uma função cognitiva.

Portanto, na medida em que o ser-junto-a-um-outro surge como o "ser" de uma pessoa "junto" a outra enquanto tal, e isso significa o mesmo que ser "junto" a essa outra pessoa em sua absoluta alteridade (alteridade em relação a todas as outras pessoas), essa alteridade é apreendida amorosamente por tal ser-junto-a – e apenas por tal ser-junto-a; e isso uma vez que tudo se dá, podemos dizer, de tal forma que o amor representa pura e simplesmente o modo de ser pessoal.

No interior da espiritualidade humana também há algo assim como uma espiritualidade inconsciente. Com certeza, precisamos acrescentar que compreendemos por tal espiritualidade inconsciente uma espiritualidade tal, cujo caráter inconsciente consiste na supressão da auto-consciência reflexiva – enquanto a autocompreensão inconsciente[12] da existência humana permanece, por outro lado, salvaguardada; pois tal autocompreensão cabe a toda existência, a todo ser humano.

Espiritualidade inconsciente é a camada fontal e radical de toda espiritualidade consciente. Em outras palavras: nós não conhecemos e reconhecemos apenas um inconsciente pulsional, mas também um inconsciente espiritual, e, nele, vemos o fundamento de sustentação de toda espiritualidade consciente. O eu não é dominado pelo id; mas *o espírito é sustentado pelo inconsciente.*

---

12 A autocompreensão da existência é um fenômeno originário irredutível. Pois a existência pode compreender a si mesma, mas não pode compreender a sua própria autocompreensão. *Essa* compreensão, essa autocompreensão potencializada, precisaria transcorrer justamente em uma dimensão mais elevada do que a da autocompreensão originária.

5. ✳ Compêndio de análise existencial e logoterapia ✳ 77

Para explicitarmos mais detidamente aquilo que expusemos como o "espiritualmente inconsciente", gostaríamos de nos servir, a partir de agora, de algo que serve como um modelo, do fenômeno da "consciência moral".[13]

De fato, as coisas se dão de tal modo que aquilo que se denomina a consciência moral se estende até o interior de uma profundidade inconsciente, encontrando-se enraizado no solo inconsciente: precisamente as grandes, as autênticas – existencialmente autênticas – decisões na existência humana ocorrem sempre de maneira totalmente irrefletida e, nessa medida, também inconsciente; na sua origem, a consciência moral imerge no inconsciente.

Nesse sentido, a consciência moral também pode ser denominada irracional; ela é alógica – ou, ainda melhor, pré-lógica. Pois, exatamente do mesmo modo que há uma compreensão de ser pré--lógica, pré-científica e preestabelecida em relação à consciência moral, também há uma compreensão valorativa pré-moral, que antecede a toda moral explícita – justamente a consciência moral.

Ora, mas se perguntássemos a razão pela qual a consciência moral é necessariamente efetiva de maneira irracional, então teríamos de refletir sobre o seguinte estado de fato: um ente abre-se para a consciência – para a consciência moral, contudo, abre-se não um ente, mas muito mais um ente que *ainda* não é; um ente que *deve* primeiro ser. Esse ente que deve ser não é, portanto, nada efetivamente real, ele é antes algo que precisa ser realizado (naturalmente não sem que essa mera possibilidade represente, por sua vez, em um sentido mais elevado, a saber, no sentido moral, uma necessidade). Uma vez, contudo, que aquilo que nos é revelado pela consciência moral é algo que precisa ser primeiro realizado, na medida em que ele mesmo deve ser concretizado, levanta-se imediatamente a questão de saber de que outra maneira ele deveria ser concretizado senão por meio do fato de que ele é, de algum modo, antecipado espiritualmente. Essa antecipação, essa assun-

---

13   Viktor E. Frankl, *Der unbewusste Gott* (O deus inconsciente), Viena, 1948, p. 37-47.

ção espiritual prévia, ocorre, então, naquilo que se denomina intuição: a antecipação espiritual acontece em um ato de visão.

Assim, a consciência moral se revela como uma função essencialmente intuitiva: a fim de antecipar o que precisa ser concretizado, a consciência moral precisa intuí-lo de antemão; e, nesse sentido, a consciência moral, o *ethos*, é de fato irracional e só derivadamente racionalizável. Ora, mas não conhecemos algum análogo da consciência moral? O Eros também não é igualmente irracional, igualmente intuitivo? De fato, o amor também intui; ele também contempla algo que ainda não é. Todavia, ele não é como a consciência moral, algo que primeiramente "deve ser", mas que ainda não é. O que é descerrado pelo amor é algo que apenas *pode* ser. O amor contempla e descerra justamente possibilidades valorativas no *tu* amado. Portanto, ele também antecipa algo em sua visão espiritual; a saber, aquilo que pode abrigar em si uma pessoa concreta, ou seja, a pessoa amada em possibilidades pessoais ainda não efetivamente realizadas.

No entanto, não é apenas no fato de tanto a consciência moral quanto o amor terem algo em comum com meras possibilidades, mas não com realidades efetivas, que o amor e a consciência se equiparam; não é isso apenas que torna desde o princípio evidente o fato de os dois só poderem proceder da mesma maneira pela via intuitiva. Ao contrário, é possível apresentar ainda uma segunda razão para o seu modo de atuação necessariamente, porque essencialmente, intuitivo, irracional, e, por isso, também nunca completamente racionalizável: os dois, justamente, tanto a consciência moral quanto o amor, têm de lidar com o ser absolutamente *individual*.

A tarefa da consciência moral, por sua vez, é precisamente desvelar para o homem "uma coisa que é necessário fazer". Essa "uma coisa", porém, é algo respectivamente único. Portanto, o que está em questão é algo absolutamente individual, um "dever ser" individual – que, por isso, também não pode ser apreendido por nenhuma lei geral, por nenhuma "lei moral" formulada de maneira universal (por exemplo, no sentido do imperativo kantiano), mas que é prescrito por uma "lei individual" (Georg Simmel); ele

5. ✳ Compêndio de análise existencial e logoterapia ✳ 79

não é de modo algum cognoscível racionalmente, mas só é apreensível intuitivamente. E essa realização intuitiva é levada a termo justamente pela consciência moral.

Só a consciência moral consegue, por assim dizer, eleger a lei moral "eterna", universalmente concebida, com vistas à situação respectiva concreta de uma pessoa concreta. Uma vida a partir da consciência moral é sempre justamente uma vida absolutamente pessoal com vistas a uma situação absolutamente concreta – com vistas àquilo que pode estar em questão em nossa existência a cada vez única e singular; a consciência moral já sempre abarca o "aí" concreto de meu "ser" pessoal.

Agora, gostaríamos de mostrar que mesmo nessa relação, mesmo na relação com a intenção essencialmente individual da consciência moral, o amor se encontra em um certo paralelismo: não é apenas o *ethos* que tem por meta uma possibilidade totalmente individual, mas também o Eros; pois, assim como a consciência moral desvela "uma coisa que precisa ser feita", o amor desvela a singularidade que é possível: as possibilidades singulares da pessoa respectivamente amada. Sim, somente o amor, e apenas ele, está em condições de contemplar uma pessoa em sua singularidade, como o indivíduo absoluto que ela é.

A questão é que não são apenas os elementos ético e erótico, não apenas a consciência moral e o amor, que se enraízam em uma profundidade emocional e não racional, em uma profundidade intuitiva do inconsciente espiritual: também há um terceiro elemento, o patético. Ele também se acha acomodado em certo sentido aí; na medida justamente em que também há no interior do es-piritualmente inconsciente, ao lado do inconsciente ético, da consciência moral, por assim dizer, um inconsciente estético – a consciência artística. Tanto no que concerne à produção artística[14] quanto no que diz respeito à reprodução, o artista também

---

14   Cf. o anexo a *Psicoterapia, arte e religião*, in: Viktor E. Frankl, *Die Psychotherapie in der Praxis. Eine kasuistische Einführung für Ärzte* (A psicoterapia na práxis. Uma introdução pautada em casos para médicos), Viena, 1947.

depende, nesse sentido, de uma espiritualidade inconsciente. À intuição em si irracional e, por isso, também não inteiramente racionalizável da consciência moral corresponde no artista a inspiração, e ela também está enraizada em uma esfera marcada por uma espiritualidade inconsciente. A partir dela, o artista cria, e, com isso, as fontes a partir das quais ele gera estão e permanecem envoltas em uma obscuridade que nunca pode ser conscientemente clarificável sem restos. Sempre se mostra uma vez mais até mesmo o fato de que no mínimo a consciência excessiva dessa produção está em condições de interferir "a partir do inconsciente"; não raramente a auto-observação forçada, a vontade de um "fazer" consciente aquilo que precisaria ser levado a termo como que por si mesmo em uma profundidade inconsciente, se transforma em um *handicap* do artista criador. Toda reflexão desnecessária não traz, nesse contexto, senão prejuízo.

Aludimos anteriormente ao fato de que, ao falarmos de espiritualidade inconsciente, não devíamos compreender por inconsciente outra coisa senão irrefletido. E, contudo, tem-se em vista algo mais: o que também se tem em vista aqui é justamente inalcançável pela reflexão. A espiritualidade do homem não é apenas simplesmente inconsciente, mas também obrigatoriamente inconsciente:

De fato, o espírito se revela como impassível de ser alcançado reflexivamente ao menos por meio de si mesmo; e isso precisamente na medida em que é em última instância cego perante toda e qualquer auto-observação, que tente apreendê-lo em sua origem, em sua posição originária. Em meu artigo *Deus inconsciente*, apresentei nesse contexto uma imagem: justamente na posição originária da retina, na posição de entrada do nervo ótico no globo ocular, encontra-se o assim chamado ponto cego precisamente dessa retina. Mas também podemos oferecer uma outra imagem: tal ponto cego em relação a todo auto-espelhamento também pode ser gerado, e isso acontece sempre que alguém tenta "refletir a si mesmo em seus olhos" – no mesmo instante em que conseguisse fazer isso, ele também já cegaria a si mesmo. Com certeza, vista em termos genéticos, a retina pertence ao cérebro, e, veja, esse cérebro – o órgão de toda sensação de dor – não é ele mesmo e por seu lado minimamente sensível à dor: mais uma analogia...; pois análoga é a própria pessoa – segundo Max Scheler, o centro dos atos espirituais, e, consequentemente, também o centro de toda consciência – que, por sua parte, não é capaz de consciência.

Com o auxílio de um telescópio, todos os planetas do sistema solar podem ser observados – com uma exceção: alijado daí continua sendo o próprio planeta Terra. Uma coisa semelhante acontece conosco, homens, apesar de todo o nosso conhecimento: todo conhecimento, na medida em que ele é um conhecimento humano, está ligado a uma posição. Não obstante, onde a posição se encontra não pode haver nenhum objeto, e, assim, o sujeito também não pode se transformar jamais de uma maneira plena em seu próprio objeto.

Mas o que se tem aqui não é apenas o fato de que uma autorreflexão consumada não pode ser realizada: ela também não deve ser realizada; pois a tarefa do espírito não é observar a si mesmo e espelhar a si mesmo. É constitutivo da essência do homem o ser ordenado e o ser erigido, seja com vistas a algo, seja com vistas a alguém, seja com vistas a uma obra ou com vistas a um homem, a uma ideia ou a uma pessoa! E somente na medida em que somos intencionais dessa maneira, somos existencialmente; somente na medida em que o homem se acha espiritualmente junto a algo ou junto a alguém, junto ao ente espiritual, mas também junto ao outro ente não espiritual – somente na medida de um tal ser-junto-a, o homem está junto a si. O homem não está aí para observar a si mesmo e para espelhar a si mesmo; mas ele está aí para se legar, se entregar, se abandonar a algo conhecendo e amando.

A pessoa só se revela em sua biografia, ela só se desvela, só revela seu modo de ser, sua essência inconfundível, para uma explicação biográfica, enquanto ela se fecha para uma análise direta. A biografia não é, em última instância, outra coisa senão a explicação temporal da pessoa: nesse sentido, cabe a todo e qualquer dado biográfico, sim, a todo e qualquer detalhe em termos de história de vida, um *valor conjuntural biográfico* e, justamente com isso, também um *valor expressivo pessoal* – mas somente até um certo grau e apenas no interior de certos limites. Essa limitação corresponde justamente à condicionalidade do homem, que só facultativamente é um ser incondicionado, enquanto permanece sendo faticamente um ser apenas condicionado; pois, por mais que ele seja um ser essencialmente espiritual, ele permanece um ser finito. Daí também já resulta o fato de a pessoa espiritual não conseguir se impor incondicionadamente – através das camadas psicofísicas. A pessoa espiritual não é sempre nem visível, nem atuante através das camadas psicofísicas. Em todo caso, não podemos dizer que o organismo psicofísico ou todo acontecimento de uma doença seria nele representativo para a pessoa espiritual, que se encontra por detrás daí e que se serve dele de um modo ou de outro; pois a pessoa não consegue de maneira alguma se servir desse organismo sob todas as condições e sob todas as circunstâncias. Como a pessoa espiritual de tal tipo não é efetiva em todas as circunstâncias através do organismo psicofísico, por essa razão mesma ela também não é visível em todas as circunstâncias através do organismo psicofísico; justamente porque esse meio é precário, ele também é turvo. Na medida em que o organismo – principalmente no acontecimento da doença – é um espelho no qual se reflete a pessoa, esse espelho não é desprovido de pontos cegos. Em outras palavras: nem todo ponto cego pode ser computado como um elemento que diz respeito à pessoa, que se reflete nela. O corpo vivo do homem não é, de maneira alguma, uma imagem especular fiel de seu espírito – isso só seria válido para um corpo "transfigurado"; só um corpo transfigurado seria representativo para a pessoa espiritual: o corpo do homem "caído", contudo, representa um espelho partido e, por isso, desfigurador. Não se pode atribuir ou deduzir de maneira alguma cada *insanitas corporis* de uma *mens insana*. Nem toda doença é noogênica; quem o afirmasse seria um espiritualista ou – no que diz respeito à doença corpórea – um noo-somático. Enquanto permanecermos conscientes de que o homem também não consegue realizar junto a si mesmo tudo aquilo que quer como pessoa espiritual, tomaremos cuidado para – em face de tal *impotentia oboedientialis* – não colocarmos toda a culpa por uma doença do corpo no fracasso do espírito. Com certeza, toda doença possui o seu "sentido"; mas o real sentido de uma doença não reside no fato de se estar doente, mas muito mais no modo do sofrimento; e, assim, esse sentido precisa ser primeiramente dado a cada vez à doença, o que acontece sempre que o homem que sofre, o *homo patiens*, no sofrimento correto, íntegro, próprio a um destino autêntico, preenche o sentido possível de um sofrimento necessário em virtude de seu destino – na confrontação de si mesmo como pessoa espiritual com a doença como afecção do organismo psicofísico. Na confrontação com o destino da doença, no posicionamento em relação a esse seu destino, o homem doente preenche um não: o sentido mais profundo, ele realiza um não: o valor mais elevado. Estar doente tem tanto um sentido em si quanto um sentido para mim; mas o sentido em si é um sentido transcendente, ou seja, ele transcende toda compreensão humana de sentido. Com maior razão, ele se encontra *para além dos limites de uma temática psicoterapêutica legítima*. A transgressão desses limites se vinga sob a forma de um impasse, para o qual o médico é trazido como qualquer homem que desse a seu filho, quando ele perguntasse em que medida Deus seria amor, a resposta casuisticamente exemplificadora: na medida em que "ele te livrou do sarampo" – para ter de responder em seguida a objeção da criança: "É, mas foi ele que me fez pegar primeiro o sarampo!"

A impotência do espírito humano em uma psicose consiste no fato ou restringe-se ao fato de esse espírito, assim como, consequentemente, a sua confrontação com a psicose, não poder se expressar, por mais que essa confrontação consista em uma revolta contra a doença ou em uma reconciliação com a doença. Não podemos confundir, contudo, essa impossibilidade de expressão com uma impossibilidade da própria confrontação. Essa confrontação permanece possível e também se mostra sempre uma vez mais como efetivamente real, graças àquilo que denominamos *o poder consolador do espírito*. Precisamente o neuropsiquiatra é um conhecedor da condicionalidade psicofísica da pessoa espiritual; mas precisamente ele se torna também testemunha de seu poder consolador.

84 * Logoterapia e Análise Existencial * Viktor E. Frankl

O espírito humano é condicionado – não menos, mas também não mais. O corpo não produz nenhum efeito: ele apenas condiciona. Mas essa condicionalidade do espírito humano não consiste, em última instância, na vinculação do espírito humano ao seu corpo – mesmo os assim chamados mecanismos a-pessoais (V. E. v. Gebsattel) não residem no campo espiritual, mas no campo psicofísico –, na dependência do espírito humano em relação ao caráter intacto da função instrumental[15] e expressiva de seu organismo psicofísico. Essa dupla função – na qual se baseia toda a capacidade de ação ou de expressão da pessoa espiritual – é perturbável. Com isso, contudo, a pessoa espiritual ainda está longe de ser destrutível; e seria um sofisma, se quiséssemos deduzir da incapacidade da pessoa espiritual de expressar a sua confrontação com a psicose uma conclusão relativa à sua incapacidade de se confrontar efetivamente com a psicose: de algum modo, de uma forma ou de outra – por mais que essa confrontação seja tão discreta e permaneça velada aos nossos olhos: a confrontação não passa a acontecer menos frequentemente; ainda que seja apenas por meio do fato de que alguém suporta e tolera calado seu sofrimento.

Em geral, porém, permanece óbvio tanto agora como antes o seguinte: um organismo psicofísico capaz de funcionar é a condição de possibilidade para que a espiritualidade humana se desdobre. Só que, em relação a esse ponto, não se pode esquecer que o psicofísico, por mais que possa condicionar tal espiritualidade, não efetua nada, que ele não pode gerar tal espiritualidade: não podemos esquecer que o *bios* nunca consegue produzir o *logos* e que a *physis* e o *soma* nunca conseguem produzir a *psyche*. A única coisa que eles conseguem fazer é condicioná-los.[16] Para além disso, não

---

15 O espírito instrumentaliza o psicofísico: a pessoa espiritual organiza o organismo psicofísico – sim, ela o torna efetivamente pela primeira vez o "seu" organismo, na medida em que ela o transforma em instrumento, em órgão, em *instrumentum*. (V. E. Frankl, *Der unbedingte Mensch. Metaklinische Vorlesungen* – O homem incondicionado. Preleções metaclínicas. Viena, 1949, p. 53).

16 V. E. Frankl, idem, p. 39.

5. ✳ Compêndio de análise existencial e logoterapia ✳ 85

podemos desconsiderar o fato de que é a cada vez apenas o organismo psicofísico que é aí afetado – por exemplo, no sentido de um adoecimento psicótico; pois a pessoa é uma pessoa espiritual e, enquanto tal, se acha para além da dicotomia entre saudável e doente. Não obstante, uma perturbação funcional psicofísica pode fazer com que a pessoa espiritual, que também se encontra por detrás do organismo psicofísico e de algum modo também acima dele, não consiga se expressar, mas possa se manifestar: é isso – nada mais e nada menos do que isso – que significa a psicose para a pessoa.

Logo que e enquanto não percebo a pessoa espiritual, porque a psicose a entrincheira e subtrai à minha visão, também não posso obviamente me aproximar dela terapeuticamente, e é preciso que um apelo fracasse. A partir daí obtém-se o fato de que um procedimento logoterapêutico só pode ser levado em conta em casos de psicose clinicamente simples até medianamente difíceis.[17]

A logoterapia em psicoses (não há justamente uma logoterapia *das* psicoses) é essencialmente terapia daquilo que permanece saudável, é propriamente tratamento da postura daquilo que permaneceu saudável na doença em comparação com o que se tornou doente no homem; pois o que permaneceu saudável não é capaz de adoecimento, e o que se tornou doente não é passível de tratamento no sentido da psicoterapia (não apenas da logoterapia). Ao contrário, ele só é acessível a uma somatoterapia.

Agora se mostra que o destino denominado psicose já sempre se configurou; pois a pessoa já estava sempre em obra; ela sempre esteve concomitantemente em jogo; ela já sempre configurou concomitantemente o acontecimento da doença; pois a doença ocorre e acontece com um homem: um animal precisaria se deixar absorver na afetividade doentia – um animal precisaria se deixar impelir pela impulsividade doentia; só o homem pode – e deve – se

---

17   Ver V. E. Frankl, "Acompanhamento psicagógico em depressivos endógenos". In: *Theorie und Therapie der Neurosen. Einführung in Logotherapie und Existenzanalyse* (Teoria e terapia de neuroses. Introdução à logoterapia e à análise existencial). Munique/Basileia, 1983, p. 67 e segs.

confrontar com tudo isso. E veja bem: ele já sempre se confrontou – sem que o homem em questão pudesse prestar minimamente contas de maneira consciente, por exemplo, sobre aquilo que estaria ocorrendo aí. Em uma palavra: a confrontação entre o humano no doente e o doentio no homem não acontece reflexivamente; ela acontece muito mais implicitamente – a confrontação é uma confrontação inteiramente tácita.

Só que tal patoplástica não pode ser confundida com a afirmação corrente de que a loucura representaria a reação psíquica a um processo somático; pois, por nossa parte, não estamos falando de reações psíquicas, mas de atos espirituais, e, em verdade, de tal postura e de tal posicionamento pessoais em relação à psicose.[18]

Mostrar o elemento pessoal na psicose e deixá-lo reluzir é o interesse da análise existencial. Ela busca tornar transparente o caso com vistas ao homem, deixando que a imagem da doença transcenda para uma imagem do homem. A imagem da doença é justamente uma imagem desfigurada e sombria do homem propriamente dito – a sua mera projeção para o interior do plano clínico; e, em verdade, a partir de uma dimensão do ser humano que é estabelecida frequentemente para além de neurose e psicose; e é no interior desse espaço metaclínico que a análise existencial acompanha também os fenômenos e os sintomas de um estar doente de uma neurose e de uma psicose.

Nesse espaço, então, ela descobre uma humanidade não desfigurada e não desfigurável.

---

18 O fato de alguém que adoece de paranoia – como em um caso concreto que nos é conhecido – não deixar que o seu ciúme maníaco o leve ao assassinato, mas a se entregar e a começar a mimar e a tratar com candura a sua mulher recém-adoecida – essa é uma transformação da postura espiritual, inteiramente imputável à pessoa espiritual – nesse aspecto, completamente imputável. É nesse modo de realização, no fato de não ser retirada nenhuma consequência da loucura – que se anuncia efetivamente o poder consolador do espírito; no caso presente anuncia-se unicamente e apenas aí e obviamente não, por exemplo, em uma intelecção da loucura como uma loucura ou no ciúme como uma doença, em uma assim chamada intelecção da doença.

5. ∗ Compêndio de análise existencial e logoterapia ∗ 87

E se as coisas não fossem assim, então não haveria razões para ser psiquiatra; pois ser psiquiatra não significa tratar de um "mecanismo psíquico" degenerado, de um "aparato" psíquico arruinado e de uma máquina quebrada. Ao contrário, a única coisa que importa ao psiquiatra é o elemento humano no doente, o elemento que se encontra por detrás de tudo isso, assim como o espiritual no homem, que se encontra acima de tudo isso.

A análise existencial estende a sua análise para a totalidade do homem, totalidade essa que não é apenas uma totalidade psicofísica, mas também uma totalidade espiritual e pessoal. E ela seria a psicologia profunda propriamente dita, na medida em que não desce apenas até o inconsciente pulsional, mas também vai até o espiritualmente inconsciente. Seria preciso conceber, então, o espiritual no homem, em oposição ao psicofísico, como a dimensão mais elevada. Nesse caso, admitiríamos que a análise existencial é o contrário da assim chamada psicologia profunda, da psicologia que assim se denomina profunda. A psicologia profunda só esqueceria, então, que o oposto da psicologia profunda não é de modo algum uma psicologia superficial, mas uma *psicologia elevada*; só que não somos tão "sob-" erbos a ponto de usar essa expressão, por mais que essa expressão seja cunhada como uma psicologia cuja aplicação médico-prática sobre o somático e o psíquico no homem não esquece o espiritual no homem, mas queira ser uma psicoterapia a partir do espiritual e, nesse sentido, saiba da dimensão espiritual, a dimensão "elevada" do ser humano: pois a psicologia profunda distingue-se por dizer que "só o elevado do homem é o homem" (Paracelso).

O homem atual, porém, é espiritualmente enfastiado, e esse *fastio espiritual* é a essência do niilismo contemporâneo.

Uma psicoterapia coletiva teria de ir de encontro ao fastio espiritual. Em verdade, Freud disse certa vez que a humanidade sabia que ela tem espírito, e que ele tinha precisado mostrar a ela que ela tinha pulsões. Hoje, contudo, o que está em questão parece ser antes *encorajar* o homem para *o espírito*, lembrá-lo de que ele possui um espírito, de que ele é um ser espiritual. E a psicoterapia, sobretudo em face da neurose coletiva, precisa lembrar a si mesma disso.

2. Liberdade

Nossa autocompreensão nos diz: nós somos livres. Essa autocompreensão, a autoevidência desse estado de fato originário de nossa liberdade, pode ser, no entanto, muito bem obscurecido. A psicologia em sua cunhagem científico-natural, por exemplo, acaba necessariamente produzindo obscurecimentos: ela não conhece nenhuma liberdade, ela não pode conhecer liberdade alguma – do mesmo modo que, por exemplo, a fisiologia não poderia reconhecer algo assim como a liberdade da vontade ou mesmo apenas ver algo assim como tal liberdade. A psico-fisiologia cessa desselado da liberdade da vontade – exatamente como a teologia se inicia para além da liberdade da vontade, lá justamente onde a liberdade humana é subordinada a uma providência divina. O cientista natural nunca pode ser, enquanto tal, outra coisa senão determinista. Mas quem é que consegue ser já apenas cientista natural? Mesmo o cientista natural é, para além de todos os posicionamentos científicos, um homem – um homem pleno e total. Mas mesmo o objeto, do qual ele se aproxima cientificamente: mesmo o homem é mais do que a ciência natural consegue ver nele. A ciência natural só vê o organismo psicofísico, mas não a pessoa espiritual. Por isso, ela também não consegue tornar compreensível aquela autonomia espiritual do homem que lhe é própria apesar da dependência psicofísica. Da "autonomia apesar da dependência" (Nicolai Hartmann), a ciência natural, assim como a psicologia científico-natural, não vê senão o momento da dependência: em lugar da *autonomia da existência espiritual*, ela vê a *autonomia de um aparato psíquico*. Ela vê apenas as necessidades.

Mas o homem enquanto tal está sempre para além das necessidades – ainda que esteja aquém das possibilidades. O homem é essencialmente um ser que transcende as necessidades. Ele só "é", em verdade, em relação às necessidades, mas em uma relação livre com elas.

Necessidade e liberdade, por sua vez, não se encontram de maneira alguma no mesmo plano. Naquela camada na qual se encontra a dependência do homem, sua autonomia nunca poderá ser

5. ✳ Compêndio de análise existencial e logoterapia ✳ 89

constatada. Na medida em que o que está em questão para nós é o problema da liberdade da vontade, nunca podemos deixar que se chegue a uma contaminação das camadas ontológicas. No entanto, onde não há nenhuma contaminação das camadas ontológicas, também não há nenhum comprometimento dos modos de ver. Assim, não há tampouco como pensar nenhum acordo entre determinismo e indeterminismo. Necessidade e liberdade não se encontram em um mesmo plano. A liberdade ultrapassa e reestrutura muito mais toda necessidade. As cadeias causais permanecem, por conseguinte, inteira e completamente fechadas. Só que elas se acham ao mesmo tempo abertas em uma dimensão superior, abertas para uma "causalidade" mais elevada (ver p. 68). O ser, apesar de toda causalidade no sentido mais restrito do termo, sim, precisamente em sua causalidade, é um vaso aberto, pronto para o acolhimento de algo dotado de sentido. Um sentido atuante se aferroa ao ser condicionante.

No que concerne agora à liberdade, ela é uma liberdade em relação a três coisas, e, em verdade:

1. perante as pulsões,

2. perante a herança,

3. perante o mundo circundante.

Ad 1. O homem possui pulsões – mas as pulsões não o possuem. Ele faz algo a partir das pulsões – mas as pulsões não o constituem. Portanto, não nego as pulsões em si; mas não posso afirmar de qualquer forma algo sem que nos seja dada de antemão a liberdade de também negá-la.

A afirmação das pulsões, portanto, não apenas não se encontra em contradição com a liberdade, mas tem até mesmo a liberdade como pressuposto para dizer não. Liberdade é essencialmente liberdade perante algo: "liberdade de" algo – e "liberdade para" algo (pois, também na medida em que não me deixo determinar pelas pulsões, mas antes pelos valores, as coisas se dão de tal modo que tenho a liberdade de também dizer não às exigências éticas: só me *deixo* justamente determinar).

A realidade efetiva psicológica traz consigo, com isso, o fato de que nunca ocorrem no homem "pulsões em si". As pulsões já são sempre afirmadas ou negadas; de um modo ou de outro, elas já são sempre de algum modo configuradas. Todo caráter pulsional no homem já é sempre formado em uma dimensão superior por uma tomada de posição espiritual – de tal modo que essa cunhagem pelo espiritual sempre marca a pulsionalidade humana francamente como um *a priori* espiritual. As pulsões são sempre dirigidas, afinadas e reverberadas a partir da pessoa: pulsões são sempre já personificadas.[19]

Pois as pulsões do homem – em oposição às pulsões dos animais – já se encontram sempre sob o domínio e sob a vigência de sua espiritualidade. A pulsionalidade do homem já se encontra sempre assentada sobre essa espiritualidade; e isso de tal modo, em verdade, que não é apenas quando as pulsões são obstruídas, mas também no momento em que elas são desinibidas, que o espírito já sempre se colocou em obra, já sempre se imiscuiu discursivamente aí – ou, porém, silenciou aí.

O homem é um ser que também sempre pode dizer não às pulsões e que não precisa, de modo algum, dizer sempre sim e amém a elas. Na medida em que afirma as pulsões, isso sempre acontece primeiramente pela via de uma identificação com elas. É tudo isso que o retira da série animal. Enquanto o homem precisa primeiro se identificar a cada vez com as pulsões (na medida em que efetivamente as afirma), o animal é idêntico às suas pulsões. O homem possui pulsões – o animal "é" suas pulsões. Em contrapartida, sua liberdade é o que o homem "é" – e isso na medida justamente em que ela lhe é própria *a priori* e de maneira indissolúvel: algo que eu meramente "tenho", eu também poderia naturalmente perder.

---

19 Ver V. E. Frankl, *Der unbewusste Gott* (O Deus inconsciente), Viena, 1948, p. 74; *Logos und Existenz* (Logos e existência), Viena, 1951, p. 70; *Theorie und Therapie der Neurosen. Einführung in Logotherapie und Existenzanalyse* (Teoria e terapia das neuroses. Introdução à logoterapia e à análise existencial), Viena, 1956, p. 23.

No homem, não há nenhuma pulsão sem liberdade e nenhuma liberdade sem pulsão. Ao contrário, tal como já se mostrou para nós anteriormente, toda pulsionalidade sempre passou também como que por uma zona da liberdade antes de se tornar efetivamente manifesta. Por outro lado, a liberdade humana necessita da pulsionalidade, por assim dizer, como o solo no qual ela precisa fincar pé – naturalmente, esse é ao mesmo tempo um solo, acima do qual ela pode se alçar, do qual ela pode rapidamente se destacar. Não obstante: pulsões e liberdade se encontram uma perante a outra em uma relação correlativa.

Essa relação correlativa, porém, é algo essencialmente diverso, por exemplo, da relação entre *psyche* e *physis*. Em oposição ao paralelismo psicofísico obrigatório, há, sim, algo que designamos como o *antagonismo noopsíquico* facultativo.

Ad 2. No que diz respeito agora à herança, precisamente a pesquisa sobre hereditariedade séria mostrou o quanto o homem possui, em última instância, de liberdade em relação à sua disposição física. Em particular, a pesquisa voltada para gêmeos mostrou que uma vida diversa pode ser construída com base em uma disposição física idêntica. Lembro-me meramente daqueles gêmeos univitelinos de Lange, dos quais um era um refinado criminoso, enquanto seu irmão gêmeo tinha se tornado um – igualmente refinado – criminalista. A propriedade e a característica inata "refinamento" era nos dois idêntica, mas em si valorativamente neutra, ou seja, nem um vício, nem uma virtude. E vemos nesse caso o quanto Goethe tinha razão ao dizer certa vez que não haveria nenhuma virtude da qual não pudesse surgir um erro e nenhum erro que não se pudesse transformar em uma virtude. Nós mesmos estamos de posse de uma carta de uma psicóloga que vive no estrangeiro e que nos escreveu para dizer que possuía as mesmas propriedades características que sua irmã gêmea até nos detalhes: elas gostam dos mesmos vestidos, dos mesmos compositores e dos mesmos – homens. Só existe uma pequena diferença entre as duas: uma das irmãs sabe lidar bem com a vida e a outra é neurótica.[20]

---

20 Entre 2.500 pares de gêmeos, Kallmann encontrou onze (oito plurivitelinos e três univitelinos), nos quais um dos dois tinha se suicidado antes de, em

92 ✱ Logoterapia e Análise Existencial ✱ Viktor E. Frankl

Ad 3. No que concerne agora finalmente ao mundo circundante, mostra-se, por sua vez, que nem mesmo ele constitui o homem, que tudo depende inversamente daquilo que o homem faz a partir dele, da maneira como ele se posiciona em relação a esse mundo. Robert J. Lifton escreveu no *American Journal of Psychiatry* 110 (1954) sobre os soldados americanos que tinham ficado como prisioneiros de guerra dos norte-coreanos: "Havia entre eles muitos exemplos tanto de um comportamento extremamente altruísta quanto de formas primitivas da luta pela sobrevivência".

Portanto, não há nada que o homem seja *menos do que um produto de herança genética e meio ambiente*. Tertium datur: *a decisão – em última instância, o homem decide sobre si mesmo!*

Tentemos abarcar agora, então, as mais importantes dentre as dimensões efetivamente possíveis do ser humano. Uma dessas dimensões seria aquilo que se poderia designar como a *disposição vital*; tanto a biologia quanto a psicologia tratam dela. Por outro lado, seria preciso denominar a respectiva *disposição social* de um homem; ela é o tema de sua consideração sociológica. As duas, a disposição vital e a situação social, constituem a *posição natural* do homem. Essa posição é sempre constatável, fixável, por meio das três ciências: biologia, psicologia e sociologia. Só que não podemos desconsiderar o fato de que um ser humano propriamente dito só começa efetivamente lá onde cessa toda determinabilidade inequívoca e derradeira; o que começa aí, aquilo que se acrescenta pela primeira vez, aquilo que ainda se anexa à posição natural de um homem, é o seu *posicionamento pessoal*, sua tomada de posição pessoal em relação a tudo isso, a toda e qualquer disposição e a toda e qualquer situação. Esse posicionamento, por sua vez, não pode mais ser *eo ipso* sujeito de uma das ciências indicadas; ele se subtrai a toda e qualquer abordagem desse tipo. Ele acontece mui-

---

média, 17 anos. Em caso algum, os dois gêmeos cometeram suicídio. A partir daí e com base na bibliografia específica, o autor conclui que suicídio dos dois gêmeos não ocorre mesmo junto àqueles gêmeos que cresceram no mesmo meio e mostram um caráter similar e psicoses semelhantes.

5. ✴ Compêndio de análise existencial e logoterapia ✴ 93

to mais em uma dimensão por si. Além disso, ele, esse posicionamento, é um posicionamento essencialmente livre; ele é, em última instância, decisão. E se ampliarmos esse sistema de coordenadas até a última dimensão possível, então essa dimensão diria respeito àquilo que é sempre possível com base na liberdade do posicionamento pessoal: diria respeito à transformação existencial.

Considerados por si, todos os enunciados sobre o homem, em cada uma de suas dimensões particulares, têm plenamente a sua razão de ser. Só que é preciso sempre se manter consciente da validade condicionada, a saber, do caráter dimensional de tais enunciados.

O biologismo e o psicologismo têm em vista a condicionalidade vital do homem – enquanto o sociologismo tem em vista a sua condicionalidade social. Pois bem: o sociologismo vê justamente *apenas* essa condicionalidade social, vê tudo o que é humano circunscrito e enredado por essa condicionalidade – de tal modo que, por detrás dela, desaparece por fim completamente de seu campo de visão o humano propriamente dito.

Socialmente condicionado é, entre outras coisas, também o conhecimento, a apreensão de algo: mas socialmente condicionado é, como logo se evidencia em meio a uma consideração mais detida, simplesmente aquele que apreende e o apreender. Aquilo que se subtrai, contudo, a toda condicionalidade social é o que a cada vez é apreendido ou que precisa ser apreendido. O sociologismo, no entanto, é levado a, sim, ele visa efetivamente a deixar desaparecer por detrás da profusão que sempre retorna uma vez mais de condicionantes do sujeito do conhecimento o seu objeto!

Com isso, portanto, a objetividade do objeto também é abandonada – o sociologismo torna-se um subjetivismo.

O erro que o sociologismo comete em tudo isso consiste na confusão entre objeto e conteúdo: o conteúdo de um conhecimento é imanente à consciência e está submetido à condicionalidade do sujeito; o objeto de um conhecimento, em contrapartida, é transcendente em relação à consciência e não está submetido de maneira alguma à condicionalidade do sujeito.

Também sabemos por que razão toda apreensão é condicionada subjetivamente em uma medida extrema: todo conteúdo representa, desde o princípio, um setor do campo de objetos. Dos órgãos dos sentidos, por exemplo, sabemos que lhes é própria uma função de filtragem: um órgão sensorial está respectivamente afinado com a frequência de uma energia sensorial a cada vez específica. Mas mesmo o organismo em seu conjunto retira do mundo uma seção, e esta seção constitui o seu mundo circundante característico da espécie. Todo mundo circundante representa, com isso, a cada vez um aspecto do mundo e todo aspecto representa a cada vez uma seleta do espectro do mundo.[21]

O que está em questão para nós, agora, é mostrar que toda condicionalidade, toda subjetividade e relatividade no conhecimento se estende apenas para aquilo que é escolhido junto ao conhecimento, mas de maneira alguma para aquilo a partir do que essa escolha é tomada. Em outras palavras: *todo conhecimento é seletivo, mas não produtivo*; ele nunca produz o mundo – nem mesmo o mundo circundante –, mas sempre apenas o seleciona.[22]

Obviamente: não temos a cada vez senão uma seção do mundo, e, em verdade, uma seção subjetiva; o que está em questão, porém, junto a essa seção subjetiva é a seção subjetiva de um mundo objetivo!

Tudo o que é humano é condicionado. Só há, contudo, algo propriamente humano na medida em que e até o ponto em que o homem se alça por sobre a sua própria condicionalidade – uma vez que ele a ultrapassa, uma vez, portanto, que ele a "transcende". Assim, o homem em geral só é homem na medida em que e até o ponto em que ele – como ser espiritual – se acha *para além* de seu ser corporal e psíquico.

---

21   V. E. Frankl, *Homo patiens*, Viena, 1950, p. 36-37.

22   Não importa o que apreendemos – nós apreendemos nosso próprio eco. O assim chamado radar, contudo, mostra que profusão de estruturas mundanas se nos revela, contanto que um eco seja interpretado e compreendido corretamente.

Ao espaço em que existo, para além do qual, porém, ao mesmo tempo também existo, pertencem, então, todas as circunstâncias externas, assim como todos os estados internos de minha existência;[23] pertence, consequentemente, em particular também aquela competência psíquica: mesmo a partir dela posso me manter fundamentalmente de fora, e, em verdade, graças àquele antagonismo noopsíquico, o qual contrapusemos heuristicamente ao paralelismo psicofísico, ou por força daquele poder consolador do espírito, que coloca o homem em condições de se afirmar em sua humanidade apesar de situações corpóreo-psíquicas e de circunstâncias sociais. O fato de esse poder consolador não ser sempre necessário faz parte de um outro contexto; na página 62 dissemos expressamente que, por sorte, o homem não precisa de maneira alguma fazer sempre uso desse poder consolador; pois no mínimo tão frequentemente quanto ele age apesar de suas pulsões, apesar de sua herança genética e apesar de seu mundo circundante, o homem também se afirma por força de suas pulsões, graças à sua herança genética e graças ao seu mundo circundante.

No entanto, o que acentuamos é o fato de que o homem como ser espiritual não se encontra apenas contraposto ao mundo – ao mundo circundante tanto quanto ao mundo interior –, mas também toma uma posição em relação a ele; o fato de que ele sempre se "posiciona" de algum modo em relação ao mundo, de que ele pode se "comportar" de algum modo e de que esse comportar-se é justamente um comportar-se livre. Tanto em relação ao mundo circundante natural e social, em relação ao meio exterior, quanto em relação ao mundo interior psicofísico vital, em relação ao meio interior, o homem toma posição a cada instante de sua existência. E aquilo que consegue se colocar em contraposição a tudo o que

---

23   A abdicação de personalidade e existencialidade em favor da facticidade – a ἐποχή do ato existencial! – faz parte efetivamente da essência da neurose (ver adiante). As circunstâncias externas e os estados internos conquistam "o caráter de um bode expiatório, para o qual a culpa pela existência estragada pode ser transferida". (V. E. Frankl: Sozialärztliche Rundschau 3 (1993), p. 43).

há de social, corpóreo e mesmo ainda psíquico no homem é denominado por nós o elemento espiritual nele. O elemento espiritual já é por definição justamente apenas o elemento livre no homem. Só denominamos desde o princípio "pessoa" em geral aquilo que pode se comportar livremente – sem levar em conta que estado de coisas está em jogo. A pessoa espiritual é aquilo no homem que pode se opor sempre e em cada momento!

À capacidade do homem de se encontrar acima das coisas também pertence, então, a possibilidade de se encontrar acima de si mesmo. Dito de maneira simples – dito do modo como, aliás, costumamos nos expressar perante pacientes: não preciso aceitar tudo o que eu mesmo me imponho. Posso voltar as costas para aquilo que se encontra em mim, não apenas para o psiquicamente normal, mas, até certo grau – no interior de limites alteráveis –, também para o psiquicamente anormal em mim. Assim, também não estou preso inteiramente a coisas tais como, por exemplo, o tipo biológico, que eu represento, ou ao caráter psicológico. Pois "tenho" meramente um tipo ou um caráter – em contrapartida, o que eu "sou" é uma pessoa. E esse meu ser pessoa significa liberdade – liberdade para "vir a ser" uma pessoalidade. Ela é liberdade ante a própria facticidade e liberdade para o vir a ser diverso.

Isso é particularmente significativo em conexão com o fatalismo neurótico: sempre que o neurótico fala de sua pessoa, de seu modo de ser pessoal, ele tende a hipostasiá-los e a agir como se esse modo de ser contivesse um não-poder-ser-de-outro-modo. Em realidade, contudo, vale o seguinte: o ser-aí jamais se esgota em um modo de ser qualquer. A existência "é" a cada vez "em" sua respectiva facticidade, mas ela não imerge na facticidade. Ela ex-siste justamente, e isso significa: ela sempre se encontra para além de sua própria facticidade.

É isso que constitui, por fim, até mesmo a cunhagem singularmente dialética do ser humano: esses dois momentos que se fomentam mutuamente, "existência – facticidade", e o estar em uma relação de dependência recíproca dos dois momentos! Os dois estão sempre entrelaçados um no outro e, por isso, só são cindíveis um do outro por meio de violência.

5. ✴ Compêndio de análise existencial e logoterapia ✴ 97

Em face dessa unidade e dessa totalidade dialéticas, às quais se encontram fundidas no ser-aí humano a facticidade psicofísica e a existência espiritual, mostra-se que a cisão aguda entre espiritual e psíquico não pode ser, em última instância, senão uma cisão heurística! Ela já precisa ser um mero isolamento heurístico, porque o elemento espiritual não é nenhuma substância no sentido tradicional. Ele representa muito mais uma entidade ontológica e nunca se poderia falar de uma entidade ontológica como de uma realidade ôntica. É por isso que nunca falamos do "espiritual" senão justamente de acordo com esse modo de expressão pseudossubstantivo, um modo que substantiva um adjetivo, evitando o substantivo "o espírito": só uma substância pode ser designada com um autêntico substantivo.

E, contudo, as coisas se dão de tal modo que o estabelecimento agudo de limites entre o espiritual e o psicofísico é necessário; simplesmente porque o espiritual mesmo é essencialmente algo que se demarca, algo que se destaca – destacando-se como existência da facticidade e como pessoa do caráter; por exemplo, assim como uma figura se distingue do fundo.

Está claro agora que, sempre de acordo com o ponto de vista a partir do qual consideramos o ser humano, vislumbramos ora o elemento unitário-totalizante, ora a divisão no espiritual e no que se lhe contrapõe: o psicofísico. Parece-nos, agora, que o direcionamento da investigação daseinsanalítica acentuaria mais a unidade – enquanto nosso próprio modo de consideração analítico-existencial sublinharia mais uma multiplicidade. Ora, mas é certo que, em um intuito analítico (daseinsanalítico ou existencial-analítico), a unidade precisa ser tão indicada quanto a multiplicidade em um intuito terapêutico (psicoterapêutico ou logoterapêutico).

Pois uma coisa é querer compreender uma doença, e, outra, querer tratar o doente: para que essa última finalidade seja alcançada, é preciso que o doente possa de algum modo se afastar internamente da doença – para não dizer: se afastar de seu "des-vario". Se vejo, porém, desde o princípio a doença como algo que impera e configura de maneira unitária e integral o ser humano em seu

conjunto, ou seja, como algo que está por assim dizer difusamente infiltrado, então nunca mais posso apreender e pegar o "próprio" doente, a pessoa (espiritual) que se encontra por detrás e acima de toda doença (mesmo psíquica) – e, sobretudo, continuo tendo, então, apenas a doença diante de mim, mas, para além disso, nada que ainda conseguisse colocar em jogo contra a doença, colocar em jogo contra o poder destinamental de um precisar-ser-no-mundo-assim-
-melancólico-maníaco-esquizofrênico-e-não-de-outro-modo.

Ah, se eu pudesse, então, ajudar a criar algum dia aquela distância frutífera que permite ao doente enquanto pessoa espiritual, por força do antagonismo noopsíquico facultativo, tomar uma posição perante o adoecimento psicofísico, e, em verdade, uma posição extremamente significativa em termos terapêuticos! Pois aquele alheamento interno do homem, aquela distância do espiritual perante o elemento psicofísico, essa distância que funda o antagonismo noopsíquico – essa distância se nos apresenta como extraordinariamente frutífera em um aspecto terapêutico. Toda psicoterapia precisa se iniciar, em última instância, no antagonismo noopsíquico.

Sempre escutamos uma vez mais como os nossos pacientes se reportam ao seu caráter; mas o caráter ao qual me reporto torna-
-se no mesmo instante um bode expiatório: no instante em que falo dele, também já me deixo convencer e enredar por ele. A disposição de caráter não é, por isso, em caso algum o que é respectivamente decisivo; por fim, o decisivo sempre é muito mais a tomada de posição da pessoa. "Em última instância decide, com isso, a pessoa (espiritual) sobre o caráter (psíquico), e, nesse sentido, é possível dizer: O homem "se" decide: toda decisão é auto-decisão, e auto-decisão é incessantemente auto-configuração. Enquanto configuro o destino, configuro a pessoa que eu sou, o caráter que eu tenho – configura-"se" a personalidade que eu me torno.

O que tudo isso significa, porém, senão: *eu não apenas ajo de acordo com aquilo que eu sou, mas também venho a ser em conformidade com o modo como ajo?!?*[24]

---

24   A tese *"agere sequitur esse"* é uma verdade parcial; a segunda parte da verdade diria: *esse sequitur agere.*

A partir do sempre fazer algo bom uma vez mais vem à tona, por fim, o ser bom.

Sabemos: uma ação é em última instância a passagem de uma possibilidade para a realidade efetiva, de uma *potentia* para o *actus*. No que concerne em particular à ação moral, contudo, o que age eticamente não se conforma com a unicidade de uma ação moral: ele faz ainda outra coisa, na medida em que faz com que o ato ganhe o caráter de hábito. O que era uma ação moral torna-se agora postura moral.

Assim, poderíamos dizer: *a decisão de hoje é o impulso de amanhã.*

3. Responsabilidade

A análise existencial dá a sentença de liberdade ao homem – mas tal "alforria" é caracterizada por duas coisas: por uma restrição e por uma ampliação; pois

1. a análise existencial *só* dá *condicionadamente* a sentença de liberdade ao homem, e, em verdade, na medida em que o homem não pode fazer tudo aquilo que ele quer fazer: liberdade humana, portanto, não é algo idêntico à onipotência. E

2. a análise existencial não dá a sentença de liberdade aos homens sem declará-los, ao mesmo tempo, *também responsáveis*. E isso significa que a liberdade humana não apenas não é idêntica à onipotência, mas também não equivale à arbitrariedade.

Ad 1. A análise existencial dá a sentença de liberdade ao homem; essa sentença de liberdade, contudo, é uma sentença de liberdade condicionada. O homem mesmo é condicionado. "Somente de maneira condicionada o homem é um ser incondicionado".[25] O ser livre humano não é justamente nenhum fato, mas muito mais algo facultativo. Não obstante, sempre que o homem se deixa impelir, ele se *deixa* justamente impelir, ou seja, ele abdica como ser

---

25 V. E. Frankl, *Der unbedingte Mensch. Metaklinische Vorlesungen* (O homem incondicionado. Preleções metaclínicas), Viena, 1949, p. VII.

livre – e isso para que seja desculpado como alguém desprovido de liberdade; com o que também já se acha caracterizado aquilo que constitui mesmo a essência da neurose: a abdicação doeu em favor de um id – a recusa à personalidade e à existencialidade em favor da facticidade – a *epoché* do ato existencial! Anteriormente, definimos o neurótico claramente como aquele que reinterpreta sua existência – como um sempre-também-poder-vir-a-ser-de-outro-modo – em um precisar-ser-agora-assim-e-não-de-outro-modo. E se não devesse haver apenas um "humor involuntário", mas também algo assim como uma sabedoria involuntária, então ela poderia, sem dúvida alguma, ser encontrada na declaração de um de meus pacientes que concluiu certa vez o seguinte: "Eu tenho uma vontade livre, se eu quiser, e, se eu não quiser, eu não tenho uma vontade livre."

Obviamente, o neurótico não é livre no sentido de que seria responsável por sua neurose; no entanto, ele é certamente responsável por seu *posicionamento* em relação à sua neurose. Nesse sentido, também lhe é próprio um certo grau de liberdade.

Ad 2. A análise existencial declara o homem livre; mas ela não o declara apenas livre, mas também responsável. E, nesse ponto, a análise existencial se distingue essencialmente de toda filosofia da existência, mas, sobretudo, do existencialismo francês; pois responsabilidade já implica algo "pelo que alguém é responsável" e, segundo a doutrina da análise existencial, aquilo pelo que o homem é responsável é o preenchimento de sentido e a realização efetiva de valores. Assim, a análise existencial considera o homem como um ser que se orienta por sentido e que aspira a valores – em oposição à concepção corrente psicanalítico-psicodinâmica do homem como um ser determinado em primeira linha pulsionalmente e que aspira ao prazer.

Não menos distante de nossa concepção antropológica do homem se encontram tanto uma imagem do homem como um ser em verdade livre, mas não responsável, quanto a imagem caracterizada da "teoria" analítico-dinâmica (ou seja, a "visão") do homem como um ser meramente impelido – e, para além disso,

5. ✳ Compêndio de análise existencial e logoterapia ✳ 101

também ainda satisfeito. Ele é impelido pelo id e pelo superego; mas também é possível dizer que ele se encontra aí como alguém que também se empenha por satisfazer as requisições pulsionais do id ou do superego. Nesse contexto, se colocarmos a consciência moral no lugar do superego, isso não alterará nada no estado de fato fundamental; pois, em primeiro lugar, pesquisadores orientados psicanaliticamente descobriram recentemente que o superego não é de maneira alguma idêntico à consciência moral (Frederick Weiss, Gregory Zilboorg). Por outro lado, o homem não se acha normal e primariamente empenhado de maneira alguma em satisfazer a requisições quaisquer de sua consciência moral, nem age em geral por causa de sua consciência moral ou mesmo para ter paz em relação ao aguilhão de um superego "dotado de uma consciência mordaz, a fim de ser e de se comportar de tal ou tal modo; ao contrário, as coisas se dão de tal modo que, no caso normal – e não, por exemplo, apenas no caso ideal –, o homem, na medida em que está posicionado moralmente, se mostra em favor de uma pessoa ou, contudo, em virtude de uma "boa" coisa, mas não justamente em virtude da "boa" consciência.[26]

É muito comum se objetar e se criticar a logoterapia pelo fato de ela afirmar e acentuar o mesmo que a psicologia individual, a saber, a responsabilidade do homem; isso significa, porém, confundir duas coisas: 1. A responsabilidade do paciente neurótico por seu sintoma (no sentido do arranjo segundo Alfred Adler), 2. O ser responsável do homem enquanto tal, ou seja, não do doente, e não por seu sintoma, mas por sua existência como um todo. Naturalmente, esse último ponto implica também a responsabilidade do homem doente, mas não justamente por sua doença, mas certamente tanto mais por seu posicionamento em relação a ela. Nesse sentido, a análise existencial é uma terapia "em indivíduos saudáveis".

---

26 Ter uma boa consciência nunca pode ser o fundamento de meu ser bom, mas inversamente sempre apenas a consequência. Com certeza, uma boa consciência é, tal como diz o ditado, o melhor travesseiro; apesar disso, precisamos tomar cuidado para não fazer da moral uma pílula para dormir e do *ethos* um tranquilizante. *Peace of mund* (paz de espírito, tranquilidade de alma) não é uma meta, mas o efeito de nosso comportamento ético.

102 * Logoterapia e Análise Existencial * Viktor E. Frankl

Como um ser livre, o homem é um ser que decide livremente – com isso, nós nos afastamos uma vez mais da concepção existencialista comum do homem como um ser *meramente* livre; pois no ser livre ainda não está contido nenhum "para-quê" da liberdade – enquanto no decidir o "pelo-quê" e o "contra-o-quê" da decisão já são, com certeza, concomitantemente dados: justamente um mundo objetivo do sentido e dos valores, e, em verdade, esse mundo como um mundo ordenado, ou seja, tão correto quanto um cosmos.[27]

a) O "pelo-quê" do ser responsável do homem

a) Prazer e valor

O primeiro ponto delicado de uma antropologia orientada unilateral e exclusivamente de maneira psicodinâmica e psicogenética é a estipulação de uma aspiração ao prazer no lugar da aspiração a valores, tal como essa aspiração é de fato própria ao homem – em uma palavra: a descoberta de um princípio do prazer; a questão, porém, é que o princípio do prazer contradiz a si mesmo – ele se autossuspende.

Quem eleva o prazer ao nível de um princípio, quem o transforma em objeto da intenção forçada ou mesmo ainda em objeto de uma reflexão forçada, em objeto da, por nós assim chamada hiper-reflexão, não o deixa se tornar aquilo que ele precisa continuar sendo: um efeito. Justamente essa inversão do prazer enquanto efeito para o prazer enquanto objeto de uma intenção também já conduz a uma perda de vista do próprio prazer: o princípio do prazer fracassa em si mesmo. Quanto mais o que está em questão é o prazer, tanto mais as coisas também já ocorrem com ele – de maneira inversa: tanto mais o homem se empenha por evitar o desprazer, o sofrimento, tanto mais ele se precipita em um sofrimento adicional, e seu escapismo se vinga dele.

---

27 Ao menos, o sentido é objetivo, na medida em que o que está em questão é "encontrá"-lo, e, de maneira alguma, por exemplo, "dá"-lo (ver p. 159 e segs.). Do mesmo modo, o fato de o sentido precisar ser a cada vez descoberto e não poder ser inventado não pode ser derivado senão da objetividade do sentido.

5. ✳ Compêndio de análise existencial e logoterapia ✳ 103

O que é condição e pressuposto da aspiração valorativa mal compreendida ou mal interpretada pela psicanálise como uma aspiração ao prazer? Prazer é o resíduo de uma abordagem psicologista; prazer é aquilo que resta logo que um ato é privado de sua intencionalidade.

Reside na essência do psicologismo analítico o fato de ele deduzir a atividade psíquica daquilo que se encontra contraposto, de seu objeto, e, desse modo, subjetivá-la. A isso também se acrescenta ainda, porém, o fato de, por outro lado, o sujeito dessa atividade: a pessoa espiritual ser objetivada: ela é transformada em uma mera coisa. Assim, o psicologismo analítico peca de uma maneira dupla contra o elemento espiritual no homem, a pessoa espiritual, e contra o elemento objetivamente espiritual, os valores objetivos. Em uma palavra: ele se torna culpado não apenas de uma despersonalização, mas também de uma desrealização, de tal modo, em verdade, que se chega ao mesmo tempo com a falsificação do *ser humano* propriamente dito a um desconhecimento do *ter mundo* primordial do homem – e ao mesmo tempo com a subjetivação do objeto a uma imanentização do conjunto dos objetos, do mundo. Em uma palavra: chega-se àquela interioridade do psíquico, da qual Ph. Lersch fala de maneira tonitruante.

Com base em um caso concreto, essa perda valorativa causada por uma imanentização do mundo de objetos, perda essa que adora se estabelecer como consequência de um tratamento psicanalítico, deve ser discutida: um diplomata americano, que passou durante nada menos do que cinco anos por um tratamento psicanalítico em Nova York, se dirigiu até nós. Ele estava animado pelo desejo de deixar a sua carreira diplomática e passar para um *métier* industrial. O analista que tratou dele, contudo, tinha tentado mobilizá-lo durante todo o tempo, ainda que em vão, a se reconciliar finalmente com seu pai: o chefe não seria com efeito "outra coisa" senão uma imagem fantasiosa de pai, e todo o ressentimento e todo o rancor em relação à repartição proviria justamente da luta irreconciliável do paciente contra a sua imagem do pai. A questão de saber se o chefe realmente não teria merecido

104 ✳ Logoterapia e Análise Existencial ✳ Viktor E. Frankl

ser rejeitado pelo paciente e se não seria realmente aconselhável que o paciente abandonasse a sua carreira diplomática ou mudasse de profissão não tinha surgido nem uma única vez através dos anos nos quais tinha durado o combate especulativo do analista lado a lado com o paciente contra as fantasias. Como se fosse uma coisa para qualquer um ser um cavaleiro burocrático e como se não houvesse nada que seria digno de ser feito e realizado, ainda que isso não aconteça em favor de pessoas imaginárias – ou apesar delas – mas seja feito e realizado por causa de coisas reais... Diante de puras fantasias, porém, não se conseguia mais ver nenhuma realidade; já tinha desaparecido há muito tempo a visão da equipe "analista – paciente": não havia nem o chefe efetivamente real, nem a repartição efetivamente real, nem o mundo para além de todas as fantasias – um mundo com o qual nosso paciente estava comprometido, um mundo no qual se esperava pela tarefa e pelas exigências de uma solução: a análise tinha arrastado o paciente para o interior de uma espécie de autointerpretação e de autocompreensão – gostaria de ousar dizer: para o interior de uma imagem monadologista do homem; pois só a teimosia irreconciliável do paciente perante a imagem de seu pai tinha chegado à linguagem analítica; mas não foi difícil alcançar o fato de o serviço diplomático e a carreira do paciente, se é que posso dizer assim, terem frustrado sua vontade de sentido.

Segue lado a lado com a subjetivação do objeto e com a imanentização do mundo objetivo aquilo que diz respeito em particular ao mundo do sentido e dos valores, uma relativização dos valores; pois, no curso da desrealização concomitante à despersonalização, o mundo não perde apenas a sua realidade efetiva, mas também é desvalorizado: a desrealização consiste em particular em uma desrealização. O mundo perde seu relevo valorativo; pois os valores se tornam vítimas de um nivelamento.

Um modo de consideração do problema valorativo erigido e disposto em termos psicodinâmicos e psicogenéticos nunca conduz à sua solução, mas muito mais a uma subjetivação e a uma relativização dos próprios valores. Compreendemos por psicodi-

5. ∗ Compêndio de análise existencial e logoterapia ∗ 105

nâmico nesse contexto um modo de consideração que reduz tudo e cada coisa ao acontecimento pulsional, e por psicogenético um modo de consideração que deduz tudo e cada coisa da história pulsional; os valores são subjetivados, na medida em que não conseguem mais ser independentemente do sujeito, e são relativizados, uma vez que não conseguem mais valer incondicionadamente.

Para o modo de consideração psicologista, as coisas se mostram como se o objeto de um ato intencional – na medida em que esse objeto, por exemplo, um valor, desaparece para a imagem de homem monadológica – não fosse outra coisa senão um meio para o fim da mera satisfação de necessidades – enquanto as coisas se dão na realidade antes de maneira inversa, de tal modo justamente que as necessidades estão aí para erigir o sujeito e ordená-lo segundo um campo objetivo, em um campo de objetos. Se as coisas não fossem assim, então todo ato humano seria em última instância e propriamente um ato de satisfação de necessidades próprias, de satisfação do próprio sujeito, ou seja, todo ato se encaminharia para se tornar um ato de "autossatisfação". Mas as coisas não são assim. O quão sedutor não é, porém, o discurso corrente acerca do auto-preenchimento e da autorrealização do homem! Como se o homem só estivesse aí para satisfazer suas próprias necessidades ou mesmo apenas para se satisfazer; até o ponto em que o que está em questão na existência humana é autopreenchimento e autorrealização, elas só podem ser alcançadas *per effectum*, mas não *per intentionem*. Somente na medida em que nos legamos, em que nos entregamos, em que nos abandonamos ao mundo e às tarefas e exigências que irradiam dele para a nossa vida, somente na medida em que o que está em questão para nós é o mundo lá fora e os objetos, mas não nós mesmos ou nossas próprias necessidades, somente na medida em que preenchemos tarefas e exigências, preenchemos e realizamos também a nós mesmos.

Se quero me tornar o que eu posso, então preciso fazer o que eu devo. Se quero me tornar eu mesmo, então preciso realizar tarefas e exigências concretas e pessoais. Se o homem quer chegar ao seu si mesmo, se ele quer chegar a si mesmo, então o caminho passa pelo mundo.

Em outras palavras: a existência, que não tem em vista o *logos*, mas tende para si, perde a si mesma; mas ela não se perde menos quando não transcende a si – visando ao *logos* – em uma palavra: intencionalidade pertence à essência da existência humana e transcendentalidade à essência de algo assim como sentido e valores.

Autopreenchimento e realização efetiva de possibilidades próprias não são nenhuma autofinalidade pensável, e apenas para um homem que perdeu o sentido efetivo de sua vida, o preenchimento de si mesmo não paira como um efeito, mas como uma finalidade; o retorno a si mesmo, contudo, a reflexão não é apenas um modo derivado, mas também um modo deficiente da intenção: só um bumerangue que erra o seu alvo volta ao ponto de onde ele foi jogado; pois sua determinação originária é acertar a presa – e de modo algum retornar ao caçador que o tinha arremessado.

Insistamos no seguinte: somente se erramos e fracassamos na orientação objetiva primária, tem lugar aquele interesse circunstancial que distingue tanto a existência neurótica. O modo de consideração psicologista, no entanto, age como se estivéssemos tratando no caso da alma do homem de um sistema fechado e como se o homem mesmo tivesse algo em comum com a (re-)produção de estados intrapsíquicos, por exemplo, por meio da reconciliação e da satisfação das requisições pulsionais, do id e do superego. Desse modo, contudo, a *antropologia* escorrega suavemente e se transforma em *uma monadologia*; pois o que está em questão para o homem verdadeiro não são estados quaisquer em sua alma, mas os objetos no mundo: ele se acha primariamente ordenado e erigido com vistas a eles, e é somente o homem neurótico, o homem que não está mais orientado objetivamente assim como o homem normal, que tem interesses ligados a seus estados internos.

O que se acha na base de tudo isso em última instância e propriamente é a concepção, ou, dito melhor, a interpretação equivocada da *psique* humana como algo, que é essencialmente dominado por um *princípio de equilíbrio e de balanço*, em uma palavra, a estipulação do princípio da homeostase como um princípio regulativo. "Os direcionamentos principais da motivação tomados

5. ∗ Compêndio de análise existencial e logoterapia ∗ 107

por Freud são pensados de maneira homeostática, ou seja, Freud explica toda ação como servindo à produção de um equilíbrio perturbado. Não obstante, a suposição freudiana apoiada na física de seu tempo de que a descarga é a única tendência fundamental primária do ser vivo não é simplesmente pertinente. Crescimento e reprodução são processos que resistem à explicação apenas por meio do princípio homeostático" (Charlotte Bühler, *Psychologische Rundschau*, v. VIII/1, 1956). Portanto, nem mesmo no interior da dimensão biológica, o princípio da homeostase possui realmente validade – para não falar na dimensão psicológico-noológica: "O criador", por exemplo, "estabelece seu produto e sua obra em uma realidade concebida positivamente, enquanto na aspiração ao equilíbrio daquele que se adapta à realidade é concebida negativamente" (1. C.). Gordon W. Allport também toma uma posição polêmica e crítica em relação ao princípio da homeostase: "Motivation is regarded as a state of tenseness that leads us to seek equilibrium, res, adjustments, satisfaction, or homeostasis. From this point of view personality is nothing more than our habitual modes of reducing tension. This formulation, of course, is wholly consistent with empiricism's initial presupposition that man is by nature a passive being, capable only of receiving impressions from, and responding to, external goals. This formula, while applicable to opportunistic adjustments, falls short of representing the nature of propriate striving. The characteristic feature of such striving is its resistance to equilibrium: tension is a maintained rather than reduced".[28] (*Becoming. Basic Considerations for a Psychology of Personality*. New Haven, 1955, p. 48-49.

---

28 **N.T.**: Em português no original: "A motivação é considerada como um estado de tensão que nos leva a buscar equilíbrio, repouso, ajustes, satisfação ou homeostase. Segundo esse ponto de vista, a personalidade não seria outra coisa senão os nossos modos habituais de reduzir tensões. Essa formulação, por certo, é completamente consistente com o pressuposto empirista inicial de que o homem é por natureza um ser passivo, capaz apenas de receber impressões de e de responder a metas externas. Essa fórmula, embora aplicável a ajustes relativos a oportunidades, logo cai por terra quando

108 ✳ Logoterapia e Análise Existencial ✳ Viktor E. Frankl

b) Pulsão e sentido

O segundo ponto delicado de uma antropologia orientada de maneira unilateral e exclusiva em termos psicodinâmicos e psicogenéticos – além da estipulação de uma aspiração ao prazer no lugar de uma aspiração valorativa, tal como é de fato próprio ao homem – é o desconhecimento da orientação humana pelo sentido como uma determinação pulsional aparente. Para a análise existencial, um dever que se tornou consciente precede ao querer – para a psicodinâmica, um precisar inconsciente se acha por detrás do querer consciente. Para a análise existencial, o homem se encontra em face de valores – para a psicodinâmica, as pulsões, o id, se acham por detrás de suas costas; para a psicodinâmica, toda energia é energia pulsional, força impulsionadora. Para ela, tudo é *"vis"* – *vis a tergo*.

Em realidade, porém, o homem não é um ser impelido por algo pulsional, mas é antes um ser atraído pelo elemento valorativo. Somente uma violentação da linguagem permite que se fale de um ser impelido ou de um ser compelido no contexto dos valores. Os valores me atraem, mas não me impelem. Eu me decido pela realização de valores em liberdade e responsabilidade; para a realização de valores, tomo uma resolução, articulo-me com o mundo de valores; mas em tudo isso não há como falar de caráter pulsional. Com certeza, não é apenas o elemento psíquico, mas também o espiritual que possui a sua dinâmica; a dinâmica do espiritual, contudo, não é fundada pelo caráter pulsional, mas pela aspiração valorativa. O caráter pulsional psíquico e as pulsões imergem nessa aspiração valorativa espiritual como energia "de alimentação".

Tentemos esclarecer com o auxílio de uma alegoria qual é o erro que a psicodinâmica comete em face da energia pulsional que alimenta a vida espiritual, mas que justamente *apenas* a alimenta: o que é que um limpador de canais enquanto tal, enquanto limpador de canais, vê da cidade? Ele não vê outra coisa senão tubos para gás

---

o que está em jogo é representar a natureza de esforços de apropriação. O traço característico de tal esforço é sua resistência ao equilíbrio: a tensão é mantida, ao invés de ser reduzida."

5. ✳ Compêndio de análise existencial e logoterapia ✳ 109

e água, assim como cabos de corrente elétrica. Isso é tudo o que ele vê da cidade, enquanto ele se mantém no mundo de seus canais. Se ele não conhecesse as universidades, as igrejas e os templos, os teatros e os museus da cidade – então ele não saberia nada sobre a sua vida cultural. Com tudo isso, porém, ele só toma contato em seu tempo livre – logo que ele se acha na própria cidade: enquanto ele se encontra nos canais, enquanto ele se mantém nos subterrâneos da cidade – ele se movimenta apenas no mundo das energias que alimentam a vida cultural da cidade. Mas a vida cultural não é constituída por gás, corrente elétrica e água.

O mesmo acontece com o psicólogo psicodinâmico. Também ele vê apenas o subterrâneo, apenas o subterrâneo psíquico da vida espiritual.[29] Ele só vê a dinâmica afetiva (aspiração ao prazer!) e a energética pulsional (caráter pulsional!) Mas a vida pulsional não é constituída por prazer e pulsão. Os dois não são o elemento propriamente dito – eles não são aquilo que está efetivamente em questão.

Esse elemento propriamente dito, contudo, também é tacitamente pressuposto pelo psicólogo psicodinâmico. Pois na medida em que um tratamento psicodinâmico jamais se mostra como realmente eficaz, ele se faz presente por meio do desvio por uma transposição existencial,[30] com base em uma virada existencial. Pois o psicólogo psicodinâmico nunca é apenas psicodinâmico – ele também é sempre ao mesmo tempo homem.

Acima, isso apareceu com a seguinte formulação: em uma ótica psicodinâmica, uma necessidade inconsciente se encontra por detrás do querer consciente. Nesse aspecto, as metas que o eu

---

29   Foi Freud mesmo que compreendeu a psicanálise dessa maneira: "Sempre me mantive apenas no térreo e no subterrâneo do edifício", escreveu ele a Ludwig Binswanger.

30   O fato de uma transposição existencial – tal como, por exemplo, a análise existencial a localiza de maneira direta e metodologicamente consciente – enquanto tal, ou seja, enquanto existencial, tanto quanto uma assim chamada transposição, implodir os limites de processos meramente intelectuais, racionais, na medida em que finca raízes no âmbito emocional, ou seja, coloca em curso um acontecimento total, plenamente humano, é óbvio.

110 ✳ Logoterapia e Análise Existencial ✳ Viktor E. Frankl

coloca para si mesmo são apenas meios para fins, que o id impõe – que ele impõe por detrás das costas do eu: para além de sua cabeça! Nessa visão, todos os motivos precisam parecer impróprios: sim, o homem como um todo se torna aqui *impróprio*. Aspirações culturais conjuntas, sejam de natureza teórica ou prática, estética, ética ou religiosa, em uma palavra: toda aspiração espiritual parece ser, então, meramente sublimação.

Se o que se tem é isso e nada mais, então o elemento espiritual no homem, porém, também não é outra coisa senão uma mentira vital, uma autoilusão.[31] Para a psicodinâmica, algo sempre se encontra por detrás, por detrás de todas as coisas e de cada coisa: por isso, é comovente o fato de a psicodinâmica sempre buscar desvendar algo – ela é essencialmente psicoterapia "desvendadora".

O desvendar do inautêntico precisa permanecer um meio para um fim, para que ele torne tanto mais visível o autêntico, deixando-o livre. Se ele se torna fim de si mesmo e não se detém diante de nada, nem mesmo diante do autêntico, então ele não é de modo algum fim de si mesmo, mas já há muito uma vez mais um meio para um fim, a saber, ele se encontra a serviço de uma tendência de desvalorização por parte do psicólogo e, com isso, se mostra como expressão de uma postura cínica, ou seja, niilista.

---

31   Cf. Arnold Gehlen: "Ninguém adquire o sentimento de si inerente à ação, sentimento esse que é necessário caso se deva assumir a responsabilidade pela ação, se ele se encontra sob o domínio da sugestão de que: a formação própria internamente ponderada seria uma autoilusão, que encobriria um processo meramente voltado para fins materiais, o qual propriamente tem lugar: um processo do ganho de prazer ou um outro qualquer meramente para o ego de um mecanismo voltado para fins. Não é possível se identificar com tais pontos de vista e, então, levar a sério ainda suas decisões... Pois é impossível, caso se queira se constituir enquanto pessoa, se compreender como vítima de uma autoilusão, na qual ocorre 'propriamente' algo completamente diverso, para o qual essa autoilusão se estabelece com vistas a fins". (*A alma na era da técnica. Problemas sócio-psicológicos na sociedade industrial*. Hamburgo, 1957, p. 101-102)

5. ✴ Compêndio de análise existencial e logoterapia ✴ 111

b) O ante-o-quê do ser responsável do homem

Falamos anteriormente do fato de que o ser responsável, que a análise existencial também coloca do mesmo modo no centro do campo de visão de sua pesquisa, também se projeta para além do mero ser livre, na medida em que a responsabilidade já sempre inclui o respectivo "pelo quê se é responsável". Como se revelou, porém, responsabilidade também implica (uma vez mais em oposição à mera liberdade) ainda mais do que isso, a saber, o "ante-o-quê se é responsável". De início, contudo, encontramo-nos diante da questão de saber se a responsabilidade humana implica um ante-o-quê em geral. Pois bem, enquanto não tiver levado em consideração o ante-o-quê de um ser responsável humano, só poderia falar com razão que alguém é imputável ou que algo pode ser imputado a ele, mas não que ele é responsável: pois alguém não é apenas responsável por, mas sempre também responsável perante algo.

a) Algo ante-o-quê alguém é responsável

Esse algo é a consciência moral. A partir da dimensão noológica e se projetando para o interior da dimensão psicológica, a consciência se afigura como superego; o superego, contudo, não seria "outra coisa senão" a imago do pai introjetada, assim como Deus não seria "nada senão" o superego projetado. Mas que munch hauseníada: o eu se alça pelas tranças do superego e sai do pântano do id. Desse modo, a existencialidade é por um lado falsificada pela psicodinâmica e transformada em facticidade, enquanto, por outro lado, a transcendentalidade – o ser estabelecido e erigido do homem com vistas à transcendentalidade – é negada.

A responsabilidade pertence aos fenômenos irredutíveis e impassíveis de serem deduzidos do ser humano; assim como a espiritualidade e a liberdade, ela é um fenômeno originário e não um epifenômeno. Em contraposição a isso, a psicodinâmica tenta reduzir os fenômenos originários a pulsões, enquanto a psicogenética tenta deduzi-los das pulsões – como se não fosse possível apenas deduzir o eu do id, mas também reconduzir o superego ao eu; desse modo, a vontade é derivada das pulsões, o querer do

112 ✴ Logoterapia e Análise Existencial ✴ Viktor E. Frankl

precisar e, em seguida, o dever do querer – sem que se atente para o fato de que a consciência moral remete a algo que se lança para além do homem.

O dever é colocado ontologicamente em uma posição anterior ao querer. Pois exatamente como só posso me responsabilizar, na medida em que sou questionado, ou seja, exatamente como toda resposta traz consigo seu com-vistas-ao-quê e como esse com-vistas-ao-quê precisa ser anterior à própria questão, o ante-o-quê de toda responsabilidade também precisa ser anterior à própria responsabilidade.[32]

Algo pulsional nunca pode obrigar algo pulsional por si mesmo a se transformar e a estabelecer para si outros objetos e metas pulsionais. Isso não exclui, porém, o fato de sempre estar inserido também em toda aspiração valorativa um caráter pulsional – na medida justamente em que, como dissemos, as pulsões imergem na aspiração valorativa como energias alimentadoras; e por mais que, visto em termos puramente biológicos, possa haver muita energia pulsional, que é introduzida com a finalidade do abafamento do caráter pulsional – aquilo que ela introduz não pode ser ele mesmo derivado do caráter pulsional.[33]

A instância que, por mais tácita que seja, continua de qualquer modo pressuposta pela psicodinâmica, a instância que dirige as pulsões, é algo originário. A. Portmann não tem dúvidas ao afirmar estritamente: "Em nosso curso de desenvolvimento, não é possível encontrar em parte alguma um estágio no qual só entrariam em cena mais tarde aqueles traços característicos, que destacamos como 'espirituais'" (*Biologie und Geist* – Biologia e espírito, Zurique, 1956, p. 36). Nessa medida, é próprio do homem, biológica e até mesmo anatomicamente, o elemento constitutivo da espiritualidade – da *liberdade e espiritualidade* como constituintes de todo ser humano; pois, para citar A. Portmann pela segunda vez: "O homem é o ser particular com uma incessante liberdade

---

32   V. E. Frankl, *Der unbewusste Gott* (O Deus inconsciente), Viena, 1948, p. 84.

33   Idem, p. 83.

5. ✳ Compêndio de análise existencial e logoterapia ✳ 113

de decisão, apesar de todas as condições vitais. Nessa liberdade, a possibilidade do inumano está tão contida, quanto a possibilidade do sagrado" (1. c., p. 63).

O homem não precisa ser impelido apenas pelo id – ele também pode ser impelido pelo superego, sem se tornar por isso menos um ente impelido: mesmo nesse caso, ele é um ser eticamente decisivo. Quem se decide eticamente, não o faz a fim de aplacar o seu "superego" cáustico em termos de consciência moral.

Não há uma pulsão moral no mesmo sentido literal que há uma pulsão sexual; pois não sou impelido pela minha consciência moral, mas tenho de me decidir perante ela.

Em última instância, é preciso que se mostre certamente questionável saber se o homem pode ser efetivamente responsável perante algo – se a responsabilidade não seria pensável apenas diante de alguém.

b) Alguém diante de quem o homem é responsável

Para a explicação do ser livre humano basta a existencialidade – para a explicação do ser responsável humano, contudo, preciso recorrer à transcendentalidade do ter consciência.

A instância diante da qual somos responsáveis é a consciência moral. Se a conversa com minha consciência moral é um diálogo autêntico, ou seja, se ela é mais do que mero monólogo, levanta-se a questão de saber se essa consciência moral também é a última e não, por exemplo, a penúltima instância. De fato, esse ante-o-quê revela-se em meio a uma análise fenomenológica mais detida e mais próxima como passível de ser clarificada, e, a partir do algo surge um alguém, uma instância de uma estrutura inteiramente pessoal, sim, mais do que isso: um *personalissimum*; e nós seremos os últimos a temer denominar essa instância, esse *personalissimum*, tal como a humanidade o denominou um dia: Deus.

Mas falamos, nesse caso, de um *personalissimum* como se o uso do neutro fosse permitido nesse contexto. Justamente com isso, porém, essa instância pessoal seria objetivada e reificada. Propriamente, porém, não se pode falar de Deus, mas apenas com Ele, não d'Ele como uma coisa, um algo, um isso – sim: mal se pode falar de um Ele; mas apenas com ele como um parceiro, como alguém, como um você.[34]

Por detrás do superego do homem encontra-se o você de Deus; a consciência moral seria a palavra "você" da transcendência.[35]

Assim como há uma necessidade metafísica do homem, também é própria do homem uma *necessidade simbólica*. O quão profundamente essa necessidade simbólica inata do homem está ancorada e enraizada, isso é algo que se mostra na vida cotidiana do homem mediano. Diariamente e hora a hora, ele realiza gestos simbólicos. Ele os realiza, quando cumprimenta alguém, e ele os realiza, quando deseja algo a alguém. A partir de um ponto de vista racionalista, utilitarista, todos esses gestos simbólicos se mostram como totalmente sem sentido, porque inúteis e não têm em vista nenhuma finalidade. Em realidade, eles não são outra coisa senão sem sentido: eles são *meramente* inúteis e não têm em vista nenhum fim – ou, melhor dito: meramente inúteis para um fim.[36]

Pensemos na sentença de Pascal: "Le coeur a ses raisons que la raison ne connaît pás" – o coração tem suas razões, que o entendimento e a razão não conhecem, razões das quais o racionalismo e o utilitarismo não sabem nada.[37]

Aquilo que o símbolo realiza pode ser comparado com aquilo que a perspectiva realiza. Assim como a perspectiva envolve na segunda dimensão a terceira, assim como ela deixa pressentir no plano o espaço, o símbolo, a alegoria simbólica torna de algum modo o intangível apreensível. Com a única diferença de que precisamos permanecer conscientes daquilo que acabou de ser dito, precisamos nos manter conscientes de que a analogia entre a pers-

---

34   Só a oração está em condições de deixar Deus reluzir imediatamente em seu caráter como você – o você divino como você: é o ato único do espírito humano, que consegue tornar Deus presente como você. (V. E. Frankl, *Homo patiens*. Viena, 1950, p. 108)

35   V. E. Frankl, *Der unbewusste Gott* (O Deus inconsciente), Viena, 1948, p. 85.

36   V. E. Frankl, *Homo patiens*, Viena, 1950, p. 10.

37   Idem.

pectiva e a alegoria não é por sua parte mais do que uma alegoria. Por isso, Jaspers tem razão e ele disse a última palavra sobre isso ao afirmar: o ser alegórico é ele mesmo apenas uma alegoria.[38]

Por meio do conteúdo imanente do símbolo, sempre é possível tender intencionalmente de maneira nova para o objeto transcendente. O pressuposto é apenas o fato de que esse conteúdo imanente permanece permeável. Para permanecermos transparentes com vistas a ele, é necessário que o símbolo nunca seja considerado literalmente ao pé da letra. Somente se ele arder e brilhar a partir do ato intencional, reluzirá nele o transcendente. O símbolo precisa ser primeiro conquistado a cada vez em um novo ato.

O absoluto não é apreendido "com" o símbolo, mas "no" símbolo. Um exemplo poderia elucidar isso: não podemos ver o céu – mesmo se o iluminarmos com os mais potentes holofotes. Se vemos, então, alguma coisa, por exemplo, uma nuvem, então isso só demonstra que não é justamente o céu que vemos aí. E, contudo, as nuvens – visíveis – são justamente o símbolo do céu – invisível.[39]

Se a intenção se interrompe junto ao símbolo visível, então ela também perde já de vista a transcendência invisível. Assim, o símbolo precisa se manter em suspenso: ele é sempre *menos do que a coisa*, que é simbolizada, e, ao mesmo tempo, *mais do que uma mera imagem*. Se é que em algum momento e em algum lugar a afirmação de Klages acerca da "realidade efetiva das imagens" se mostra como própria, então ela se mostra como própria em relação ao símbolo – mas também apenas porque o símbolo – efetivamente real – é símbolo de algo suprarreal. Se ele fosse apenas uma imagem, então não poderia ser atribuído a ele o mesmo grau de realidade efetiva que à coisa mesma.

Para a análise existencial, Deus não é em todo caso nenhuma mera imagem do pai – antes o inverso: o pai é uma imagem, ou seja, a primeira imagem concreta, que a criança faz para si de Deus.

---

38 Idem, p. 109.
39 Ibidem.

Para nós, não é o pai o arquétipo de toda divindade, mas o correto é exatamente o contrário: Deus é o arquétipo de toda paternidade. Só ontogeneticamente, biologicamente e biograficamente é que o pai é o primeiro – ontologicamente, porém, Deus é o primeiro. Psicologicamente, portanto, a relação pai–filho é em verdade anterior à relação homem–Deus, mas ontologicamente ela não é modelar, mas reprodutora.

O que faz com que Deus seja invisível, o que faz com que ele seja uma testemunha e um espectador invisíveis? O ator, que se encontra no palco, também não vê para quem ele atua: ele é ofuscado pela luz dos holofotes e das rampas, enquanto o espectador fica na sombra. Não obstante, o ator sabe que lá embaixo, no espaço escuro, se encontram sentados os espectadores – que ele atua *diante de alguém*. As coisas não se comportam de maneira diversa em relação ao homem: agindo no palco da vida, mas ofuscado pela cotidianidade que se encontra no primeiro plano, ele já sempre pressente apesar disso – a partir da sabedoria do seu coração – o testemunho do grande, ainda que invisível espectador, diante do qual ele se sente responsável pelo preenchimento dele exigido de um sentido concreto e pessoal.

O fato de a moralidade do homem poder ser para ele mesmo inconsciente é conhecido desde Freud, que disse certa vez o seguinte: o homem não é apenas em muitos aspectos muito mais imoral do que ele pensa, mas também muito mais moral do que ele acredita; a análise existencial só dá um passo adiante em relação a isso, ao defender o ponto de vista de que o homem também é em muitos aspectos muito mais religioso do que ele pressente. Só que não podemos colocar tal religiosidade inconsciente em uma mesma linha que a sexualidade reprimida ou, como o fez certa vez um discípulo de C. G. Jung, falar de uma pulsão religiosa do mesmo modo que se fala de uma pulsão à agressão.

Anteriormente comentamos o fato de que o homem também seria com frequência muito mais religioso do que ele pressente. A nosso ver, tal caráter crente é com frequência inconscientemente correto no sentido de uma religiosidade reprimida; com a mesma razão também se poderia designá-la como uma religiosidade envergonhada. Pois o intelectual de hoje que cresceu no naturalismo, na imagem de mundo e de homem naturalista tende a se envergonhar de seus sentimentos religiosos.

A questão é que tal religiosidade envergonhada ou bem reprimida, ou bem consciente, não necessita de nenhum recurso a arquétipos quaisquer; pois a semelhança entre conteúdos não pode ser remetida à igualdade de formas quaisquer (o que se tem em vista é: dos arquétipos), mas precisa se voltar para a mesmidade do objeto (ou seja: do Deus uno). Por fim, a ninguém ocorrerá tampouco a ideia de afirmar em face de fotografias semelhantes entre si que precisaria se tratar claramente de cópias de um mesmo negativo: mesmo os negativos só são semelhantes uns aos outros ou mesmo iguais entre si, porque se trata de tomadas de um e mesmo objeto.

II. Análise existencial como terapia de neuroses coletivas

Definimos a neurose *sensu strictiori* como um adoecimento psicogênico (ver V. E. Frankl, "Para a definição e classificação das neuroses").[40] Ao lado dessa neurose no sentido restrito da palavra, conhecemos (pseudo)-neuroses no sentido mais amplo do termo, por exemplo, neuroses somatogênicas, noogênicas e sociogênicas. Em todos esses casos, estamos lidando com neuroses no sentido clínico. Mas também há neuroses em um sentido metaclínico e neuroses em um sentido paraclínico. Elas são quase-neuroses em sentido figurado. Ou seja, as neuroses clínicas não cresceram de tal modo, que elas se tornaram coletivas. No entanto, na medida em que temos o direito de falar de neuroses coletivas no sentido paraclínico,[41] a neurose coletiva do presente se distingue segundo a nossa experiência por quatro sintomas:

---

40 In: *Theorie und Therapie der Neurosen. Einführung in Logotherapie und Existenzialanalyse* (Teoria e terapia das neuroses. Introdução à logoterapia e à análise existencial), Munique/Basileia, 1983, p. 43 e segs.

41 Obviamente isso ainda está longe de significar que nós também teríamos o direito de falar de uma coletividade neurótica.

1. Uma postura existencial provisória. O homem de hoje não vive aparentemente senão com vistas a, senão em meio a um vesguear constante dirigido para a bomba atômica futura.

2. Um posicionamento vital fatalista. Se aquele que se encontra provisoriamente posicionado diz que seria necessário agir e tomar em suas mãos o seu destino, então aquele que se acha posicionado fatalisticamente diz: isso não é, de maneira alguma, possível.

3. Pensamento coletivista. Se o homem no sentido dessas duas posturas existenciais negligencia a apreensão da situação, então se mostra nos dois outros sintomas de uma *patologia do espírito do tempo*, que ele quase não consegue mais apreender a pessoa, ou seja, a si mesmo e ao outro enquanto pessoa.

4. Fanatismo. Se aquele que se encontra posicionado de maneira coletivista ignora a sua pessoalidade, então o fanático ignora a pessoalidade do outro, daquele que pensa de modo diverso.

Tudo se dá como se os dois primeiros sintomas fossem antes encontráveis no mundo ocidental, enquanto os dois últimos diriam respeito mais ao mundo oriental.

Pois bem, sabemos que não é apenas um conflito psíquico, mas também um conflito ético-religioso ou um conflito de consciência moral, que pode conduzir a uma neurose. Designamos essa neurose como uma neurose noogênica. Agora, é compreensível que um homem, enquanto ele for capaz de um conflito de consciência em geral, permanecerá imune ao fanatismo, sim, à neurose coletiva. Inversamente, alguém que sofre de uma neurose coletiva, ou seja, por exemplo, alguém politicamente fanático, na medida em que se torna uma vez mais capaz de escutar a sua voz da consciência, sim, na medida em que recupera a capacidade de sofrer sob o seu poder – na mesma medida poderá superar a sua neurose coletiva.

Em uma palavra: enquanto é possível por um lado uma *coexistência de uma neurose coletiva e de uma saúde clínica*, a relação entre neurose coletiva e neurose noogênica é por outro lado inversamente proporcional.

Todos os quatro sintomas da neurose coletiva: a postura existencial provisória e o posicionamento vital fatalista, o pensamento coletivista e o fanatismo – podem ser reconduzidos à fuga ante a responsabilidade e ao medo diante da liberdade. Liberdade e responsabilidade, porém, constituem a espiritualidade do homem. O homem atual, contudo, é espiritualmente enfadado, e esse enfado espiritual é a essência do niilismo contemporâneo.

Cabe hoje ao risco psico-higiênico do homem por meio do *niilismo vivido* uma atualidade particular.

A psicanálise colocou-nos em contato com a vontade de prazer, como a qual podemos conceber o princípio do prazer, assim como a psicologia individual nos familiarizou com a vontade de poder sob a forma da aspiração à validade: muito mais profundamente enraizado no homem, porém, é aquilo que designamos a *vontade de sentido*: sua luta pelo maior preenchimento possível do sentido de sua existência.

A psicologia individual partiu do sentimento de inferioridade. Ora, mas o homem de hoje não sofre tanto com o sentimento de que ele tem um valor menor do que qualquer outro, mas muito mais sob o sentimento de que seu ser não possui nenhum sentido.

Assim como o homem pode se tornar psiquicamente doente por meio do sentimento de inferioridade, ele também o pode por meio do sentimento da ausência de sentido – por meio da frustração de sua pretensão de sentido na existência, de sua aspiração e de sua luta por investir o máximo possível de sentido em sua existência e concretizar o máximo possível de valor em sua vida. Pois bem, esse sentimento de ausência de sentido excede hoje o sentimento de inferioridade no que diz respeito à etiologia dos adoecimentos neuróticos. Nós insistimos em que o não preenchimento da pretensão do homem ao maior preenchimento de sentido possível pode não ser menos patogênico do que a frustração sexual tão incriminada pelos autores psicanalistas em relação a isso, ou seja, a não satisfação da pulsão sexual. Por mais que sempre tenhamos a oportunidade de ver que mesmo em casos nos quais a frustração sexual se encontra no primeiro plano, uma frustração existencial se encontra no pano de fundo: a suposta pretensão do homem a uma existência preenchida ao máximo possível em termos de sentido, que conseguiria tornar pela primeira vez sua vida em geral efetivamente digna de ser vivida. *É somente em um vácuo existencial que pulula a libido sexual.*

Hoje, a frustração existencial desempenha um papel mais importante do que nunca. Para percebermos isso, basta que levemos em conta o quanto o homem de hoje não sofre apenas de uma *perda* progressiva *de instintos*, mas também de uma *perda de tradição*: pode estar aí muito bem uma das causas da frustração existencial. Vemos seu efeito, contudo, no vazio interior e na falta de conteúdo, no sentimento do sentido perdido da existência e do conteúdo perdido da vida, que se constróis então.

O vácuo existencial

O vácuo existencial tanto pode se tornar manifesto quanto permanecer latente. Vivemos em uma época de automação crescente, e essa automação também traz consigo um acréscimo de tempo livre que nos acomete; o homem existencialmente frustrado, no entanto, não conhece nada com o que ele pudesse preencher esse tempo livre, nada com o que ele pudesse encher esse vácuo existencial. Schopenhauer achava que a humanidade oscilava entre a indigência e o tédio.[42] Pois bem, o tédio também nos ocupa hoje muito mais, a nós neurologistas, do que a indigência – mesmo mais do que, por exemplo, a penúria sexual. O tédio tornou-se uma causa psíquica de primeira ordem.

Ora, mas o tédio pode, tal como a língua mesma já nos ensina, ser um tédio "mortal"; de fato, alguns autores afirmam, que o suicídio deveria ser remetido em última instância para aquele vazio interior, tal como ele corresponde a um tédio abissal.

Mas não é apenas a noite de descanso depois do trabalho, mas também a noite na qual vivemos que coloca o homem diante da pergunta sobre como ele deve preencher seu tempo: mesmo

---

42   A existência do fenômeno do tédio refuta a afirmação de que a homeostase total, a satisfação consumada de necessidades, significaria preenchimento e não muito mais o contrário de preenchimento, a saber, vazio e vácuo.

5. * Compêndio de análise existencial e logoterapia * 121

o envelhecimento da população confronta com frequência o homem arrancado abruptamente de seu trabalho profissional com o vácuo existencial. Por fim, ao lado da velhice, é na juventude que podemos ver em muitos aspectos o quanto a vontade de sentido é frustrada; pois o descuido em relação à juventude só pode ser parcialmente reconduzido à aceleração corporal: a frustração espiritual concomitante é, tal como se reconhece cada vez mais, igualmente decisiva.

Se perguntarmos entrementes pelas formas clínicas principais, nas quais a frustração existencial vem ao nosso encontro, então precisaríamos denominar entre outras formas a assim chamada neurose de domingo, ou seja, a depressão que irrompe logo que a funcionalidade dos dias de semana se interrompe e o homem se conscientiza, por falta do saber acerca do sentido concreto de sua existência pessoal, da suposta ausência de sentido de sua vida. Por outro lado, precisamos levar em consideração o fato de essa frustração existencial não poder ser com frequência quase suportada, mas impelir a uma compensação, a um atordoamento.

O vácuo existencial precisa se tornar manifesto: ele também pode permanecer latente – ele pode permanecer em estado de larva, mascarado. Além disso, conhecemos diversas máscaras, por detrás das quais o vácuo existencial se esconde; pensemos simplesmente na doença do *manager*, que se precipita, a partir de sua fúria de trabalho, na dinâmica da funcionalidade, e a vontade de poder, para não dizer a sua cunhagem mais primitiva e mais banal, a "vontade de dinheiro" – reprime a vontade de sentido!

Mas, assim como os *managers* mesmos têm coisas demais a fazer e, por isso, pouquíssimo tempo para quiçá apenas respirar um pouco ou mesmo cair em si, suas mulheres têm em muitos aspectos muito poucas coisas a fazer e, por isso, tempo demais; e elas não sabem o que fazer com esse muito tempo, assim como não sabem com uma intensidade ainda maior o que fazer consigo mesmas. E elas aplacam esse vazio interior por meio do alcoolismo (coquetéis e festas), da bisbilhotice (festas sociais) e do vício pelo jogo (festas para se jogar cartas)... Todos esses homens acham-se em meio à fuga diante de si mesmos, uma vez que se entregam a uma forma de configuração do tempo livre, que gostaríamos de designar como centrífuga e que contrapomos a uma configuração tal que procura dar ao homem não apenas ocasião para a dispersão, mas também a oportunidade de uma coesão interior.

Consideramos o ritmo acelerado da vida de hoje como uma tentativa, ainda que vã, de cura de si mesmo da frustração existencial: quanto menos o homem sabe sobre a meta de sua vida, tanto mais ele acelera o ritmo de seu caminho de vida. Mas essa frustração existencial – por mais que ela coloque a vida em risco no sentido da teoria do suicídio acima discutida: ela não representa propriamente nenhuma doença.

Ao contrário, precisamos tomar cuidado para não cairmos em um *paralogismo*. Pois duvidar do sentido de sua vida ou da vida em geral, essa dúvida em relação ao sentido – que se encontra, em última instância, na base de todo desespero – está ainda muito longe de se configurar como uma doença. Nós conhecemos um caso, no qual um paciente depressivo periodicamente endógeno duvidava de si por conta da suposta ausência de sentido de sua existência e se mostrava desesperado; só que isso acontecia de maneira notável não nos períodos relativos às fases depressivas, ou seja, não nos períodos de sua doença, mas muito mais precisamente nos respectivos intervalos, ou seja, nos períodos em que ele se achava psiquicamente saudável. O duvidar de ou a luta por um sentido existencial, o cuidado com o maior preenchimento de sentido possível da existência humana não é justamente algo doentio, sim, ele é o que há de mais humano que podemos imaginar; e significaria recair no paralogismo, caso quiséssemos desnaturar e degradar esse elemento de todos o mais humano, transformando-o em algo apenas demasiado humano, a saber, em uma fraqueza, em uma doença, em uma neurose, em um complexo. Ao contrário: o que está em questão na vontade de sentido – assim como em sua frustração – é tão pouco caracterizada como uma doença, que podemos até mesmo mobilizá-la contra a doença psíquica: precisamos apelar para ela – no quadro daquilo que poderia ser caracterizado como uma psicoterapia apelativa; mas essa psicologia não apela apenas à vontade de sentido: lá onde essa vontade é inconsciente, precisamos primeiro estimulá-la, na medida em que oferecemos a ela oportunidades e possibilidades concretas e pessoais de preenchimento de sentido. Lá onde ela é até mesmo reprimida, a logoterapia precisa primeiro evocá-la. Do lado do objeto, contudo, tal logoterapia sempre precisará tentar uma vez mais euforizar, nos casos de neurose noogênica, uma vez que se encontra na base dessas neuroses justamente uma frustração dessa vontade de sentido, ou seja, a frustração existencial, possibilidades concretas de preenchimento de sentido – possibilidades, cuja realização é exigida e sustentada para o paciente em uma exclusividade pessoal, valores cuja concretização conseguiria preencher a vontade de sentido que tinha sido frustrada e, assim, satisfazer a petição de sentido do homem em relação à sua existência. Nessa passagem, toda logoterapia conflui para uma análise existencial – assim como toda e qualquer análise existencial encontra o seu ápice propriamente em uma logoterapia. Se Darwin só viu a luta pela existência e Kropotkin só acentuou para além disso a ajuda mútua, a análise existencial considera a luta por um sentido da existência e compreende a si mesma como auxílio na descoberta de sentido.

Não é raro se mostrar o fato de o médico, confrontado com essa tarefa, desertar. Seja porque ele se desvia para o âmbito somático, seja porque ele se encaminha para o psíquico. O primeiro desvio acontece sempre que ele tenta contentar literalmente o paciente com um tranquilizante e embriagar a necessidade metafísica do paciente em meio a um coquetel ataráxico. Enquanto o somatologismo ignora o elemento espiritual, o noético é projetado pelo psicologismo no âmbito do meramente psíquico. Em realidade, há a verdade apesar da doença, e, com efeito, não apenas apesar da doença neurótica, mas também apesar da doença psicótica. $2 \times 2 = 4$, mesmo que quem o diga seja um psicótico. Nesse caso, problemas e conflitos estão longe de ser em si algo doentio. Assim como há *verdade apesar da doença*, também há *sofrimento apesar da saúde*. O primeiro ponto é abandonado pelo psicologismo, o segundo é desconsiderado pelo patologismo.

124 ✳ Logoterapia e Análise Existencial ✳ Viktor E. Frankl

Ouvimos que não é apenas a vontade de sentido que representa o fenômeno mais propriamente humano que pode efetivamente existir, mas que a frustração também não representa jamais algo doentio. Não é preciso estar doente, quando se considera a sua própria existência como sem sentido, sim, não se precisa nem mesmo se tornar doente por conta disso. A frustração existencial não é, com isso, algo doentio, nem é em todo caso algo que deixa doente; em outras palavras, ela não é em si nada patológico, sim, nem mesmo algo incondicionadamente patogênico; pois na medida em que é patogênica, ela só o é facultativamente patogênica. Quando quer que ela se mostre como faticamente patogênica (patogênico = geradora de doenças), porém, ou seja, quando quer que ela conduza de fato ao adoecimento neurótico, precisaremos designar tal neurose como uma neurose noogênica (noogênico = surgido espiritualmente).

Se só tivermos o direito de designar a frustração existencial facultativamente, mas não obrigatoriamente como patogênica, então teremos ainda menos o direito de expô-la como patológica.

A frustração existencial, que não se tornou patogênica, mas que, se é que posso dizer assim, permaneceu cega, não necessita menos, contudo, do que a neurose noogênica da análise existencial. Só que, então, a análise existencial não se mostra como nenhuma terapia de neuroses e, assim, afinal, também não é nenhum reserva de mercado do médico. Ao contrário, ela diz respeito do mesmo modo aos filósofos e aos teólogos, aos pedagogos e aos psicólogos; pois eles precisam se encarregar da mesma maneira do que o médico da dúvida em relação ao sentido da existência. Assim, vem à tona, afinal, o seguinte: se a logoterapia é tanto uma terapia específica, quanto uma não específica, e se o cuidado médico com as almas ainda se mostra, contudo, como médico, então a análise existencial transcende estas indicações, na medida em que seu interesse propriamente dito não é apenas um interesse médico. Neste sentido, nosso modo de consideração revela-se como legítimo, quando a "Asociación Argentina de Logoterapia Existencial" abriga uma seção própria para não médicos. Agora como antes, a psicoterapia no sentido de uma terapia de neuroses continua sen-

5. ∗ Compêndio de análise existencial e logoterapia ∗ 125

do uma questão exclusiva do médico; mas a psico-higiene, a profilaxia de doenças neuróticas, incluindo aí as neuroses noogênicas, está longe de precisar, por isto, ser reservada ao médico. Ora, mas com o fato de que a frustração da vontade de sentido, a frustração existencial em si e enquanto tal, enquanto cega, não é nenhuma doença, ainda se está longe de dizer que ela não pode ser, apesar disto, perigosa para a vida; ela pode efetivamente conduzir ao suicídio, a um suicídio que não se mostra justamente como neurótico. Daí resulta o fato de que a análise existencial, por mais que esteja longe de representar em tais casos um tratamento médico de doenças no sentido literal do termo, também não deixa de ser, de maneira alguma, uma medida capaz de salvar vidas. Isso se mostra sempre que – no caso urgente das assim chamadas situações-limite (prisões de guerra, campos de concentração ou coisas do gênero) – se deve apelar para a vontade de vida, para o prosseguimento da vida, para a sobrevivência justamente em relação a estas situações: isto só tem sucesso, como a experiência mostra, quando esse apelo também pode ser destinado à vontade de sentido, em outras palavras, quando o querer-sobreviver representa um dever-sobreviver e também é apreendido e experimentado enquanto tal – em uma palavra: quando continuar vivendo tem um sentido.

No que diz respeito a este ponto, há experiências que confirmam o quão correto e o quão importante é aquilo que disse Friedrich Nietzsche: "Só quem tem um por que viver suporta quase todo como". Nestas palavras, vemos uma solução para a psicoterapia.

Neste sentido, caso queira deixar que os homens, nas situações-limite de sua existência, que não têm como se mostrar mais suportáveis, se tornem mais capazes de sofrimento, a análise existencial precisa recorrer à vontade de sentido. Em tais casos, a análise existencial revela-se como uma pesquisa de sentido.

Neste contexto, o sentido que ela investiga é um sentido concreto e essa sua concretude refere-se tanto à unicidade de cada pessoa, quanto à singularidade de cada situação. O respectivo sentido é um *ad personam et ad situationem*. Pesquisa-se a cada vez o sentido, cujo preenchimento é exigido de e reservado a cada particular; pois só a um tal sentido concreto e pessoal cabe relevância terapêutica.

III. Logoterapia como assistência médica espiritual

A assistência médica espiritual não é de maneira alguma, por exemplo, uma assistência espiritual realizada por uma especialidade médica qualquer: o cirurgião precisa realizar essa assistência no mínimo tanto quanto o neurologista e o psiquiatra – o cirurgião que tem de lidar com casos inoperáveis ou, então, com casos nos quais precisa realizar amputações. Um chefe de cirurgia que quisesse abdicar de prestar toda assistência espiritual não poderia se espantar se, antes da operação, não encontrasse um paciente na mesa de operação, mas visse os pacientes na mesa de autópsia depois do suicídio. O ortopedista, que lida com mutilados operáveis, mas com pessoas originalmente aleijadas, com deficientes físicos, também é confrontado com a problemática da assistência médica espiritual, assim como o oftalmologista, que tem de lidar com deficientes visuais, e, indo além, o dermatologista, que tem de lidar com pessoas desfiguradas, o ginecologista, que trabalha com mulheres estéreis, e o geriatra que tem de tratar de homens enfermos. Em uma palavra: não apenas os médicos de determinadas especialidades – todos os médicos têm de prestar assistência médica espiritual, quando querem ter um paciente diante de si, que se veja confrontado com um sofrimento necessário por conta de seu destino.

O *homo patiens* exige o *medicus humanus*, o homem que sofre exige o médico humano, que não trata apenas como médico, mas também como homem. O médico que não é também um ser humano, mas apenas um cientista, poderia amputar uma perna com o auxílio da ciência; mas com o auxílio apenas da ciência não seria possível evitar que o amputado ou a ser amputado se suicidasse depois ou antes da amputação.

Não foi por acaso que o sábio fundador da casa de saúde geral de Viena, o Imperador José II, fez com que se colocasse uma placa em cima do portão de entrada com a inscrição: *Saluti et solatio aegrorum*– dedicado não apenas à cura, mas também ao consolo dos doentes. O fato de essa última atividade também cair sob o campo de tarefas do médico não provém, em última instância, do

5. ✷ Compêndio de análise existencial e logoterapia ✷ 127

conselho da "American Medical Association": "O médico também precisa consolar as almas. Esta não é de maneira alguma apenas a tarefa do psiquiatra. Trata-se muito mais simplesmente da tarefa de todo médico praticante."

Assim, então, no exercício da assistência médica espiritual, o médico continua sendo médico; mas sua relação com o paciente transforma-se no encontro de um ser humano com outro. Do médico que é apenas cientista provém, então, o médico que é também um ser humano. A assistência médica espiritual não é outra coisa senão a tentativa de levar a termo uma técnica desta humanidade do médico. E talvez seja a técnica da humanidade, que consiga nos proteger ante a desumanidade da técnica, tal como essa se faz valer mesmo no âmbito de uma medicina tecnicizante.

A necessidade e a possibilidade de uma assistência espiritual médica deve, então, ser exemplificada a partir de um caso cirúrgico: uma enfermeira de minha equipe foi operada e o tumor revelou-se em meio à laparotomia como inoperável. Em seu desespero, a enfermeira pediu que fosse ter com ela. Na conversa veio à tona o fato de que ela nem estava tão desesperada assim por causa de sua doença, mas antes por causa de sua incapacidade para trabalhar: ela amava a sua profissão acima de tudo, mas não podia mais exercê-la agora. O que eu deveria ter dito diante de tal desespero? A situação dessa enfermeira era realmente desesperançada. (Uma semana depois ela morreu.) Não obstante, tentei deixar claro para ela o seguinte: o fato de ela trabalhar oito ou sabe lá Deus quantas horas por dia não era nenhuma arte – alguém logo poderia fazer a mesma coisa; mas ter uma tal disposição para trabalhar e ainda por cima se encontrar tão incapacitada quanto ela para o trabalho – e apesar disto não se desesperar – essa sim seria uma realização, disse, que ninguém conseguiria tão facilmente imitar. E, assim continuei perguntando, a senhora não está sendo propriamente injusta com os milhares de doentes aos quais a senhora dedicou a sua vida como enfermeira: a senhora não está sendo injusta com eles, quando a senhora se comporta agora como se a vida de um doente ou de um enfermo, ou seja, de um homem incapaz de trabalhar, fosse sem sentido? Logo que a senhora se sente desesperada com sua situação, disse a ela, a senhora age como se o sentido de uma vida humana estivesse em uma relação direta e coincidisse com o fato de um homem poder trabalhar por tantas e tantas horas; com isto, porém, a senhora está recusando a todos os doentes e a todos os enfermos todo e qualquer direito à vida e toda justificação da existência. Em realidade, a senhora tem agora uma chance única: enquanto a senhora não pôde por um lado até aqui, em face de todos os homens que lhe tinham sido confiados, fazer outra coisa senão prestar uma assistência, agora a senhora tem a chance de ser mais: de ser um modelo humano.

Essas poucas palavras alusivas devem ser suficientes para mostrar que um desespero inteiramente compreensível, sim, aparentemente justificado em relação a si mesmo, pode ser fundamentalmente modificado: para tanto, é preciso apenas saber que, em última instância, todo desespero é uma única coisa: idolatria e absolutização de um único valor (no caso acima: idolatria do valor da capacidade de trabalho). Gostaríamos de ousar afirmar que alguém que se acha desesperado já revela justamente por meio daí que idolatrou algo. Que ele revela por meio daí o fato de ter transformado uma coisa qualquer que só é condicionadamente valiosa, que só possui um valor relativo, em um valor absoluto. Assim, vemos também, afinal, que toda idolatria não apenas se revela por meio do desespero, mas também se vinga por meio daí.[43] Com tudo isto não se está ainda dizendo obviamente que toda absolutização de um valor relativo conduziria a uma neurose ou que toda neurose seria passível de ser reconduzida à absolutização de um valor relativo. Nem todo desespero é patogênico e nem toda neurose é noogênica.

O que está em questão na assistência médica espiritual, portanto, é, em face de um sofrimento necessário por conta do destino, tornar o homem capaz de sofrer. O que está em questão para ela não é a reprodução da capacidade de trabalho e de gozo (duas capacidades que, no caso em questão, tinham sido perdidas de maneira irremediável e inalterável), mas a geração da *capacidade de sofrimento.*

---

43 V. E. Frankl, *Homo patiens*, Viena, 1950, p. 87-88 e 90.

5. ∗ Compêndio de análise existencial e logoterapia ∗ 129

Nesta passagem, para a explicitação da necessidade de reprodução da capacidade de sofrimento do doente, gostaríamos de mencionar brevemente o caso de um viciado em morfina: o paciente era depressivo desde a sua infância. Sua resistência contra todos os processos de desintoxicação encontrava-se, então, profundamente fundamentada no fato de uma certa plangência – justamente a sua incapacidade de sofrer – o manter afastado da cura: "eu não conseguiria de maneira alguma ficar saudável, mas precisaria me lançar em direção a uma depressão; não posso, contudo, simplesmente suportar a depressão. E se não houvesse a depressão, então haveria um conflito qualquer, com o qual eu estaria confrontado". Tal como muitos doentes como este, ele também tinha adoecido, portanto, por conta de um acento exagerado, por conta do fato de dar importância demasiada aos sinais de prazer e desprazer características de todas as vivências. O que se encontra em última instância na base dessa posição de primeiro plano acerca da facticidade de tais circunstâncias como a circunstância de prazer ou desprazer, porém, não é outra coisa senão um abandono da existencialidade do ser-aí: fuga do desprazer na vida é em todos os casos temor diante do não preenchimento da existência. Por ocasião da apresentação deste pano de fundo espiritual dos sintomas psíquicos, nosso doente exclamou então efetivamente: "Esta é a raiz! É exatamente isto – mas esta é a primeira vez que escuto isso de alguém". Este paciente também admite: "Sempre necessito de sensações; pois toda a minha vida foi uma busca por uma coisa qualquer que eu não tinha – quero me deixar absorver por algo, quero me sentir preenchido em algo, em algo que me devolva o respeito por mim mesmo. Esta era a única coisa que estava em questão para mim, quando trabalhava duro – e com prazer! Todas as noites, então, podia me dizer justamente o seguinte: cumpri o meu dever. Assim, foi no front, por exemplo, que tive a minha melhor época; agora, em contrapartida, quando tudo está calmo, depois da guerra – um vazio se fez presente." Com certeza, não foi possível neste caso lançar luz no cerne do enraizamento religioso que a tudo abarcava da "*inquietas cordis*"; o paciente apenas admitiu "ter sido educado de maneira profundamente religiosa, mas disse não ser beato": "acre-

130 ✳ Logoterapia e Análise Existencial ✳ Viktor E. Frankl

dito em algo acima de mim, ante o que preciso ter respeito", é o que ele achava simplesmente. Notável neste caso também nos parecia o fato de ele "só buscar uma narcose mesmo no trabalho": "Até aqui todos os superiores se espantaram com a quantidade de coisas que eu conseguia realizar." Portanto, nosso doente só é tão viciado em trabalho, porque foge do desprazer. Assim, vemos, então, o quão equivocado seria, se quiséssemos restringir o estabelecimento de metas da psicoterapia à reconquista da capacidade de trabalho e de gozo: por esta via, ou bem só continuaríamos trabalhando em certas circunstâncias sob o domínio de um vício pelo trabalho, ou bem, porém, sob o domínio de uma fome de prazer ou uma fuga do desprazer. Em contrapartida, no caso concreto indicado, o que importava era exigir a prontidão para acolher em si o desprazer necessariamente ligado à vida ou aceitá-lo como um preço a ser pago em virtude de um sentido da existência, em comparação com o qual o desprazer se torna inessencial.

A capacidade de sofrer não é outra coisa senão a capacidade de realizar aquilo que designamos como *valores posturais*. Não apenas a criação (correlata da capacidade de trabalho) pode dar justamente sentido à existência – falamos, então, da realização de *valores criativos*; e não é apenas a vivência (correlata da capacidade do gozo), o encontro com o outro e o amor que podem tornar a vida plenamente significativa – falamos, então, de *valores vivenciais* –, mas também o sofrimento; sim, não se trata neste caso meramente de uma possibilidade qualquer, mas da possibilidade de realizar o valor supremo, de não perder a ocasião, de preencher o valor supremo. *Felix dolor*...

Obviamente, a realização de valores posturais,[44] ou seja, a dotação de sentido da vida por meio de um sofrimento, só entra em questão no momento em que o sofrimento, como dissemos, faz parte do destino (falamos por esta razão expressamente do sofrimento ligado ao destino autêntico).

---

44 Um mínimo de valores posturais é realizado *ipso facto* pelo que sofre – por aquele que suporta meramente o sofrimento. No simples fato do sofrimento não reside já, em verdade, o sentido, mas justamente – poderia residir.

Aqui se mostra tanto mais corretamente que a assistência médica espiritual só é necessária lá onde a psicoterapia se tornou impossível em um sentido literal mais estreito. O que precisa ser realizado aí é precisamente o seguinte: potencializar o doente internamente, para que ele aprenda a acolher o necessário, o que não é acessível nem somaticamente, nem psiquicamente a um tratamento, como um destino autêntico, e, com isso, como algo em relação com o que tudo só se mostra como dependente do modo como se sustentam as coisas, como se as suportam, como se experimenta seu sofrimento.

Se a logoterapia não é em todos os âmbitos de indicação um substitutivo legítimo da psicoterapia, mas muito mais apenas o seu complemento, então a assistência médica espiritual também não é de maneira alguma um substitutivo de uma assistência espiritual eclesiástica.

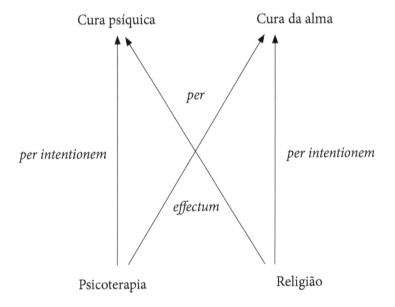

Figura 4

132 ✳ Logoterapia e Análise Existencial ✳ Viktor E. Frankl

Que relação existe, então, entre a assistência espiritual médica e a assistência espiritual religiosa? Partamos de seus estabelecimentos de metas: a meta da assistência espiritual médica, em geral a meta da psicoterapia, é a cura psíquica. Em contrapartida, a meta da assistência espiritual sacerdotal, em geral a meta da religião, é a salvação da alma. Pois bem, a religião não tem, em verdade, nenhuma motivação psicoterapêutica, mas tem apenas um efeito psico-higiênico. Se as coisas se mostram de tal modo, então ela possibilita ao homem um abrigo incomparável e uma ancoragem espiritual, contribuindo de maneira efetivamente incomum para a manutenção de seu equilíbrio psíquico. Por outro lado, vemos como a psicoterapia – sem querer, sim, sem nem mesmo poder apenas querer – deixa que o paciente reencontre em casos particulares as fontes soterradas da credulidade originária: não *per intentionem*, mas *per effectum*.

Tal como se mostra, a reprodução da *capacidade de acreditar* do paciente não é, para além das três tarefas da reprodução de sua capacidade de trabalho, de sua capacidade de desfrutar e de sua capacidade de sofrer, uma quarta tarefa do médico, mas o possível efeito da psicoterapia. A psicoterapia não se acha a serviço da religião, assim como a religião não é um meio para o fim da psicoterapia.

Quem busca transformar a psicoterapia em serva da teologia, quem quer transformar a psicoterapia em uma serviçal, não rouba da psicoterapia, juntamente com a liberdade de pesquisa, apenas a dignidade de uma ciência autônoma, mas também lhe retira a utilidade possível, que ela pode ter para a religião. Pois a psicoterapia sempre pode ter uma tal utilidade *per effectum*, mas nunca *per intentionem*. Se ela devesse algum dia servir à religião – seja em seus resultados de pesquisa empíricos, seja em seus efeitos de tratamento psicoterapêuticos –, então ela só poderia fazer isto se ela não se movimentar em um itinerário fechado, se ela não estiver desde o princípio estabelecida em suas intenções; pois na ciência só os resultados não influenciados de uma pesquisa independente podem ter algum valor para a teologia.

E, na medida em que a psicoterapia jamais poderá comprovar que a alma é efetivamente aquilo pelo que nós a tomamos: *anima naturaliter religiosa*[45] – essa comprovação só poderá ser realizada por uma psicoterapia como *scientia naturaliter irreligiosa*:[46] precisamente por uma ciência que, "por natureza", não se acha vinculada religiosamente, mas que não é, nem quer ser por si mesma mais do que ciência.

Quanto menos a psicoterapia se presta a desempenhar o serviço de uma serva para a teologia, tanto maiores são os serviços que ela presta, que ela de fato prestará a ela.[47]

Pois não é preciso ser um servo para poder servir.

Com razão, J. H. Schultz expressou certa vez a opinião de que, "assim como não pode haver uma neurose compulsiva cristã ou budista, também não pode haver uma psicoterapia científica determinada de algum modo de maneira confessional".

Hoje, as pessoas vão ao psiquiatra com anseios com os quais elas teriam ido antigamente ao padre e que mesmo hoje continuariam dizendo respeito ao padre. Assim, o médico que é transposto de tal modo para a situação compulsiva também não pode realizar algo assim como uma assistência espiritual médica, aproximando-se do paciente com conselhos que esse teria ouvido do padre. O paciente ficaria apenas escandalizado, caso o médico quisesse abrir a porta teológica para entrar na casa psicológica. A assistência espiritual médica movimenta-se para além de toda religiosidade explícita.

Não somos nós médicos que trazemos conosco a filosofia ou mesmo a teologia para o interior da medicina; ao contrário, são

---

45   **N.T.:** Em latim no original: "Alma de natureza religiosa."

46   **N.T.:** Em latim no original: "Ciência de natureza irreligiosa."

47   Cf. Professor Dr. Adiel de Meyer O. F. M, "Problemática de vida em psicoterapia e em assistência espiritual", in: *Gesprekken over psychoterapie in em licht van godsdienst en moraal*, 1955, p. 32: "Temos de levar antes de tudo em conta o fato de a psicoterapia enquanto ciência ter de conservar sempre e por toda parte a sua obviedade... A psicoterapia" não pode "ser usada indevidamente como uma *'ancilla theologiae'*, que ela não pode ser por sua própria essência".

nossos pacientes que trazem para junto de nós a sua problemática filosófica; pois "são os pacientes que nos colocam diante da tarefa de assumir na própria psicoterapia a tarefa da assistência espiritual" (Gustav Bally). Além disso, foi a "nossa era" que "impeliu o médico para o papel de cumprir tarefas em uma abrangência crescente, que eram antigamente destinadas ao padre e aos filósofos" (Karl Jaspers). Alphons Maeder também "se viu impelido a sofrer esta conversão por meio da própria situação" e, "com extrema frequência, a psicoterapia acaba necessariamente desembocando em uma assistência espiritual" (W. Schulte).

O "êxodo da humanidade ocidental do líder espiritual para o médico dos nervos", tal como o denomina V. E. Gebsattel, é um estado de fato para o qual o líder espiritual não pode se fechar, além de ser um desafio que o médico, ao tratar de doenças nervosas, não pode recusar; pois é uma situação imperiosa que exige dele a realização de uma assistência espiritual médica.

O médico religioso é aquele que menos tem como escapar de tal exigência. Precisamente, ele tem de se abster de uma alegria fariseia com o sofrimento alheio, quando o paciente não encontra refúgio junto ao padre. Seria uma postura fariseia, se ele, em face do sofrimento de um descrente, se mostrasse alegre com o sofrimento alheio e imaginasse: ora, se ele fosse crente, então ele encontraria refúgio junto ao padre. Quando alguém que não sabe nadar está em uma situação na qual corre o risco de se afogar, nós também não dizemos de modo algum para nós mesmos: ora, ele deveria ter aprendido a nadar. Ao contrário, nós o ajudamos – mesmo que não sejamos professores de natação. Assistência espiritual médica não é nenhuma *hybris*. O médico, que realiza a assistência espiritual médica, não usurpa nada. Onde o médico não trata medicinalmente, mas espiritualmente, ele se encontra em uma situação de emergência. Se os pacientes não se deixam enviar ao padre, o que eles "quase sempre recusam" (G. R. Heyer), então o médico não deve rejeitá-los; pois "– quer ele o queira ou não – é o médico, e não aquele que cuida das almas, que se vê hoje em muitas situações diante da necessidade de aconselhar os homens na indigência vital quando eles não estão doentes; e "não se pode alterar o fato de que, em situações de indigência vital, os homens buscam hoje no médico em grande parte não aquele que cuida das almas, mas o aconselhador com experiência de vida" (H. J. Weitbrecht). Nós vivemos justamente em um século secularizado e não podemos nos admirar, se mesmo a assistência espiritual se mostra como secularizada. A questão é que nós não nos enganamos quando supomos que por detrás da necessidade psicoterapêutica se encontra a velha e eterna necessidade metafísica, ou seja, a necessidade do homem de prestar contas sobre o sentido da existência.

Pathodiceia metaclínica

Depois que, para além da vontade de prazer e da vontade de poder, também nos deparamos com a vontade de sentido, nós nos defrontamos – para além do sentido do criar e do sentido do amor – com o sentido do sofrimento.

Assim, surgiram três possibilidades de dar sentido à existência: na medida em que se realizam efetivamente valores criativos – na medida em que se realizam efetivamente valores vivenciais – e na medida em que se realizam efetivamente valores posturais. É o preenchimento e a realização efetiva de tais possibilidades de sentido e de valor que são exigidos e que caem sob a incumbência de alguém.

Agora, voltaremos para a questão sobre que sentido cabe em particular ao sofrimento. Em meu "ensaio de uma pathodiceia",[48] procurei responder ao grito oriundo da pergunta *"para que* sofrer?"* (Nietzsche) por meio da seguinte explicação: o modo como alguém acolhe sobre si o sofrimento que se lhe impõe – aí, no modo como ele sofre, reside a resposta ao para quê do sofrimento. O que está em questão é a postura, na qual alguém se coloca ante uma doença, o posicionamento no qual ele se confronta com a doença. Em uma palavra: o que está em questão é a postura correta, é o sofrimento correto, íntegro de um destino autêntico. O que está

---

48 V. E. Frankl, *Homo patiens*, Viena, 1950.

em jogo aqui é a suportação – o modo como se suporta o destino logo que não o temos mais nas mãos, mas só podemos acolhê-lo. Em outras palavras: onde não é mais possível nenhuma ação – que conseguiria dar configuração ao destino –, é necessário ir ao encontro do destino em meio à postura correta.

Como é, então, que as coisas se mostram no caso em que o sofrimento não é necessário por conta do destino e, neste sentido, no caso em que ele teria sido evitável, por mais que agora ele seja de qualquer modo inalterável – em uma palavra: onde é que pode residir o sentido no caso de um sofrimento do qual nós mesmos somos culpados? Pois bem, o sofrimento que foi estabelecido por meio de uma ação ruim sempre pode ser corrigido por meio de uma ação correta e tais correções são denominadas expiações confessas. Como as coisas se dão, então, quando não se está em condições de corrigir algo, ao menos não no sentido da expiação, ou seja, não por meio de uma postura correta? Neste caso, a única coisa que passa a estar em jogo é a postura correta, o posicionamento correto. Agora, porém, não mais ante o sofrimento em si e enquanto tal, mas muito mais ante a culpa, e a postura correta ante a própria culpa é o remorso. Ele é uma postura e um posicionamento perante si mesmo ou perante o eu anterior, culpado. Max Scheler, em seu ensaio sobre o tema, mostrou-nos o quanto o arrependimento, ainda que ele não possa corrigir nada, faz ao menos com que a coisa retroaja no âmbito moral. E o fato de que neste caso nunca é tarde demais, não até o último suspiro, é algo que se mostra de maneira extraordinariamente penetrante no conto de Leon Tolstoi *A morte de Ivan Ilitsch*, que narra a morte daquele homem que precisamente em meio ao remorso em relação à sua vida estragada supera a si mesmo, consegue se alçar acima de si mesmo e alcançar uma grandeza interior. Ou seja: até o último suspiro não há nenhum deslize definitivo. De tal modo que mesmo em relação à história de vida de cada homem em particular vale o que disse G. Gentile: "Na história, algo nunca está feito, mas tudo sempre continua ainda por fazer."

A partir deste momento fica claro para nós com que direito Goethe pôde dizer: "Não há nenhuma situação que não se possa

enobrecer ou bem por uma realização, ou bem por uma aceitação."
Só que precisamos acrescentar o seguinte: a aceitação, ao menos no
sentido do sofrimento correto, íntegro do destino autêntico, é ela
mesma uma realização – sim, mais do que isto: não apenas uma, mas
a mais elevada realização que é facultada ao homem. E isto mesmo
que essa realização consista apenas no fato de um homem "realizar"
uma renúncia – a renúncia que é exigida dele pelo destino.

Tentemos responder à pergunta sobre por que o sentido, que
o sofrimento oferece ao homem, é o sentido mais elevado possível.
Ora, os valores posturais revelam-se como insignes em relação aos
valores criativos e aos valores vivenciais, uma vez que o sentido do
sofrimento é dimensionalmente superior ao sentido do trabalho e
ao sentido do amor. Gostaríamos de partir do fato de que o *homo sapiens* pode se mostrar como uma seção do *homo faber*, que preenche
criativamente seu sentido existencial, assim como do *homo amans*,
que enriquece a sua vida com sentido vivenciando, experimentando
encontros e amando, e do *homo patiens*: conclamado à capacidade
de sofrimento, ele retira mesmo do sofrimento um sentido. O *homo
faber*, então, vem à tona plenamente como aquilo que ele costuma
ser denominado, como um homem de sucesso; ele só conhece duas
categorias e é só nessas duas categorias que ele pensa: sucesso e fracasso. Entre estes dois extremos movimenta-se sua vida na linha de
uma ética do sucesso. As coisas se passam de maneira diversa com o
homo patiens: suas categorias não se chamam mais há muito tempo
sucesso e fracasso, mas muito mais realização pessoal e desespero.
Com este par categorial, contudo, ele se coloca de maneira perpen-
dicular em relação à linha de toda a ética do sucesso; pois realização
pessoal e desespero pertencem a uma outra dimensão. A partir desta
diversidade dimensional, no entanto, obtém-se a sua superioridade
dimensional; pois o *homo patiens* pode se sentir preenchido mesmo
no mais extremo insucesso, mesmo no fracasso.[49]

---

49   A hierarquia que impera nas três categorias valorativas, de acordo com as
quais os valores posturais se encontram mais elevados do que os valores
criativos e os valores vivenciais, podia ser confirmada com base em um
material de 1340 cobaias em termos de análise fatorial (Elisabeth S. Lukas).

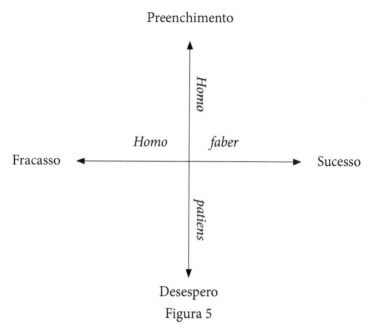

Figura 5

Assim, ter-se-ia, então, mostrado, que a realização pessoal é compatível com o insucesso, exatamente como o sucesso é compatível com o desespero. Todavia, isto precisa ser compreendido a partir da diferença dimensional dos dois pares conceituais. Naturalmente: se projetássemos o triunfo do *homo patiens*, sua concretização de sentido e de si mesmo no sofrimento, para o interior da linha da ética do sucesso, então esse triunfo precisaria se mostrar pontualmente com base na diferença dimensional, ou seja, assumir a aparência de um nada, se impor como uma absurdidade. Em outras palavras: aos olhos do *homo faber*, o triunfo do *homo patiens* precisa ser uma tolice e um escândalo.

Evidenciou-se justamente que (em termos de análise fatorial) o eixo, no qual se encontram os valores posturais, está ortogonalmente contraposto ao eixo no qual residem as outras categorias valorativas. Trata-se, portanto, de uma outra dimensão. (V. E. Frankl, *Die Sinnfrage in der Psychotherapie*– A questão do sentido na psicoterapia, Munique, 1985, p. 65)

5. ✳ Compêndio de análise existencial e logoterapia ✳ 139

Em tudo isso, fica claro que, em face da necessidade de tomar sobre si com a postura correta o sofrimento e a culpa, nasce o primado da possibilidade de tomar o destino nas mãos por meio de uma ação correta. Em suma: ainda que a possibilidade de sentido, que o sofrimento abarca, seja superior segundo o nível hierárquico valorativo à possibilidade de sentido da criação, isto é, por mais que o *primado* caiba ao sentido do sofrimento – é ao sentido da criação que pertence a *prioridade*; pois tomar sobre si um sofrimento que não é necessário de acordo com o destino, mas que é antes desnecessário não seria nenhuma realização, mas um autoflagelo.

Como é que se refletem, então, as relações no espaço médico-prático, *in clinicis*? Ora, do que foi dito anteriormente deduz-se que só uma doença incurável abrigaria uma possibilidade de sentido – por mais paradoxal que isso possa parecer. Quem sofre de um carcinoma operável e não permite, apesar disso, que o operem, não sofre de uma maneira plenamente dotada de sentido;[50] tratar-se-ia muito mais de um sofrimento autoimposto. À pessoa respectiva, à pessoa afetada pela situação, seria necessário ter coragem, a saber, para a operação – por outro lado, para aquele que luta cegamente contra o destino de um carcinoma inoperável o que é necessário é humildade.

Como é que as coisas se mostram, então, quando alguém se coloca para nós como vivendo do modo que o destino exige dele, retirando-se em primeiro lugar da possibilidade de concretizar valores criativos e, em seguida, da possibilidade de preencher sentido por meio de vivência, de encontros e do amor, de tal modo que só lhe resta por fim a possibilidade de se colocar também frente a

---

50 Por mais que o sofrimento seja plenamente dotado de sentido, o homem sabe disto instintivamente, e este seu saber instintivo revela-se em casos de uma assim chamada *melancholia anaesthetica*, nos quais o doente sofre precisamente pelo fato de ele ser incapaz de sofrer, e, em verdade, mesmo que ele tenha dores. Pois bem, uma contrapartida em relação a tal apatia (e justamente não uma postura analgésica) é a compaixão: um *sofrimento sem dores* – e de maneira notável um tal sofrimento sem dor é experimentado como plenamente dotado de sentido – em oposição às *dores sem sofrimento*, tal como aquele que é incapaz de sofrimento possui.

140 ✳ Logoterapia e Análise Existencial ✳ Viktor E. Frankl

este destino, de se posicionar corretamente em relação a ele? Isso deve ser exemplificado com base em uma situação concreta, à qual sempre acabo retornando uma vez mais – por considerá-la absolutamente instrutiva.

Deve ser mostrado em um caso concreto como é que se configura a reviravolta que o respectivo paciente tem que levar a termo: a reviravolta da possibilidade que se encontra no primeiro plano da consciência cotidiana da existência mediana, a reviravolta da possibilidade de dar sentido à sua vida por meio da criação para a necessidade de realizar por meio do sofrimento, por meio do acolhimento do destino pleno de sofrimentos, a dotação de sentido da existência.

Um paciente, que sofria de um tumor na medula espinhal, não conseguia mais exercer sua profissão; ele era *designer* gráfico por profissão. Portanto, as possibilidades valorativas criativas foram suprimidas; no hospital, ele passou a ler de maneira aplicada, mais aplicada do que jamais tinha tido a ocasião de ler; ele concretizou, então, valores vivenciais, ou seja, ele passou a dar desde então sentido à sua vida por meio do fato de acolher em si valores culturais. Por fim, porém, sua paralisia chegou a tal ponto que ele não conseguia mais nem mesmo segurar um livro em suas mãos, nem tampouco suportar os fones de ouvido; com isto, mesmo valores vivenciais deixaram de ser efetiváveis para ele, e ele mesmo soube que seu fim estava se aproximando. Bem, mas como ele se portou em relação ao seu destino? Como jovem médico, tive um dia por acaso plantão hospitalar e, na hora da visita vespertina, ele me pediu que eu não perturbasse a tranquilidade de minha noite por sua causa: era esta a sua única preocupação, a minha tranquilidade noturna. E, na medida em que este homem, em suas derradeiras horas de vida, não se preocupou de maneira alguma consigo mesmo, mas apenas com os outros, por exemplo, comigo como plantonista: na medida em que ele apresentou um tal heroísmo silencioso, este homem realizou um feito a partir de seu sofrimento – e, em verdade, um feito que precisa ser certamente avaliado de modo mais elevado do que qualquer trabalho como

5. ✳ Compêndio de análise existencial e logoterapia ✳ 141

designer que ele tenha produzido no tempo em que ainda se mostrara capaz de trabalhar: agora, ele tinha realizado uma campanha publicitária sobre o que o homem mesmo pode levar a termo em tal circunstância.

Em um outro caso, então, deve ser mostrado como não é apenas a recusa ao trabalho e à possibilidade de sentido que se baseia nela, mas também a recusa ao amor que pode obrigar o homem a se valer da ocasião para o preenchimento de sentido, que reside no sofrimento sob justamente este empobrecimento de possibilidades de sentido oriundo do sentido.

Um velho médico praticante procura-nos: há um ano, sua mulher, a quem ele amava mais do que todas as coisas, morreu e ele não consegue ultrapassar o acontecimento desta morte. Perguntamos ao paciente extremamente deprimido se ele já tinha refletido sobre o que teria acontecido, caso ele tivesse morrido antes de sua mulher. "Não haveria como desconsiderar a hipótese", respondeu ele, de que "minha mulher tivesse ficado desesperada". Assim, só precisamos chamar a atenção dele para o seguinte: "O senhor está vendo, este sofrimento foi poupado à sua mulher; mas claro que o preço para tanto foi o senhor precisar experimentar agora o luto por ela." No mesmo instante, seu sofrimento adquiriu um sentido: o sentido de um sacrifício.

Não se trata aqui obviamente de psicoterapia, nem mesmo em geral de terapia – não se poderia alterar nada no estado de fato, uma vez que ele fazia parte do destino da pessoa; mas o posicionamento se alterou! O destino tinha exigido dele que se afastasse da possibilidade de preencher sentido por meio do amor; mas tinha lhe restado a possibilidade de enfrentar até mesmo esse destino, de se posicionar corretamente.

Um sofrimento dotado plenamente de sentido lança-se para além de si mesmo. Um sofrimento plenamente dotado de sentido remete para aquilo "em virtude do que" nós sofremos. Em uma palavra, um sofrimento plenamente dotado de sentido *kat'exochen* é o sacrifício.

Mas o sofrimento não tem apenas dignidade ética – também tem relevância metafísica. O sofrimento torna o homem lúcido e o mundo transparente. O ser torna-se transparente em meio a uma dimensionalidade metafísica.

O ser torna-se transparente: o homem o vislumbra, abrem-se para ele, para o que sofre, visões do fundamento. Colocado diante do abismo, o homem olha para o fundo, e aquilo para o que ele é desperto com base no abismo é a estrutura trágica da existência. O que se desvela para ele é: o fato de o ser humano ser profunda e derradeiramente paixão – de se mostrar como a essência do homem ser um sofredor: *homo patiens*.

Como é que a imagem de homem se mostrava no quadro biologista? O mamífero extremamente desenvolvido? O mamífero cujo andar ereto fez com que levantasse a cabeça? *Sapere aude*, é assim que se encontra formulado o seu imperativo; ousa ser racional! Agora, as pessoas o *ousaram*. Ousou-se absolutizar a razão; o esclarecimento fez com que a razão se transformasse literalmente em uma deusa.

Nós contrapomos a essa imagem biológica de homem uma imagem noológica. Ao *homo sapiens*, nós contrapomos o *homo patiens*. Ao imperativo "*sapere aude*", contrapomos um outro: *pati aude* – ousa sofrer!

Esta ousadia, *a coragem de sofrer* – é isto que está em questão.[51]

---

51 Será que isso significa que sofrer seria necessário para encontrar sentido? Esta seria uma tosca incompreensão. O que eu acho não é de maneira alguma que sofrer é necessário. Ao contrário, o que quero dizer é que o sentido é possível, apesar do sofrimento, para não dizer por meio do sofrimento – contanto que o sofrimento seja necessário, ou seja, que a causa do sofrimento não possa ser alijada ou afastada, independentemente do fato de se tratar de uma causa biológica, psicológica ou sociológica; se um carcinoma é operável, então o paciente será obviamente operado; se um paciente chega com uma neurose em nossa práxis, então faremos naturalmente tudo para libertá-lo dela – e se a sociedade é que fosse doente, então avançaremos, logo que e enquanto for possível, para uma ação política. (V. E. Frankl, *Der leidende Mensch. Anthropologische Grundlagen der Psychoterapie*– O homem sofredor. Bases antropológicas da psicoterapia, Berna, 1984, p. 59)

5. ✴ Compêndio de análise existencial e logoterapia ✴ 143

Assim, a efetivação de valores posturais se revela pela primeira vez de maneira própria como preenchimento do sentido possível de sofrimentos necessários.[52]

O escapista procura se desviar do sofrimento necessário; o masoquista foge em direção ao sofrimento desnecessário.

O que constitui, então, a essência do masoquismo? Ele falsifica o desprazer, transformando-o em prazer! Em oposição ao masoquista, temos o homem que não falsifica o desprazer, transformando-o em prazer, mas que reconfigura o sofrimento, transformando-o em realização. De maneira igualmente distante da plangência e do masoquismo, ele visa ao sofrimento em oposição ao plangente; mas ele não o visa como o masoquista, como um fim em si mesmo; no visar do sofrimento, ele antes já o transcende também, na medida em que visa, por meio do sofrimento, àquilo em virtude do que ele sofre, em uma palavra: na medida em que se sacrifica. Com essa dotação de sentido por meio do sacrifício, ele transpõe o sofrimento do plano do fático para o plano do existencial.

Agora, encontrar-nos-íamos diante da questão: o sentido do sofrimento também é interpretável? E resvalamos, então, para o interior da problemática de uma pathodiceia, que localizamos no lugar da teodiceia; e, em verdade, porque a teodiceia está condenada ao fracasso, pois quando ela argumenta que o sofrimento seria necessário para purificar os homens, ou, por outro lado, que o mal seria admitido por Deus, para apenas auxiliar tanto mais o bem

---

52 Foi *Edith Joelson*, da Purdue University que chamou a atenção para o quanto essa teoria analítico-existencial se encontra em contraposição à mentalidade de higiene mental a saber dos Estados Unidos da América – e, em verdade, no sentido de uma correção salutar; pois o escapismo do típico americano o impele para o interior de um círculo vicioso, no qual o homem, que não vislumbra no sofrimento nenhuma possibilidade de sentido, mas apenas uma inadequação ou um sintoma neurótico, não faz outra coisa senão ampliar o sofrimento necessário de acordo com o destino por meio de sua infelicidade em relação ao seu precisar sofrer por conta do destino ("Unhappiness about being unhappy). (*Some Comments on a Viennese School of Psychiatry*. In: The Journal of Abnormal and Social Psychology, v. 51, n. 3, novembro de 1955).

a alcançar uma efetividade de contraste etc., então, em face de tal argumentação, é sempre possível continuar perguntando, é sempre possível remontar a um ponto por detrás de todos os argumentos ou fundamentos e motivos citados, de tal modo, em verdade, que se perguntaria: sim, Deus, o todo-poderoso, também não teria podido criar o homem de tal modo que ele, o homem, não carecesse de maneira alguma de uma purificação por meio do sofrimento? E ele também não poderia ter criado um mundo que não necessitaria de maneira alguma primeiramente do efeito de contraste?

A única postura própria ao homem em face da problemática de uma pathodiceia ou mesmo de uma teodiceia é o posicionamento de Jó: que se curvou diante do mistério – e, para além disso, a postura de Sócrates que, em verdade, pretendia saber, mas apenas: que nada sabia.

Mas nós estamos agindo aqui de tal modo que tudo se dá como se só estivessem em questão filósofos e profetas e não muito mais homens puros e simples, por exemplo, aqueles dois soldados da ONU que foram feridos na Coreia e que, em seguida, foram entrevistados no hospital de campanha por um, gostaria de dizer, repórter metafisicamente ridículo. O repórter perguntou qual era para eles o sentido de seu ferimento e de seu sofrimento; ao que o primeiro respondeu: "People ask for too much"[53] – e o outro: "God has his idea of what he wants to do with us". Denomino tais respostas como respostas dadas no espírito de Sócrates e de Jó. Há, portanto, questões que são colocadas de maneira falsa – e uma crença que lança sombra sobre toda resposta possível.

Não obstante, é natural construir para si no mínimo imagens e alegorias. E como tal alegoria se nos oferece a alegoria do corte de ouro. De acordo com essa alegoria, como se sabe, a parte menor se relaciona com a parte maior tal como a parte maior com o todo. Ora, mas não se tem aqui uma relação análoga à do animal com o homem e à do homem com Deus? Como se sabe, o que é próprio ao

---

53   **N.T.:** Em inglês no original: "As pessoas perguntam coisas demais" e "Deus tem Sua ideia sobre o que ele quer de nós".

animal é o mero meio ambiente, enquanto o homem "tem mundo" (Max Scheler); mas o mundo humano não se relaciona com o seu mundo transcendente de maneira diversa da que o meio ambiente do animal se relaciona com o mundo humano. E isso significa o mesmo que dizer o seguinte: do mesmo modo que o animal não estaria em condições de compreender o homem e seu mundo a partir de seu meio ambiente, também não é possível que o homem insira o olhar no mundo transcendente e que ele venha a compreender Deus ou mesmo que consiga reconstruir suas motivações.

Tomemos o exemplo do cachorro que, ao ter alguém diante dele apontando uma direção, não olha para essa direção, mas para o dedo, se é que não abocanha o dedo: ele não pode compreender o mostrar no sentido de um sinal. Mas as coisas não são semelhantes no caso do homem? Não ocorre de o homem não compreender um "aceno" do destino que lhe sucede – de ele discutir com o seu destino? Ele também "abocanha o dedo"...

Nós, homens, não podemos evidentemente apreender o sentido do "todo" – para permanecer junto ao corte de ouro; ao menos não podemos pensá-lo, mas apenas acreditar nele. E, assim, compreendemos também o que Albert Einstein disse no "Princeton Theological Seminary": "O mero pensamento não pode desvelar para nós o *sentido* dos fins mais elevados e mais fundamentais." Neste contexto, nós dependemos de crença e não do "mero pensar"; mas, o que é, afinal, a crença em última instância senão um reconhecimento decisivo – um reconhecimento que joga a si mesmo na balança? A crença não é um pensamento, diminuído da realidade do pensado, mas um pensamento, ampliado pela existencialidade daquele que pensa.

E para quem vale tal decisão? O que decide tal reconhecimento? Se o "todo" do ser é um disparate – ou tem, contudo, um sentido transcendente:[54] se por detrás daí se encontra ou não um senti-

---

54 "Sentido transcendente" é uma expressão que não possui minimamente algo em comum com "suprassensível", mas significa o mesmo que dotado plenamente de um sentido transcendente.

146 ✳ Logoterapia e Análise Existencial ✳ Viktor E. Frankl

do que se projeta para além de nossa capacidade de apreensão humana finita. E, em verdade, um sentido que envolveria concomitantemente em si o sofrimento aparente tão desprovido de sentido. Um sentido, que residiria naturalmente para além de todas as palavras – mas o que é, afinal, que algo assim significaria? Onde todas as palavras diriam pouco demais, todas as palavras são demais.

Assim como a fisiologia, vista no sentido de nossa concepção dimensional da existência humana, está aberta para uma psicologia e a psicologia, por sua vez, para uma – *sit venia verbo* – noologia, como para uma consideração da existência humana *qua* existência espiritual, então tal modo de consideração e, com ele, uma análise da existência devem se manter abertos em relação àquela dimensão que abarca as dimensões até aqui.

É apenas a partir do mundo transcendente que o sofrimento humano obtém a sua derradeira dotação de sentido, que ele obtém aquele sentido transcendente que se projeta para além de toda capacidade humana de apreensão.

Portanto, as coisas não se dão de tal modo que nós, homens, teríamos de assumir sobre nós a ausência de sentido da existência – tal como recomenda o existencialismo francês; ao contrário, só precisamos enfrentar a indemonstrabilidade do sentido transcendente.[55]

Até o ponto em que é possível perguntar sobre o sentido, é preciso que perguntemos sobre o sentido de uma pessoa concreta ou de uma situação concreta. A pergunta acerca do sentido da vida só pode ser colocada de maneira concreta e só pode ser respondida ativamente: caso iniciemos a pergunta com uma consideração

---

55 É preciso advertir quanto à referência precipitada à revelação, que pouparia a alguém toda demonstrabilidade; pois o fato de reconhecer a revelação em geral enquanto tal já sempre pressupõe uma decisão de fé. Essa decisão é a condição que precisa ser primeiramente cumprida, segundo a qual eu em geral devo acreditar. Não se é de maneira alguma aprisionado, portanto, quando se aponta, diante de um descrente, para o fato de haver uma revelação; se ela fosse para ele tal revelação, então ele já seria também crente.

5. ✳ Compêndio de análise existencial e logoterapia ✳ 147

retroativa acerca da estrutura originária da vivência do mundo, então precisaremos dar à pergunta acerca do sentido da vida uma formulação copernicana: é a própria vida que levanta questões para o homem. Ele não tem que perguntar, ele é muito mais o inquirido pela vida, ele é aquele que tem de responder à vida – que tem de assumir a responsabilidade pela vida. As respostas, porém, que o homem dá, só podem ser respostas concretas a "questões vitais" concretas. Na responsabilidade do ser-aí acontece a sua responsabilização; na própria existência, o homem "leva a termo" as resposta a seus próprios questionamentos.

O primado aparentemente paradoxal da resposta ante a pergunta funda-se na autoexperiência do homem como um ente a cada vez já inquirido. Mas o homem religioso não vivencia a existência apenas como tarefa concreta, mas também como *missão pessoal* – que chega até ele por meio de um ser pessoal, sim, suprapessoal. Assim, ele vê, então, a tarefa de maneira transparente, a saber, com vistas à transcendência; só ele pode, "apesar disso, dizer sim à vida" sob todas as condições e circunstâncias – apesar de tudo isto: apesar da indigência e da morte.

Se a pergunta acerca do sentido é formulada de maneira concreta, então ela é colocada *ad hoc*, ou seja, pergunta-se acerca de um sentido meramente relativo. Logo que a questão acerca do sentido se remete para o todo, ela perde todo sentido. O homem está fora de condições de responder a questão acerca do sentido absoluto. Pois o todo não é mais *eo ipso* abarcável, e, por isso, o sentido do todo transcende necessariamente nossa capacidade de apreensão. O sentido do todo, por isto, não é ulteriormente enunciável, não tem como ser mais detalhadamente indicável – a não ser no sentido de um conceito limite, de tal modo, em verdade, que dizemos: o todo não tem nenhum sentido – ele tem um sentido transcendente.

A imposição de um sentido, que paira diante de mim, depende de meu fazer e deixar de fazer: sempre de acordo com aquilo que faço e deixo de fazer, ou algo acontece – ou não acontece nada; mas o sentido transcendente impõe-se independentemente de meu fazer e deixar de fazer: ou bem com, ou bem sem minha

148 ✳ Logoterapia e Análise Existencial ✳ Viktor E. Frankl

contribuição, ou bem com a minha atuação conjunta, ou bem com a minha exclusão. Em uma palavra: a história, na qual o sentido transcendente se preenche, acontece por meio de meus empreendimentos – ou para além de minhas omissões.

No entanto, não precisamos acreditar apenas em um sentido transcendente – necessariamente pensado –, mas também em um ser transcendente: um ser, no qual o passado está abrigado, de tal modo que ele se vê abrigado e salvo por meio de seu ser passado ante o risco da perecibilidade; pois no passado o que passou é conservado e suspenso – no passado, ele é protegido da perecibilidade – ele é salvo por nós em meio ao passado. A partir daí, as palavras de Laotse se tornam compreensíveis: ter cumprido uma tarefa significa ser eterno. Todavia, tal posição não é válida apenas para valores vivenciais, os quais nos tenha sido dado o direito realizar; ora, como o poeta nos diz: nenhum poder do mundo pode te roubar o que tu vivencias. Por fim e derradeiramente, contudo, tal consolo também é válido em relação ao sofrimento.

Habitualmente, o homem vê apenas o restolhal da perecibilidade; o que ele desconsidera são os celeiros cheios do passado. Ora, no ser passado não há nada irremediavelmente perdido, mas tudo se encontra antes abrigado de tal modo que não se tem como perder nada. Mas não é apenas criativamente que enchemos os celeiros de nosso passado, que preenchemos e efetivamos o sentido e os valores. Ao contrário, também o fazemos por meio das vivências e do sofrimento. Sofrimento é realização. Morte significa colheita. Em realidade, nem sofrimento, nem culpa, nem morte – toda essa tríade da tragédia – podem retirar da vida o seu sentido.[56]

Se fôssemos imortais, então poderíamos com razão adiar toda e qualquer ação infinitamente e nunca estaria em questão realizá-la agora. Assim, porém, em face da morte como limite intransponí-

---

56   O que está em questão é: transformar o sofrimento em realização – a culpa em mudança – a morte em espora para o fazer responsável. (V. E. Frankl, *Der leidende Mensch. Anthropologische Grundlagen der Psychotherapie* – O homem sofredor. Bases antropológicas da psicoterapia, Berna, 1984, p. 51)

vel de nosso futuro e como limitação de nossas possibilidades, nós nos encontramos sob a obrigação de aproveitarmos nosso tempo de vida e de não deixarmos passar ao largo sem aproveitarmos as ocasiões únicas – cuja soma "finita", então, representa toda a vida.

A finitude, a temporalidade, portanto, não é apenas uma característica essencial da vida humana, mas também é constitutiva desse sentido. O sentido da existência humana está fundado em seu caráter irreversível. Poder-se-ia, em geral, revestir a máxima analítico-existencial sob a seguinte forma imperativa: viva como se tu vivesses pela segunda vez e tivesses feito tudo da primeira vez de maneira tão equivocada quanto tu estás agora a ponto de fazer. Quando conseguimos nos entregar a uma tal representação fantasiosa, nós nos conscientizamos no mesmo instante de toda a grandeza da responsabilidade, que o homem tem em cada momento de sua vida.

Nada que uma vez aconteceu pode ser eliminado do mundo; tudo não depende tanto mais do fato de ele ser criado para o interior do mundo?

Como as coisas se dão, então, quando os celeiros ficam vazios – como se dão as coisas se toda a vida não for outra coisa senão uma grande má colheita?

Nós, médicos, somos diariamente confrontados em nossos horários de atendimento com homens que precisam assumir sobre si tais más colheitas de sua existência: vemos homens que se tornam senis – e mulheres que permanecem estéreis. Sem um saber em torno das implicações metaclínicas de nosso agir médico, há bem pouco a servir a estes homens em seu desespero. Precisamos mostrar-lhes e, por isso, precisamos nós mesmos ver o quanto seu desespero precisa ser reconduzido a uma cegueira, ou seja, a uma superestimação de um valor particular, ao agir de tal modo que esse valor particular pareceria o único valor. De tal modo que ele eclipsa os outros valores e nos torna cegos para eles. Assim, para permanecermos apenas no exemplo da mulher estéril, age-se como se o sentido de uma vida feminina consistisse e se confundisse com a possibilidade de se chamar o marido e as crianças de seus. Como se a vida de uma mulher que permaneceu solteira e não teve filhos não abrigasse em si também outras possibilidades de sentido e de valor. Como se em geral o sentido da vida consistisse e se confundisse com o fato de se procriar. Mas procriar uma vida em si sem sentido seria isto sim o que há de mais absurdo.

Conhecemos um homem que foi levado para um campo de concentração e procurou contrabandear para aí o manuscrito pronto para a impressão de um livro, de sua obra de vida, a fim de salvá-lo para um outro tempo, para um tempo melhor. Quando as coisas se mostraram de tal modo que parecia que sua morte era imediatamente iminente, ele ficou de início desesperado com o fato de que talvez não pudesse mais ser publicado. Com isso, a situação exigiu dele que ele renunciasse à oportunidade de fazer uma segunda cópia, e, na circunstância concreta, isso significava se embater com a situação e chegar à convicção seguinte: que tipo de vida seria esta, na qual o seu sentido consistiria e se confundiria com o fato de alguém ter ou não ocasião de publicar um livro. Em verdade, ele estava magoado, mas – por mais que esta mágoa fosse pesada: ficou claro para ele que o sentido da vida é tal que esse sentido se preenche até mesmo no fracasso, no esvaziamento dos celeiros – e, deste modo, também no esvaziamento das mesas de escritórios nas quais costumamos depositar e conservar nossos manuscritos...

No campo de concentração, encontrei certa vez dois homens que se queixaram de que não esperavam mais nada da vida; eu, porém, tentei deixar claro para eles que não se tinha o direito de perguntar o que espero de minha vida, mas, ao contrário, quem ou o que espera por mim – um homem ou uma obra, uma pessoa ou uma coisa? E: quem espera algo de mim – por exemplo, em uma situação efetivamente desprovida de perspectivas, de tal modo que vou ao encontro de maneira íntegra do martírio exigido... Pois há, vez por outra, situações nas quais está definido que não se tem mais como retornar a uma obra e que não se verá mais um homem, de tal modo que, de fato, nada e ninguém mais espera por ele. Pois bem, a partir de uma ética do sucesso, todo heroísmo em

5. ✳ Compêndio de análise existencial e logoterapia ✳ 151

tal situação seria inútil; precisa se mostrar como sem sentido ser heroico, se ninguém retira algo daí, sim, se ninguém nem mesmo sabe algo sobre isto. O homem religioso ainda é ele mesmo, então, imune ao desespero; pois ele sabe que mesmo neste caso Deus ainda espera algo dele. O resistir só tem um sentido, apesar de toda ausência de perspectivas, quando se pressente que uma testemunha e um espectador invisível se acha presente.

É somente em face de Deus, é somente com vistas ao fato de que é diante Dele que o homem se mostra como responsável pela realização que lhe é requerida de um sentido de vida concreto e pessoal capaz de abarcar concomitantemente em si ainda o sentido do sofrimento, que a existência humana é inserida em uma dimensão na qual há uma dignidade incondicional em viver: sob todas as condições e sob todas as circunstâncias.

E, assim, mesmo sob condições e circunstâncias como a doença, até mesmo a doença incurável, mesmo sob uma doença mental incurável; e isto significa: a existência humana é digna de ser vivida até mesmo quando tudo parece dizer que ela mereceria antes a designação de uma "vida desprovida de valor".

Em verdade, o leitor ficará perplexo; mas por mais que o doente psicótico prognosticamente mais infeliz tenha perdido todo valor de utilidade – ele mantém sua dignidade, e ele merece nosso respeito.[57] E, em verdade, tanto mais, uma vez que ele se mostra justamente como doente, como doente "mental"; pois o nível valorativo do *homo patiens* é mais elevado do que o do *homo faber*. O homem que sofre encontra-se em uma posição mais elevada do

---

57 "Alguém pode ainda não ter nascido, alguém pode ser uma criança ou, incapaz de uma manifestação humana, viver em uma demência intelectual: sua essência humana, sua personalidade como dado ôntico, continua da mesma maneira existindo. A possibilidade de uma decisão ética interior em favor do bem não possui em si nada em comum com uma particular intensidade da força da inteligência e da vontade." (Josef Fulko Groner, Hochland 48, 1955, p. 42) Tudo isto conflui para o "respeito ante o espírito que, em todo homem, mesmo no insano, está presente". (A. F. Utz. In: Edição alemã de São Tomás de Aquino, v. 18, comentário p. 484)

que o homem capaz. E, apesar de toda inépcia, sua vida é precisamente o contrário de "uma vida desprovida de valor": de uma maneira secreta e velada, ela é prenhe de sentido e digna de ser vivida em uma medida extrema!

Um homem de mais ou menos 60 anos é levado até nós, um homem que sofre de um estado degenerativo e final de *dementia praecocissima*. Ele ouve vozes, possui, por conseguinte, alucinações auditivas, é autista, não faz o dia todo outra coisa senão rasgar papéis e leva, desta maneira, uma vida aparentemente totalmente desprovida de sentido. Se nos mantivéssemos na divisão de tarefas vitais empreendida por Alfred Adler, então nosso paciente – este "idiota", como ele é chamado – não cumpre nem uma única tarefa vital: ele não procura um trabalho, ele está praticamente excluído da comunidade e a vida social, para não falar do amor e da honra, lhe é recusada. E, não obstante: que charme peculiar e estranho não emana deste homem, do cerne de sua humanidade – um charme que permanece intocado pela psicose: diante de nós encontra-se um *grand-seigneur!* Em meio ao diálogo vem à tona o fato de que ele se encoleriza vez por outra de maneira brusca e iracunda, mas está em condições de se dominar no último momento. Neste caso, então, acabo lhe perguntando mais ou menos o seguinte: "mas em nome de quem o senhor ainda se controla então?" – e ele me respondeu: "*Em nome de Deus...*" E, ao ouvir isto, vieram à minha cabeça as palavras de Kierkegaard: "Mesmo se o desvario mantivesse diante dos meus olhos as vestes de um louco – ainda poderia salvar minha alma: contanto que meu amor por Deus vença em mim". Somente quando estamos no lugar a partir do qual é possível suportar o destino mais desesperançado e mais desprovido de perspectivas – a saber, apenas "em favor de Deus", como nosso paciente "idiota" nos mostrou: pode-se dizer sim à vida independentemente de todas as condições e circunstâncias, mesmo sob as condições e circunstâncias mais precárias e desfavoráveis.

Os pacientes vivem suas vidas na nossa frente, enquanto os profetas as antecipam para nós. As condições de vida de camponeses palestinos dos tempos bíblicos eram completamente diversas das condições de um caso de *dementia praecocissima*, de um homem em uma prisão de guerra ou em um campo de concentração, e os déficits, crises e catástrofes desses camponeses eram totalmente diversos daquelas que constituíram as situações limite de nosso século. O que estava em questão para aqueles homens não eram psicoses incuráveis ou manuscritos não publicáveis: seus celeiros vazios e suas más colheitas eram tais no sentido literal – apesar disso, um habacuque – em nome de Deus – disse sim ao sofrimento: "Os figos não florescem, e não há nenhum produto nas videiras, a oliveira não tem nenhum fruto, os campos não trazem nenhum alimento. Não há nenhuma ovelha nas sebes, nenhuma vaca nos currais. Mas eu jubilo na eternidade, louvo o Deus de minha salvação."

IV. Logoterapia como terapia específica de neuroses noogênicas

Neuroses não precisam estar enraizadas em âmbitos psíquicos – elas também podem se encontrar em um âmbito que se acha muito para além do psíquico: no âmbito noético, onde em última instância um problema espiritual, um conflito moral ou uma crise existencial se encontram etiologicamente na base da neurose em questão, falamos de neuroses noogênicas.

Tendo chegado neste ponto de nossas reflexões, vemos – ao lado do perigo do psicologismo – um outro risco: o risco do noologismo.

Ao lado da Scylla do psicologismo está à nossa espreita o Caríbdis do noologismo. Enquanto o psicologista projeta o elemento espiritual a partir do espaço do humano, que é constituído apenas por meio da dimensão do espiritual, para o interior do plano do meramente psíquico, o noologista interpreta o elemento corporal unilateral e exclusivamente no sentido de uma expressão do espiritual. Enquanto o psicologismo diagnostica toda neurose, mesmo a noogênica, como uma neurose psicogênica, o noologismo considera toda neurose, mesmo a psicogênica (assim como as pseudoneuroses somatogênicas), como uma neurose noogênica. E não significaria senão decair no erro do noologismo, caso quiséssemos afirmar que toda neurose seria noogênica; por outro lado, significaria decair no erro do patologismo, caso quiséssemos afirmar que toda frustração existencial também já seria algo neurótico. Assim como nem toda neurose se enraíza na frustração existencial – nem toda frustração existencial tampouco é patogênica. Agora, fica claro o seguinte: nós não concordamos de modo algum com a afirmação de que só há neuroses neurogênicas – de que todas as neuroses são noogênicas. Se mantivermos isto em conexão com o que dissemos acima, então vem à tona o seguinte: nem toda frustração existencial é patogênica – e nem todo adoecimento neurótico é noogênico. A partir de uma estatística do ambulatório psicoterápico da Clínica de Doenças Nervosas da Universidade de Tübingen, é possível deduzir o fato de que, por exemplo, 12 por cento dos casos de neurose tratados lá podem ser concebidos como neuroses noogênicas (Langen e Volhard); a partir de uma estatística da Clínica para Mulheres da Universidade de Würzburg, é possível concluir que é preciso contar com 21 por cento de neuroses noogênicas (Prill), enquanto a diretora do ambulatório psicoterápico da Policlínica Neurológica de Viena, em seu relatório estatístico sobre o material das neuroses, fala em 14 por cento das neuroses noogênicas – e, para além disto, apresenta sete por cento de branda frustração existencial (Niebauer). Portanto, não precisamos evitar apenas um patologismo, mas também do mesmo modo um noologismo, e seria noologismo ver no âmbito espiritual o único campo da existência humana e, por conseguinte, também a única causa do adoecimento neurótico. Ou seja: nem toda neurose é noogênica – nem toda neurose surge de um conflito de consciência ou de um problema valorativo.

Nem a neurose precisa ser sempre reconduzida a uma absolutização de valores relativos, nem conduz este absolutismo valorativo sempre também já a uma neurose. J. H. van der Veldt, da Catholic University of America, em Washington, confirma nossa própria concepção, na medida em que declara expressamente o fato de que um conflito não se encontra na base de toda neurose, para não falar de esse ser um conflito moral ou mesmo religioso.

Com base na casuística, seria muito fácil mostrar que os traumas, complexos, conflitos e problemas psíquicos tão citados e tão incriminados como patogênicos não são de maneira alguma tão patogênicos assim quanto se costuma normalmente supor. O fato de eles em geral virem à tona é, por vezes, já o efeito e não primeiramente a causa de adoecimentos neuróticos.

Algo análogo também pode ser aplicado no âmbito (não da patogênese em geral, mas) da noogênese (em particular): também é válido dizer das neuroses noogênicas que a frustração existencial, que pode se encontrar em sua base, é tão ubíqua que ela não pode ser em si e enquanto tal patogênica.

Perguntemo-nos então: quando é que a frustração existencial se torna patogênica? Pois bem, para respondermos essa pergunta carecemos da boa vontade com uma afecção psicossomática – ela precisa ganhar primeiro o espaço da frustração existencial. Para certos órgãos ainda cabe, então, para além de toda "boa vontade somática" organicamente condicionada, uma qualidade significativa determinada; por isto, gostaríamos de caracterizar este tipo de "boa vontade somática" de uma boa vontade simbólica. Assim, por exemplo, é conhecido qual é a representatividade simbólica particular que o trato digestivo possui para posturas fundamentais psíquicas totalmente determinadas: lembremo-nos apenas do nexo exposto pela psicanálise e, mais recentemente, por correntes psicoterapêuticas mais novas, entre constipação por um lado e, por outro lado, avidez ou a postura interior do não-querer-d(o)ar (como qualificação antropológica, ou seja, por assim dizer um modo determinado do ser-no-mundo conjunto). É claro que, em todos os casos nos quais o sintoma neurótico é escolhido com base em uma determinada finalidade, se é acometido por uma neurose daquele órgão, cujo adoecimento oferece a grande chance para preencher a finalidade neurótica. O que a neurose pode alcançar em uma constelação totalmente determinada das circunstâncias de vida, por exemplo, em um distúrbio da bexiga e *apenas* nela, também conduzirá, então, a um adoecimento neurótico da bexiga, se uma inferioridade orgânica "não vier somaticamente ao encontro" precisamente em um campo urológico.

Com isto, caso uma neurose noogênica deva surgir, uma afecção psicossomática precisa primeiro se engajar na frustração existencial. As coisas, porém, também não têm como ser pensadas de outra forma, e, em verdade, de acordo justamente com a logoterapia; pois justamente de acordo com ela é que só pode haver o acontecimento de uma doença, desde o princípio mais geral, no campo do organismo psíquico, mas não, porém, na pessoa espiritual: a pessoa espiritual não pode adoecer.[58] Naturalmente, contudo, o homem pode naturalmente adoecer. Não obstante, quando quer que isto aconteça, o organismo psicofísico precisa estar envolvido. Caso possamos falar efetivamente de neurose, precisa haver justamente uma afecção psicofísica. Sim, toda doença é, desde o princípio e já enquanto tal, uma doença psicofísica. Neste sentido, falamos de maneira consciente meramente de neuroses noogênicas – mas não de neuroses noéticas: neuroses noogênicas são doenças "do espírito" – mas elas não são doenças "no espírito"; não há nenhuma "noose"; algo noético não pode ser em si e enquanto tal nada patológico e, assim, também não pode ser nada neurótico. A neurose não é nenhum adoecimento noético, nenhum adoecimento espiritual do homem meramente em sua espiritualidade; ao contrário, ela é sempre *o adoecimento de um homem em sua unidade e totalidade*. Do mesmo modo, vem à tona a partir de tudo o que foi dito que a designação neuroses noogênicas é preferível ao conceito de neuroses existenciais; só uma frustração pode ser propriamente existencial – ela, no entanto, não é justamente nenhuma neurose, sim, em geral ela não é nada patológica.

Está claro que em casos de neuroses noogênicas, que surgem do elemento espiritual, uma psicoterapia também é indicada a partir do elemento espiritual, e, enquanto tal, é assim que se compreende a logoterapia. No que se segue, trataremos do caso concreto de uma neurose noogênica.

---

58 O elemento espiritual já se mostra por definição justamente apenas o campo livre no homem. Nós denominamos "pessoa" desde o princípio em geral apenas aquilo que pode se comportar livremente – sem levar em conta de maneira alguma o estado de coisas.

5. ✴ Compêndio de análise existencial e logoterapia ✴ 157

Trata-se de uma mulher jovem, que vem ao nosso consultório marcada pela figura de uma pesada neurose vegetativa, acompanhada por depressão reativa. Encontra-se na base de tudo isso um conflito de consciência entre honra e crença: será que se deve sacrificar uma à outra ou o contrário? Ela dava grande importância à educação religiosa de seus filhos, enquanto seu marido, expressamente ateu, era decididamente contrário a essa educação. Em si, o conflito é humano e não doentio; só o efeito do conflito, a neurose, é uma doença. Mas ela não pode ser tratada, sem que entremos em uma questão de sentido e de valor. Ora, a própria paciente afirma que ela poderia ter a mais bela vida, sua tranquilidade (*emotional balance!*) e sua paz (*peace of mind*), se ela se adaptasse ao seu marido – em geral ao seu ambiente social (*social adjustment!*). Mas o problema é: será que devemos nos adaptar – será que temos o direito de nos adaptar a qualquer preço, ainda por cima a este homem, a esta sociedade...? Mas isso ela não conseguia fazer, é o que ela achava. De início, o mais importante era proteger, por meio de uma atenuação da ressonância afetiva do organismo por uma via medicamentosa, os efeitos psicofísicos do conflito ético-espiritual, e, então, contudo, também levar a termo uma terapia causal, desaconselhando em verdade a paciente a se adaptar por uma perspectiva de princípio, com vistas aos seus princípios ideológicos, ao seu marido; e isto apenas para aconselhá-la tanto mais, em uma perspectiva tática, precisamente a partir de sua convicção religiosa, a evitar toda provocação de seu marido e a abrir para ele o caminho para uma melhor compreensão de sua própria convicção.

Isto: adequar-se à concepção de vida de seu marido – ela não podia fazer, é o que ela achava, pois tal adequação significaria sacrificar o seu "si mesmo". Ora, se a paciente *não* tivesse feito esta observação, então o tratamento psicoterapêutico – no caso concreto: o tratamento logoterapêutico – da neurose evidentemente noogênica, oriunda de um conflito ético-espiritual e, por isto, do elemento espiritual, o tratamento psicoterapêutico da neurose efetivamente carente de tratamento não teria como fortalecer de maneira alguma a paciente em uma direção ou em outra: seja na adaptação ao seu marido, seja na autoafirmação de sua própria

158 * Logoterapia e Análise Existencial * Viktor E. Frankl

visão de mundo. Pois o médico precisa sempre evitar toda presunção de poder ratificar uma visão de mundo, a sua visão de mundo. Não se tem o direito de empreender uma "transposição" da visão de mundo pessoal, da própria ordem hierárquica do mundo, para o paciente! Já por isto, o logoterapeuta tem que tomar cuidado para que o paciente não atribua a ele a responsabilidade, porque logoterapia é essencialmente educação para a responsabilidade.[59] A partir dessa responsabilidade, o doente precisa avançar autonomamente para o sentido concreto de sua existência pessoal. "Assim, o espaço existencial concreto, no qual o homem é 'jogado', é dotado de sentido." (Paul Polak)[60] A análise existencial levou o homem à consciência de seu ser responsável; para além disto, porém, ela não pode de maneira alguma transmitir-lhe valores concretos, ela precisa se restringir muito mais a deixar que o paciente encontre autonomamente os valores que esperam por uma concretização por meio dele e o sentido que aguarda uma realização por ele. O que, em contrapartida, não é de modo algum levado em conta é uma outorga da ordem hierárquica valorativa do terapeuta ao paciente – uma transposição ideológica. Ora, mas a paciente deu expressamente a entender o seguinte: renunciar à sua convicção religiosa ou à sua conversão em ato significaria sacrificar o seu si mesmo – e isso nos dá terapeuticamente o direito de deixar claro para ela que seu adoecimento neurótico não representa outra coisa senão o resultado da violentação espiritual de si mesmo, uma violentação que ameaça se dar ou que já ocorreu.

Uma outra prova casuística: o senhor Stefan V., 58 anos de idade, vindo do estrangeiro apenas em nome de seus amigos, ante os quais ele tinha empenhado sua palavra de não se matar antes

---

59   Cf. Karl Dienelt, *Erziehung zur Verantwortlichkeit: Die Existenzialanalyse V. E. Frankls und ihre Bedeutung für die Erziehung* (Educação para a responsabilidade: a análise existencial de V. E. Frankl e seu significado para a educação), Viena, 1955.

60   *Frankls Existenzanalyse in ihrer Bedeutung für Anthropologie und Psychoterapie* (A análise existencial de Frankl em seu significado para a antropologia e a psicoterapia). Innsbruck/Viena, 1949.

5. ✴ Compêndio de análise existencial e logoterapia ✴ 159

de vir a Viena e falar comigo. Sua mulher tinha morrido oito anos antes, de um carcinoma. Em seguida, ele tentou tirar a sua vida e ficou por semanas internado. Ao escutar a minha pergunta sobre por que ele não tinha tentado de novo o suicídio, ele respondeu: "Somente porque ainda tinha uma coisa a resolver." E, em verdade, ele tinha de cuidar do túmulo de sua mulher. Perguntei: "E para além disso, o senhor não tem nenhuma outra tarefa a realizar?" A isto ele respondeu: "Tudo me parece sem sentido, iníquo." Eu: "O que está em questão é o modo como as coisas se mostram para o senhor: como iníquas ou não? O que está em questão não é muito mais se algo é importante? É impensável que o seu sentimento de ausência de sentido lhe engane? O senhor tem o direito de ter o sentimento de que nada e ninguém pode substituir sua mulher: mas o senhor tem o dever de dar a si mesmo a chance de sentir as coisas alguma vez de maneira diversa e de vivenciar efetivamente o tempo, no qual o senhor vai se dar essa chance." Ele: "Não consigo ter mais nenhum gosto na vida." Chamei-lhe a atenção para o fato de que exigir isto dele seria pedir demais, e a questão é se ele tem a obrigação de, apesar de tudo, continuar vivendo. Em seguida, ele: "Dever...? Tudo isto não passa de frases. Tudo é inútil." E eu: "Algo assim como a amizade e a palavra de honra, algo assim como a colocação da pedra sepulcral – para os mortos, ou seja, para seres que não existem mais realmente – não é algo que se lança para além de toda utilidade e de toda conformidade a fins imediatos? Se o senhor se sente comprometido, em favor dos mortos, a colocar uma pedra sepulcral sobre eles – o senhor não se sente *mais* comprometido a, em favor deles, conduzir a vida, isto é, a continuar vivendo?" De fato, para além de ponderações utilitaristas, ele tinha reconhecido de maneira inconsciente e inexpressa o estar comprometido. Não foi suficiente pedir ao paciente que empenhasse a sua palavra, como tinham feito seus amigos: era preciso enredá-lo na *ação*, e fazer isto pertence à essência da análise existencial. *Faticamente*, ele tinha se comportado como alguém que *acredita* no estar comprometido, mais do que isto, que acredita em um sentido mais elevado da existência: em algo que lhe dá sentido a qualquer tempo e, assim, mesmo depois do último suspiro daquele que ele ama, sim, até o último instante de sua existência.[61]

A logoterapia procura inserir o paciente na ordem do sentido concreto e pessoal, erigindo ao mesmo tempo tal sentido. No entanto, ela não se faz presente para dar à existência do paciente um sentido – por fim e definitivamente, ninguém esperará ou mesmo exigirá da psicanálise, a qual se ocupa tanto com a sexualidade, que ela intermedeie casamentos, ou da psicologia individual – que trabalha tanto com a sociedade – que ela intermedeie posições: do mesmo modo, valores também não são intermediados pela logoterapia. O que está em questão aqui não é dar ao paciente um sentido existencial – como se uma psicoterapia que lida tão explicitamente com valores como a logoterapia tivesse algo diverso em vista do que por assim dizer ampliar o campo de visão valorativo do paciente, de tal modo que ele desperte para o espectro pleno de possibilidades pessoais e concretas de sentido e de valor. Mas a logoterapia não torna o paciente senão consciente de seu ser responsável, para deixar, então, que ele decida por si mesmo em nome do que: pela realização de que sentido concreto e pela efetivação de que valores pessoais – e diante do que: se é que realmente diante de algo (diante da consciência ou diante da sociedade) e não muito mais diante de alguém (diante de Deus) – ele interpreta e explicita sua própria existência como um ser responsável. De um modo ou de outro: o que está em questão não é que venhamos a dar um sentido existencial para o paciente, mas única e exclusivamente *que nós o coloquemos em condições de encontrar o sentido existencial.*

---

61 Enredar alguém na ação significa fazer de uma *quaestio juris uma quaestio facti* (do feito) – é aqui que vejo o segredo do transcendentalismo (de Kant, passando por Husserl até chegar em Heidegger). Ver Viktor E. Frankl, "Psychotherapie und Weltanschauung" (Psicoterapia e visão de mundo), em: *Internationale Zeitschrift für Individualpsychologie*, setembro de 1925: "Assim, podemos demonstrar que valores não podem ser certamente demonstrados, mas apenas – desejados, mas também que cada um os quer profundamente por si mesmo".

O logoterapeuta será o último a retirar do paciente a responsabilidade com vistas a uma tal decisão ou mesmo apenas a admitir que o paciente transfira sua responsabilidade para o psicoterapeuta: a logoterapia revela-se como uma educação para a responsabilidade e é enquanto tal, no que diz respeito ao risco de uma ultrapassagem de limites valorativos – ameaçando todas as escolas e correntes da psicoterapia! –, a que se acha mais imune a esse risco.

V. Logoterapia como terapia não específica

A partir do que foi dito vem à tona o fato de que, em meio a neuroses noogênicas, a logoterapia representa uma terapia específica: as neuroses noogênicas, como neuroses oriundas do elemento espiritual, fomentaram a logoterapia como terapia que se realiza a partir do elemento espiritual. Em meio a neuroses noogênicas, a logoterapia é indicada, na medida em que essas neuroses representam o âmbito mais restrito de indicação da logoterapia. No interior destes limites, a logoterapia é de fato um substitutivo da psicoterapia. Mas também há um outro campo de indicação da logoterapia, e as neuroses o representam no sentido mais restrito, ou seja, não as neuroses noogênicas, mas as psicogênicas.

Nós vimos que pode ser perigoso precisamente na psicoterapia, quando se deixa de considerar a autonomia e a autolegislação do âmbito espiritual; mas do mesmo modo como não desconsideramos o noético – também não podemos superestimá-lo. Desconsiderar o elemento espiritual ou projetá-lo a partir de seu próprio espaço para o interior do plano do meramente psíquico significaria decair no psicologismo; superestimar o elemento espiritual, contudo, significaria cultuar um noologismo. Nós não fazemos isso de maneira alguma – ao contrário: sempre acentuamos uma vez mais o quanto as neuroses não estão enraizadas apenas no elemento espiritual, mas também em camadas psicofísicas. Sim, não temos dúvida em afirmar que definir a neurose em um sentido mais restrito seria defini-la como um adoecimento (naturalmente não noogênico, mas) psicogênico.

162 ✳ Logoterapia e Análise Existencial ✳ Viktor E. Frankl

Psicogênico significa então: causado pelo psíquico. Diante disto, porém, também conhecemos doenças que não são efetivamente causadas a partir do psíquico, mas apenas desencadeadas por ele; nós designamos tais doenças como psicossomáticas.

Em contraposição à medicina psicossomática, contudo, não concordamos com o fato de que se trataria neste caso respectivamente de complexos, conflitos e traumas específicos, que se tornariam aí patogênicos. Ao contrário, colaboradores meus, em virtude de levantamentos estatísticos, puderam comprovar sem dificuldades que uma série aleatória de casos de nossa estação neurológica não tinha deixado para trás talvez o mesmo número, mas antes um número muito maior de complexos, conflitos e traumas do que uma série igualmente aleatória de casos do ambulatório de psicoterapia,[62] e nós temos que explicar isto apontando para o fato de que também calculamos o peso adicional de problemas dos doentes neurológicos. De um modo ou de outro: não se pode simplesmente falar sobre o fato de que os complexos, conflitos e traumas são patogênicos, porque eles são ubíquos (ver p. 155). O que é normalmente considerado como patogênico é em realidade patognomônico, ou seja, ele é menos a causa e muito mais um sinal da doença. Onde, no quadro da exaltação anamnéstica, complexos, conflitos e traumas veem à tona, as coisas se dão em muitos aspectos de tal modo que elas se assemelham a um recife que, em verdade, na baixa-mar aparece, mas que não é a causa da baixa-mar. As coisas não se mostram aqui como se o recife deixasse a baixa-mar surgir; mas a baixa-mar é que deixa o recife aparecer. De maneira análoga, uma análise traz à tona complexos, nos quais lidamos já com sintomas da neurose, justamente com sinais da doença. O fato de se tratar, em meio a conflitos e traumas, de uma sobrecarga e de uma exigência, em uma palavra, de um estresse no sentido de Selye, é apenas mais uma ocasião para advertir ante o erro que se encon-

---

62 Cf. Joost A. Meerloo (New York): "Recently, Rorschach tests conducted in a large hospital proved that the patiens on the medical and surgical wards were just as much conflict-ridden as those from the psychiatric department". American Journal of Psychotherapy 12, 1958, p. 42.

tra agora como antes difundido: o erro com base no qual se age como se apenas a sobrecarga fosse patogênica e não muito mais do que ela a descarga (V. E. Frankl, M. Pflanz e Thure von Uexküll, W. Schulte) ou como se a sobrecarga, na medida em que ela é dosada, digamos o ser sobrecarregado e o ser requisitado por uma tarefa, fosse "antipatogênica" (M. Pflanz e Thure von Uexküll).

De acordo com a logoterapia, contudo, não são apenas as doenças psicossomáticas que são cindidas conceitualmente das neuroses psicogênicas: ao contrário, também distinguimos pseudoneurosessomatogênicas, ou seja, doenças aparentemente neuróticas que, não obstante, não são causadas pelo psíquico, mas, inversamente, pelo somático; nós também as denominamos doenças funcionais, e, em verdade, porque não se trata de nenhuma alteração estrutural, mas apenas de meras perturbações funcionais; e, com efeito, em primeira linha perturbações de natureza vegetativa e endócrina. Neste aspecto, trabalhamos em particular três grupos:

1. As pseudoneuroses de Basedow (hipertireoidismos camuflados),

2. As pseudoneuroses de Addison (as hipocorticosas, como nós também as denominamos) e

3. As pseudoneuroses tetanoides.

Não raramente, todas estas formas são desconsideradas nos diagnósticos, porque elas transcorrem com frequência monossintomaticamente; e isto de tal modo, em verdade, que o monossintoma em questão se mostra como um monossintoma psíquico. Assim, tal como pudemos comprovar, o único sintoma de um hipertireoidismo camuflado é com frequência a agorafobia, enquanto a hipocorticosa camuflada pode conduzir a uma (por nós designada como tal) síndrome psicoadinâmica, em cujo primeiro plano psicossomático se encontra a tríade despersonalização – déficit de concentração – perturbação da capacidade de observação. É por si mesmo compreensível que, em casos meramente camuflados, o hipertireoidismo também implique um metabolismo basal elevado, assim como a hipocorticosa implica uma pressão sanguínea arterial mais baixa e a pseudoneurose tetanoide uma elevação do quociente de cálcio e de potássio. No sentido de uma terapia simultânea psicossomática, aprendemos ou ensinamos a também tratar os casos por meio de uma medicação dirigida, em cujos casos costumamos prescrever para pacientes de Basedow diidroergotamina, para pacientes de Addison, acetato de desoxicorticosterona e para pacientes tetanoides, o o-metoxifenil-acetato glicérico.

Um caso concreto: fui chamado por uma médica responsável pelo tratamento de uma jovem paciente que se encontrava de cama em um sanatório para dar uma consulta. Durante cinco anos, ela foi tratada por uma analista leiga sem o menor efeito terapêutico. Quando ela perdeu finalmente a paciência e sugeriu à psicanalista interromper o tratamento, a psicanalista declarou para a paciente que estava fora de questão uma interrupção, uma vez que o tratamento ainda não tinha começado, mas tinha sido incessantemente abortado pela resistência da paciente... Eu mesmo prescrevi acetato de desoxicorticosterona e soube pouco tempo mais tarde por parte da colega responsável pelo tratamento que a paciente estava uma vez mais de pé e plenamente capaz para o trabalho, que ela tinha prosseguido seus estudos universitários e podido levar a termo a sua dissertação. Tratava-se de uma subfunção do córtex adrenal sob a imagem clínica de uma síndrome de despersonalização.

Simultaneamente, porém, todo caso deste gênero precisa ser também abordado terapeuticamente pelo lado psíquico; pois as coisas não se dão de tal modo que, por exemplo, o hipertireoidismo conduziria imediatamente a uma agorafobia; ao contrário, as coisas se dão muito mais de tal modo que ele não traz consigo outra coisa senão uma mera prontidão para o medo – uma prontidão vegetativa para o medo, da qual, então, uma ansiedade antecipatória precisa se apoderar, prontidão essa cujo mecanismo é muito conhecido para nós, psicoterapeutas: um sintoma em si inofensivo e fugidio gera no paciente o temor fóbico de seu retorno, de tal modo que essa ansiedade antecipatória fortalece, então, o sintoma e que, por fim, o sintoma de tal modo fortalecido acaba não fazendo outra coisa senão intensificando o paciente em sua fobia. Com isto, o círculo vicioso é fechado, o paciente se enclausura nele, atrelado como a um cânone. Para tais casos vale o seguinte: se o desejo é o pai proverbial do pensamento, então o medo é a mãe do acontecimento, a saber, do acontecimento da doença.

Adolf P. (Policlínica neurológica 1015/1948): "... o temor antecipatório é ao mesmo tempo culpado por minha gagueira: se superasse esse temor antecipatório, então eu não gaguejaria mais. Quando eu, por exemplo, com a finalidade da fixação objetiva da gagueira, fui colocado em um aparelho com tambores escuros, gravei nesses tambores um gráfico com uma língua francamente ideal – não havia aí qualquer rastro da gagueira, e os presentes explicaram que eu teria levado a termo claramente curvas linguísticas ideais.

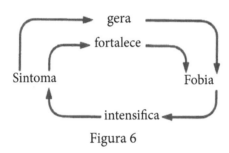

Figura 6

A ansiedade antecipatória é em muitos casos o elemento propriamente patogênico, na medida em que fixa pela primeira vez o sintoma em geral. Nossa terapia, porém, tem de estabelecer a alavanca ao mesmo tempo no polo psíquico e no polo somático deste acontecimento circular, na medida em que se volta por um lado contra a prontidão para o medo – justamente por meio da medicação dirigida. Por outro lado, porém, ela também precisa se voltar contra a ansiedade antecipatória – no sentido daquilo que teremos de discutir mais amplamente como o método da intenção paradoxal. Deste modo, o círculo neurótico é tomado por um fórceps terapêutico.

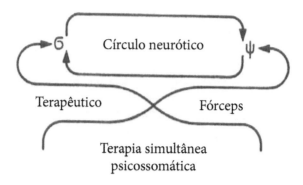

Figura 7

Anteriormente dissemos que a ansiedade antecipatória fixa o sintoma; o que é, então, que provoca a ansiedade antecipatória? De maneira típica, o seguinte:

1. O temor tão frequente do paciente diante do próprio temor; e, em verdade, ele teme as consequências em geral da excitação ansiosa, na medida em que teme que possa ter um colapso ou ser tomado por um ataque cardíaco ou por um AVC.

Expectativa do temor
1. Fobia em relação ao colapso
2. Fobia de um infarto
3. Fobia do insulto

Por medo do temor, ele toma o caminho de fuga em relação ao temor. Diante do temor, ele foge paradoxalmente, na medida em que permanece em casa; pois estamos lidando aqui com o padrão de reação agorafóbico. Neste sentido, ou seja, no sentido de tipos diversos de reação, distinguimos justamente na logoterapia clínica padrões de reação e neuroses reativas.

2. Assim como o neurótico pelo medo reage aos seus casos de temor com o temor diante do temor, o anancástico reage aos seus

acessos compulsivos com um temor ante a compulsão; e só a partir de tal reação vem à tona a neurose compulsiva propriamente dita, clinicamente manifesta. E, em verdade, os pacientes em questão temem os seus acessos compulsivos, porque eles veem neles ou bem precursores ou mesmo já indícios de uma psicose. Ou, porém, eles temem concretizar tais impulsos compulsivos.

Medo diante de si mesmo

Medo do paciente de que
1. seus estados pudessem se degenerar e
   a) ser o prenúncio ou mesmo   1. Psicofobia
   b) o indício de uma doença mental,
2. ele mesmo pudesse empreender algo, fazer algo, e, em verdade
   a) a si mesmo...   a) fobia do suicídio
      ou, porém,   2. Criminofobia
   b) aos outros...   b) fobia do homicídio

Mas em oposição ao tipo com a neurose do medo, que por temor do medo se entrega à fuga diante do temor, o tipo do neurótico compulsivo reage, na medida em que, por temor diante da compulsão, acolhe a luta contra a compulsão: enquanto o neurótico do medo se evade do temor, o neurótico compulsivo inicia uma luta tempestuosa contra a compulsão – e em muitos casos de neurose compulsiva é só este mecanismo o elemento propriamente patogênico.

3. Em oposição ao padrão de reação do neurótico do medo e do neurótico compulsivo, então, vemos junto ao padrão de reação neurótico sexual como é que um paciente, que se tornou inseguro por uma razão qualquer de sua sexualidade, reage na medida em que se torna superssensível ante a exigência dos desempenhos sexuais, por mais que essa exigência possa estar atrelada a) à situação, b) ao parceiro ou c) partir do paciente. Esta última possibilidade acontece, sempre que o paciente busca forçar o desejo sexual ou, porém, reflete de maneira por demais forçada o ato sexual. No primeiro caso, ele transforma o ato em programa; mas o prazer não se

deixa estabelecer por meio de pretensões. Ao contrário, o prazer só pode ganhar termo propriamente no sentido de um efeito – por si mesmo, justamente sem que o busquemos. Por outro lado, quanto mais o que está em questão é o prazer, tanto mais o prazer também se dissipa. O princípio do prazer (ver p. 102), sustentado de maneira coerente, fracassa em si mesmo – simplesmente porque ele se coloca como um obstáculo a si mesmo. Quanto mais intensamente ansiamos por algo, tanto mais erramos também o alvo. E se achávamos anteriormente que o temor também já concretiza o que teme, então é possível dizer, a partir de então, o seguinte: o desejo intenso demais também já torna impossível o que ele tanto deseja aí.

A logoterapia utiliza-se deste fato na medida em que busca dirigir o paciente a visar precisamente aquilo que ele tanto teme, ainda que apenas por fragmentos de segundos, ou seja, a desejar ou a empreender de maneira paradoxal aquilo que ele tanto teme. Assim, ela ao menos consegue retirar o vento das velas do temor pela expectativa.

1. Intenção paradoxal

No que se segue, contudo, gostaríamos de introduzir a intenção paradoxal não pela via da indução, ou seja, a partir da terapia das neuroses, mas pela via da dedução, quer dizer: derivando-a a partir da teoria das neuroses.

Para esse fim, retornemos à neurose do medo. É sempre possível observar uma vez mais que o temor do paciente neurótico com o temor se potencializa em um temor diante do temor.

As coisas comportam-se de maneira diversa no caso da neurose compulsiva: o paciente possui um temor diante da compulsão. Enquanto o neurótico pelo temor foge, o neurótico compulsivo luta contra a compulsão.

O quão diversas as coisas não se mostram no caso da neurose sexual: a luta pelo prazer é a característica do padrão de reação do neurótico sexual. Tanto em meio ao temor do neurótico pelo medo, quanto junto ao temor neurótico compulsivo diante da compulsão, estamos lidando com o temor diante de algo anormal, enquanto a intenção forçada da potência masculina e do orgasmo feminino, com a qual nos deparamos em casos de neurose sexual, não representa um temor diante de algo anormal, mas o desejo forçado por algo normal.

Pois bem: o que aconteceria se ligássemos o desejo a algo anormal e, assim, acabássemos com a neurose por meio da fatura? O que aconteceria se levássemos e instruíssemos o paciente fóbico a buscar desejar justamente aquilo que ele temia (por mais que isto acontecesse apenas por um instante)? Pois se eu, como alguém que tem a sua potência prejudicada, "quiser" acentuar o coito, a saber, se eu buscá-lo de maneira forçada, e torná-lo impossível por meio daí: o que aconteceria se eu, como agora fóbico, quisesse "acentuar" justamente o colapso? Caso nossos pacientes consigam, de maneira paradoxal, visar àquilo que eles temem, então esta medida de tratamento psicoterapêutico terá uma influência espantosamente favorável sobre os pacientes fóbicos. No mesmo instante justamente em que o paciente aprende a deixar tomar o lugar do temor – ainda que obviamente apenas por segundos – a intenção (paradoxal), ele retira por assim dizer o vento da vela de seu receio. Por fim, o "parvo" temor se mostra como o temor mais inteligente e cede.

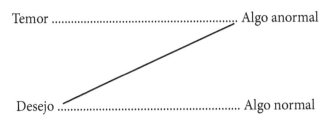

A eliminação pela fatura

Figura 8

Um caso concreto pode elucidar tudo isto: um jovem colega procurou-nos; ele sofria de uma pesada hidrofobia. Por natureza, ele era vegetativamente frágil. Um dia, ele estendeu a mão para o seu chefe e observou que ela começara a suar de uma maneira exagerada. Na próxima vez, em uma ocasião análoga, ele passou já a esperar a irrupção do suor e a ansiedade antecipatória acabou impelindo o suor de medo a passar mais intensamente pelos poros, com o que o círculo vicioso se encontrava fechado em si mesmo: a hiper-hidrose provoca a hidrofobia e a hidrofobia fixa a hiper-hidrose. Nós solicitamos ao nosso colega hidrófobo que, no dado momento, em meio à ansiedade angustiante de uma irrupção de suor, ele se adiantasse efetivamente e dissesse àquele com quem ele iria se encontrar que ele "suava muito". "Até agora, só suei no todo um litro", ele passou a dizer a cada vez para si mesmo (como ele confessou mais tarde para nós); "agora, porém, quero suar dez litros!" E o resultado? Depois de ter sofrido quatro anos de sua fobia, ele pôde se libertar por esta via indicada por nós – depois de uma única sessão – no interior de uma semana e definitivamente.

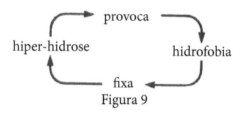

Figura 9

Ou tomemos o caso de um jovem cirurgião: todas as vezes em que seu chefe na clínica entrava na sala de operações, ele tinha medo de tremer na operação; mais tarde, este receio passou a ser suficiente para fazer com que ele efetivamente tremesse. Por fim, ele só conseguia reprimir esta fobia ligada ao tremor ou o temor que era desencadeado por ela por meio do fato de se embebedar antes de toda cirurgia. Só uma única vez ele teve uma mão tranquila: ele estava viajando com um colega em um trem que sacolejava e balançava, precisou acender um cigarro para o colega e, tendo em verdade tudo para tremer, neste caso justamente ele não tremeu.

Ora, este caso desencadeou uma reação em cadeia terapêutica. Pois depois de ter exposto a história de sua doença e meu método de tratamento em uma de minhas preleções clínicas, recebi algumas semanas depois uma carta de uma de minhas ouvintes, de uma estudante de medicina, que me relatou o seguinte fato: ela também tinha sofrido até então de uma fobia em relação ao tremor, que sempre entrava em cena, quando o professor de anatomia entrava na sala de dissecação; e, de fato, a jovem colega tinha começado a tremer sempre que isto acontecia. Depois de ter escutado em minha preleção o caso do cirurgião, ela tentou aplicar em si mesma autonomamente a mesma terapia; a partir de então, todas as vezes em que o professor entrava na sala para acompanhar o processo de dissecação, ela se adiantava e dizia: "Pois bem, lá vou eu agora mostrar uma tremedeira daquelas para ele – ele precisa ver como sei tremer bem! Em seguida – como ela me escreveu – tanto a fobia em relação ao tremor, quanto o próprio tremor imediatamente desapareceram.

No lugar do medo entrou em cena o desejo, o desejo salutar. Obviamente, tal desejo não tem como ser pensado de maneira séria e definitiva, mas a única coisa que está em questão é nutri-lo por um único instante; o paciente ao menos ri consigo mesmo por dentro, no mesmo instante, e esse riso, como todo humor, faz com que o paciente se distancie de sua neurose, do sintoma neurótico. E nada consegue colocar um homem em uma tal medida em condições de criar uma distância entre si mesmo e uma coisa qualquer como o humor. Por meio do humor, o paciente aprende o mais rápido possível a ironizar de algum modo seus sintomas neuróticos. Em verdade, o sintoma fóbico, para o qual se volta a intenção paradoxal, pode representar apenas o primeiro plano de uma angústia mais originária que se encontra por detrás desse sintoma em uma dimensão mais profunda e que se estende até o cerne do elemento existencial; mas mesmo a intenção paradoxal é o meio de uma nova orientação que se lança mais profundamente e que nos arrebata existencialmente, ou seja, um meio da reprodução de uma *confiança originária na existência*.

Nada é capaz de fazer com que o paciente se distancie tanto de si mesmo quanto o *humor*. O humor mereceria ser designado um existencial. Exatamente como o cuidado (M. Heidegger) e o amor (L. Binswanger).

172 ✳ Logoterapia e Análise Existencial ✳ Viktor E. Frankl

O paciente deve aprender a olhar o medo no rosto, sim, ele deve aprender a rir na sua cara. Para tanto, ele precisa de uma coragem para o ridículo. O médico não deve se envergonhar de dizer previamente ao paciente, de preludiar mesmo o que o paciente deve dizer. Se o paciente rir, diremos a ele: "Mesmo que você diga isto a si mesmo, você vai rir e terá ganho uma brincadeira."

As coisas não se dão de tal modo que a técnica terapêutica da intenção paradoxal teria aplicado metodologicamente na práxis clínica uma suposição teórica de Gordon W. Allport, que nos diz neste contexto: "The neurotic who learns to laugh at himself may be on the way of selfmanagement, perhaps to cure" (*The Individual and his Religion. A Psychological Interpretation*. Nova York, 1956, p. 92).

E a intenção paradoxal aponta para a mais autêntica logoterapia. O paciente deve objetivar a neurose e se distanciar dela; e, em verdade, se distanciar enquanto pessoa espiritual da neurose enquanto afecção do organismo psicofísico, ou seja, o elemento espiritual no homem deve se afastar do psíquico nele. Onde quer que o antagonismo psiconoético facultativo seja transformado por esta via em um antagonismo fático, isto é, onde quer que ele seja assim atualizado e concretizado, acontecerá a logoterapia no melhor sentido da palavra, tal como J. M. David[63] conseguiu demonstrar.

No que se segue, comprovaremos a aplicabilidade da intenção paradoxal por meio de alguns casos:

Maria B. (Policlínica neurológica, 394/1955 ou 6264/1955.) A paciente foi tratada e o histórico de sua doença foi relatado de maneira abreviada pelo Dr. Kocourek. A mãe da paciente tinha sofrido de uma compulsão para se lavar. Por causa de uma distonia, ela mesma encontrava-se há 11 anos em tratamento; apesar disto, vinha ficando cada vez mais nervosa. No primeiro plano da imagem de sua doença estava paroxisticamente a aceleração das

---

63   Sobre la Intención paradojal, un nuevo método psicoterapeutico y su aplicación en las fobias y las neurosis obsesivas. Comunicação proferida no ano de 1954 no 1º Congresso Argentino de Psicologia em Tucuman.

5. ∗ Compêndio de análise existencial e logoterapia ∗ 173

batidas do coração; com ela, a paciente se via tomada pelo medo e pela "sensação de estar tendo algo assim como um colapso". Depois das primeiras crises de medo e de taquicardia, instalou-se efetivamente o temor de que tudo isso pudesse acontecer uma vez mais, e, em seguida, a paciente passou a ter também taquicardia. Em particular, ela temia que tivesse um colapso na rua ou que tivesse um choque. Meu colega Kocourek aconselhou, então, a paciente a dizer para si mesma: "O coração devia bater ainda mais rápido. *Vou tentar* ter um colapso na rua." Ele aconselhou a paciente a buscar, com base em um treinamento, todas as suas situações desconfortáveis e a não fugir delas. Duas semanas depois da medida, a paciente relatou o seguinte: "Sinto-me muito bem e quase não tenho mais taquicardia. Os estados de temor desapareceram quase completamente." Depois que a paciente foi liberada, ela contou mais tarde: "Quando vez por outra tenho uma taquicardia, digo para mim mesma: 'O coração devia bater ainda mais rápido'. E, então, a taquicardia cessa uma vez mais."

Um outro caso: o senhor Karl P. (Policlínica neurológica, 901/1956), 44 anos de idade, músico. O paciente foi tratado pela doutora Niebauer. Desde a infância, o paciente tinha sido muito pedante e correto. Aos 16 anos, ele teve escarlatina e foi colocado em um hospital com pacientes infecciosos; naquela época, outros pacientes, que dividiam o quarto com ele, teriam arranjado secretamente comida e contrabandeado dinheiro para fora do hospital. Desde então, ele passou a sofrer da obsessão de que toda nota bancária poderia ser uma fonte de infecção. Ele tinha medo de bactérias, de doenças infecciosas, de doenças de pele e de doenças sexuais. Ele tinha um único cerimonial; quando chegava em casa do trabalho, ele limpava n vezes as maçanetas e lavava as suas mãos; seus amigos, que vinham para visitá-lo, já sabiam disto e faziam o mesmo, uma vez que, de outro modo, ele não tinha paz. Ele não podia ir a nenhuma loja, na qual precisasse receber notas bancárias. Ele recebia sempre o seu salário em notas bancárias novas, e, em verdade, em puras notas de 10 Schillings; assim, quando ele pagava, ele não podia receber nenhuma nota de troco. O dinheiro em espécie que ele recebia ia para uma bolsa própria e era lavado ou fervido em casa muitas vezes. Ele portava constantemente consigo uma garrafinha d'água e sabonete. Depois de uma visita, todo o apartamento era limpo. Quando seu filho vinha para a sua casa, ele era completamente escovado, seus cadernos de colégio e fichários eram lavados. Seu carro também era lavado da mesma forma. Somente então ele ficava calmo. Ele tinha vários casacos, que o protegiam de bactérias. Se ele estivesse vestindo um destes casacos, ele se achava "imune" e podia, então, até mesmo receber notas bancárias sujas. Durante o trabalho, ele sempre portava um desses casacos brancos de proteção; nos concertos, contudo, ele precisava entrar em cena com um terno preto. Com isto, ele ficava muito ansioso e inseguro. Desde o momento em que assistiu ao filme "O veneno insidioso", ele passou a sofrer de uma fobia em relação a doenças sexuais. Ele nunca ia para cama dormir antes de duas e três e meia da manhã, uma vez que tinha sempre tantas coisas a planejar e a distribuir – e só então ele ficava tranquilo. Durante o trabalho, por sua vez, ele estava sempre caindo no sono. Quando criança, ele nunca tinha estado suficientemente limpo para a sua mãe e era sempre obrigado a se lavar uma vez mais. Na puberdade, ele ouviu falar de um hotel, no qual alguém teria supostamente contraído lepra por meio de bananas. Desde então, ele passou a evitar bananas, uma vez que acreditava que elas seriam sempre colhidas por leprosos e se constituiriam como uma fonte particular de infecção. Em 1953, ele esteve no ambulatório... para tratamento. O psicoterapeuta que se achava por lá, contudo, depois da quinta vez perdeu a paciência e disse para ele que não havia como ajudá-lo. A doutora Niebauer acentuou terapeuticamente para o paciente, no sentido da intenção paradoxal, que ele não deveria se desviar do temor, nem combater tempestuosamente a compulsão; quanto mais ele não quisesse ter nenhuma ideia compulsiva, tanto mais elas se apoderariam dele. Muitos exemplos são trazidos para o paciente e, com base nos exemplos práticos tais como o medo do ruborescimento e agorafobia, demonstrou-se para ele como ele deveria ou não deveria agir. Somente então a Dra. Niebauer o aconselhou a *ansiar* aquilo que ele temia e dizer para si mesmo: "Agora, não vou fazer outra coisa senão me deparar com o maior

5. ✳ Compêndio de análise existencial e logoterapia ✳ 175

número possível de doenças infecciosas, sim, até mesmo desejar uma para mim". Assim, ele deveria colocar por toda parte notas bancárias, deixá-las por toda parte em casa, tocar logo muitas vezes nas maçanetas e "se revolver num antro de bactérias". Com isso, chamou-se a atenção do paciente para o fato de que tudo isto lhe pareceria de início muito difícil e de que ele precisaria passar por uma espécie de antecâmara do inferno, mas apenas para assim escapar dali. De uma hora para a outra, as coisas ficaram mais fáceis. Já na terceira sessão, o paciente explicou para a médica responsável pelo tratamento o seguinte: "Tudo se deu como um milagre. Sofri durante 28 anos de uma fobia por bactérias; estou totalmente transformado. Quando fui embora sábado da consulta com a senhora, comecei imediatamente a seguir seu conselho. Sentei-me simplesmente em meu carro, não limpei mais nada no carro, joguei imediatamente fora dois saquinhos, que sempre trazia no carro para chaves e dinheiro em reserva e coloquei simplesmente a carteira no terno. Também não limpei a garagem, nem a maçaneta da garagem, como de costume, com um pedaço de papel. Em casa, não lavei a mão, não escovei mais meu filho, nem lavei mais seus fichários, mas deixei que ele fizesse o que quisesse. Além disso, trouxe uma banana para o meu filho e minha mulher e comi eu mesmo uma, e anteriormente eu nem mesmo entrava em lojas nas quais bananas eram vendidas. Minha família experimentou uma grande alegria com isso. E vou permanecer no ponto que alcancei um dia, vou me agarrar a isso. Não foi de modo algum tão difícil para mim fazer isso, como a senhora tinha previsto, mas, ao contrário, me senti totalmente livre." A Dra. Niebauer deixou claro, então, para o paciente que tudo isso ter dado certo era a prova de que por princípio era possível; por isto, era preciso que continuasse dando certo. Mesmo que ele um dia não alcançasse nada, ele precisaria sempre continuar tentando e aprender a "mudar as vias", uma vez que muitas de suas ações compulsivas não seriam outra coisa senão reflexos condicionados. 4ª Sessão: o paciente contou que estava mantendo o movimento, que ele poucos dias antes teria acreditado piamente que seria mais provável morrer repentinamente do que estar algum dia uma vez mais em condições de interromper certas ações compulsivas. 6ª Sessão: "O que nós discutimos da última vez, levei a termo imediatamente, fui para toda parte com um e mesmo terno, também não carreguei mais dois casacos. Eu não preciso mais deles. A senhora não pode imaginar quantas coisas já consigo fazer. E o maravilhoso nisto tudo é que minha família agora também não precisa mais fazer nada. Se eu posso andar com meu terno, sem escová-lo, pelo apartamento, então minha mulher e meu filho naturalmente também podem. Eles estão eufóricos! Minha mulher disse que, se as coisas continuassem como estão, tudo já estaria certo." Não obstante, continuava havendo de qualquer modo ainda uma certa insegurança, certos mecanismos de ansiedade antecipatória. 7ª Sessão: Uma outra conversa mais longa revelou o fato de que o paciente já tinha experimentado na primeira infância por vezes medo de doenças. Uma vizinha, que cuidava dele quando ele ficava doente, tinha o hábito de lhe contar centenas de histórias horríveis do hospital. Os adultos proibiram essa mulher de falar sobre doenças. Quando criança, ele não tinha coragem de se voltar contra ela, apesar de, naquela época, sempre sentir que preferiria não ouvir estas coisas, sim, que sempre tinha medo. Mas foi só mais tarde, de qualquer modo, (com 16 anos durante a escarlatina), que apareceram os mecanismos compulsivos. 8ª Sessão: ele continuava melhorando substancialmente. O paciente chegou mesmo a levar conhecidos em seu carro, não lavava mais o carro e ajudava no pagamento do salário. Não obstante, ele tinha por vezes ações compulsivas de maneira completamente mecânica, sem que ele tomasse consciência delas; se sua mulher, porém, chamava a sua atenção para uma ou outra ação, ele conseguia facilmente afastá-la. 9ª Sessão: o paciente continuava melhorando. O paciente foi ao parque de diversões Prater, um "local bastante ensebado" de Viena. Pediu uma comida e pagou por si mesmo. Todas essas coisas para as quais anteriormente ele nunca se sentiria movido. Ele sonhou que estava passeando no telhado de uma casa. Em seguida, subiu e desceu a fachada da casa e se sujou completamente. Por fim, ele desceu do telhado, se sentou diante da casa com mouros e começou a mendigar por pão. E, então, ele comeu com enorme prazer esse pão bem sujo. "Eu fiquei completamente espantado com o fato de que não tive nenhum sentimento desagradável em todas essas ações, mas me senti muito bem sujo assim." A Dra. Niebauer explicou ao paciente que ele agora estaria se dirigindo a algo paradoxal até mesmo em sonho. Três meses depois do início do tratamento – 10ª Sessão: a melhora se mantém. Ele *leva "uma vida completamente nova".* Três semanas depois – 11ª Sessão: tal como acontecia antes, ele continua tendo representações compulsivas, por puro hábito; não obstante, ele consegue afastar a qualquer momento as representações compulsivas. Oito meses depois (25 de junho de 1957): "Não estou 100 por cento satisfeito; ainda sou pego aqui e acolá; mas em comparação com o que acontecia antes, estou *muito* bem – 80 por cento dos casos desapareceram: a coisa com o dinheiro, com a escovação – tudo isso desapareceu!"

Um outro caso de compulsão para se lavar: a senhora H. (Policlínica neurológica, ambulatório 3578/1953 ou prontuário 34/1953) sofria de uma pesada neurose compulsiva com base em uma psicopatia anancástica. Os primeiros sintomas da compulsão apareceram na primeira infância, e, em verdade, a paciente não conseguia "fazer nada de maneira suficientemente boa". Ela sofria de um sentimento duradouro de estar suja, de ter se sujado, de precisar se lavar e de não poder parar de se lavar. Tudo precisava ser disposto e estabelecido na mais perfeita ordem. Deste modo, ela ficava exaurida e cansada, se sentia muito pressionada e desanimada. Ela só ficava em casa e a sua mãe e a sua irmã não sofriam menos do que ela com a sua doença. "Nada me alegra mais", disse a paciente. Sua vida tinha se tornado sem sentido e sem conteúdo. O Dr. Kocourek, médico responsável pelo setor de tratamento, a aconselhou a ignorar o sentimento de estar suja – sim, mais do que isto: a ironizá-lo, *buscando por si de antemão* ficar o mais suja possível. Cada vez mais ela é educada para a desordem. Quando ela foi acolhida no tratamento, ela precisava de seis horas para se lavar e se despir. No terceiro dia de tratamento, porém, no início da noite, ela fez a sua toalete em cerca de 10 minutos. No quinto dia, ela conseguiu reduzir o tempo a cinco minutos. Logo a paciente parou de chamar a atenção, foi ao cinema, se manteve durante quatro horas em casa e, durante esse tempo, só se lavou uma vez. Ao ser liberada do tratamento, ela se sentiu bem, e, depois da liberação, ela ficou melhor do que nunca. Ao contrário de antigamente, ela agora anda, por exemplo, de bonde elétrico sem calçar as luvas.

Obviamente, a psicopatia anancástica carece de uma orientação psicoterapêutica constante, quando não de um tratamento estacionário repetido, por mais que a mera mudança de ambiente arranque o paciente de sua região, dessa região que se encontra no caminho de um desvio do cerimonial ritual banhado por águas neurótico-compulsivas.

Em casos de criminofobia, a intenção paradoxal não é menos indicada. Tomemos um exemplo (Policlínica neurológica, Prontuário ambulatorial Nr. 1015, ex. 1957):

A paciente tem 23 anos e sofre desde os 17 anos de idade de uma ideia obsessiva de que ela poderia, *en passant*, sem que soubesse, ter matado alguém. Com isso, ela precisava muitas vezes retornar a um ponto para se certificar de que em algum lugar no caminho não se encontrava uma mulher morta. Ela foi tratada pela Dra. Niebauer (intenção paradoxal). A Dra. aconselhou a paciente a dizer para si: ontem matei trinta pessoas, hoje só dez, preciso rapidamente prosseguir, para que consiga manter minha média hoje. Seis dias depois (gravação de uma fita): "Preciso dizer que, batendo para todo lado com a intenção paradoxal, não preciso nem mesmo olhar à minha volta. Eu consigo lidar agora completamente com a ideia obsessiva de que eu teria matado alguém – eu sempre consigo alijá-la!" Dra. Niebauer: "Como é que a senhora vem se comportando agora?" Paciente: "De uma maneira muito simples. Quando uma tal obsessão aparece, eu digo para mim mesma que eu preciso continuar no mesmo ritmo, para conseguir manter a minha média, uma vez que ainda não matei tantas pessoas assim. *Com isso, porém, a compulsão também desaparece.*"

Um subgrupo dos receios criminofóbicos carece de uma referência particular: as obsessões ligadas às blasfêmias. Nós conseguimos fazer frente a essas obsessões da maneira mais plena possível, na medida em que tentamos pegar o paciente em sua neurose compulsiva; e isto de tal modo, em verdade, que chamamos a sua atenção para o fato de ele estar cometendo uma blasfêmia ao recear continuamente cometer uma blasfêmia; pois tomar Deus por alguém tão ruim em estabelecer diagnósticos ao ponto de nós lhe negarmos a capacidade de diferenciar diagnosticamente entre blasfêmia e anancasmo significaria em si um blasfêmia. Em realidade, precisamos assegurar assim ao paciente que Deus não atribuiria certamente à pessoa do paciente uma ideia obsessiva blasfematória. A psicopatia anancástica – não é de fato atribuível à sua pessoa (espiritual), mas se atém muito mais ao seu caráter (psíquico). Neste aspecto, o paciente não é nem livre nem responsável – não obstante, ele o é tanto mais com vistas ao seu posicionamento em relação ao anancasmo. E ampliar o campo de jogo de tal liberdade – na medida em que se cria uma distância entre o humano no doente e o doentio no homem, em uma palavra, na medida em que o antagonismo facultativo psiconoético é mobilizado – é a finalidade propriamente dita de toda intenção paradoxal.

Tal terapia não é nenhuma terapia sintomática. Ao contrário, ela não se preocupa tanto com o sintoma, mas se volta antes para a pessoa do paciente – e isto de tal modo, em verdade, que ela se empenha por uma transformação de seu posicionamento em sintoma.[64]

Nós não consideramos de maneira alguma o paciente responsável pelos ataques compulsivos eles mesmos: tanto mais, porém, ele parece ser para nós responsável pelo posicionamento em relação às ideias obsessivas.

2. De-reflexão

Em casos de neuroses do medo, sempre podemos observar que se adiciona à *ansiedade antecipatória*, que nelas é tão frequente –

---

64 Na medida em que a logoterapia não se volta precisamente para o sintoma, mas para uma mudança de posicionamento, na medida em que ela busca produzir uma transposição pessoal ante o sintoma, ela é uma autêntica psicoterapia personalista.

juntamente com ela e gerada por ela –, *uma compulsão à observação*; sim, essa compulsão é o que há de mais vicioso no círculo vicioso.

Em casos de neuroses sexuais, vimos, as coisas se comportam de maneira diversa: uma *reflexão forçada* sobre o ato sexual se associa com a *intenção forçada* do desejo sexual – as duas são patogênicas: trata-se de um excesso tanto de intenção quanto de atenção; pois, de uma maneira totalmente análoga à do sono, em meio ao ato de dormir junto e ao ato sexual, um excesso de intenção tanto quanto um excesso de atenção fazem-se valer de maneira perturbadora.

Em casos de neuroses compulsivas, as coisas se comportam uma vez mais de maneira diversa:

É possível comprovar que a compulsão à repetição tipicamente neurótico-compulsiva pode ser reconduzida a uma *insuficiência do sentimento de evidência* e que a compulsão ao controle possui uma conexão essencial com a uma *insuficiência da segurança instintiva*. Com razão, E. Straus apontou para o fato de que o neurótico compulsivo é caracterizado por uma aversão em relação a tudo o que é provisório. Não é menos característica, a nosso ver, uma intolerância em relação a tudo o que é incidental. Quando o que está em jogo é o conhecimento, nada tem o direito de ser incidental; e, quando o que está em questão é uma decisão, nada pode ser provisório. Ao contrário, tudo precisa ser definido e permanecer definitivamente.

O neurótico compulsivo busca compensar essa insuficiência no que diz respeito ao conhecimento, essa insuficiência cognitiva, por meio de um pedantismo e de ultraconscienciosidade, assim como tenta compensar a insuficiência no que concerne à decisão, a insuficiência decisional, por meio da escrupulosidade e da consciência moral exagerada. No âmbito cognitivo, as neuroses compulsivas trazem consigo uma hiper-reflexão, a saber, elas levam à compulsão à observação, enquanto no âmbito da decisão entra em cena, poder-se-ia dizer, uma superescuta da consciência moral.

Adolf P. (Policlínica neurológica, prontuário ambulatorial 1015/1948): "Nunca pressenti o fato do ser – não posso falar senão de um ser especulado; no entanto, esse fato do ser é o que há de mais óbvio dentre o que há de óbvio; algo, que qualquer ignorante sabe, quero ter 100 por cento *demonstrado*. Preciso me apropriar de tudo conscientemente. Nunca me vem à cabeça o que é o correto. É somente depois de um pesado e lento processo de pensamento que chego a isto: preciso me convencer de tudo primeiro com o entendimento. Assim, dependo daquilo que é inteligível, e, com isto, meu princípio fundamental se tornou o seguinte: saber – observar – prestar a atenção em tudo; mas não há como fazer isto com o conhecimento meramente intelectível. Como é que posso chegar, afinal, ao fato óbvio de estar assentado no ser? Gostaria de arder concomitantemente. É preciso que haja efetivamente no universo algo assim como um ponto central branco que arde, a partir do qual tudo recebe seu calor. Por outro lado, não consigo seguir adiante sem o que é consonante com o entendimento: se abandono a única plataforma segura – o entendimento e a razão ou meu racionalismo superaguçado – já me encontro em meio ao absurdo. Quando me disponho a abalar a consciência moral exagerada, já me encontro no cerne da ausência de consciência; do pedantismo logo caio na vadiagem – da responsabilidade excessiva logo surge a irresponsabilidade: não tenho instintos!"

O neurótico compulsivo anima um ímpeto fáustico, uma vontade de cem por cento, a luta por um *conhecimento* absolutamente certo e *seguro*. Como o Fausto, o neurótico compulsivo fracassa, na medida em que sente "que nada perfeito vem a ser para o homem".

Ele ainda não abdica da luta pelos cem por cento do conhecimento e da decisão: pois, assim como nos casos das neuroses do medo, o medo se concretiza e se condensa em torno do conteúdo e do objeto como um cerne de condensação, nos casos das neuroses compulsivas, o absolutismo cognitivo e decisivo se retrai para o interior de um *pars pro toto*[65] (R. Bilz). Ele se restringe a um pseudo-absoluto. A corajosa criança de escola satisfaz-se com as mãos absolutamente limpas, a dona de casa habilidosa conforma-se com

---

65   **N.T.:** Em latim no original: uma parte pelo todo.

o apartamento absolutamente limpo e o trabalhador intelectual satisfaz-se com a organização absoluta da escrivaninha.

O neurótico compulsivo e o neurótico pelo medo são igualmente caracterizados pelo fato de que sua aspiração à segurança é por assim dizer inclinada, "quebrada de volta", refletida e tem uma marca em certa medida subjetiva, para não dizer psicologista. Para podermos compreender tudo isto melhor, contudo, precisamos partir da aspiração à segurança que é característica do homem normal. Poder-se-ia dizer em relação a ele que seu conteúdo é a segurança pura e simples. A aspiração à segurança do homem neurótico, contudo, não se contenta de maneira alguma com tal segurança, com essa vaga segurança, a vaga segurança de todo ser criado. No caso do neurótico pelo medo, esta vontade dirige-se, então, para o asseguramento diante de catástrofes. Não obstante, como não há um asseguramento absoluto em relação a isto, o neurótico pelo medo precisa restringir-se ao mero *sentimento* de segurança. Com isto, porém, ele já se afasta do mundo dos objetos e das coisas contrapostas, voltando-se para o subjetivo e para o circunstancial: o lugar da existência tomada pela neurose do medo não é mais há muito tempo o mundo, que doa ao homem mediano sua tranquilidade cotidiana, aquela tranquilidade que se contenta já com a relativa improbabilidade de uma catástrofe – o neurótico pelo medo quer a absoluta impossibilidade de uma catástrofe. Essa sua vontade de asseguramento absoluto o obriga, contudo, a empreender uma espécie de culto ao sentimento de segurança; ora, o abandono do mundo, que se encontra na base de tal neurose, representa uma espécie de pecado capital e gera consequentemente e em certa medida uma má consciência, que impele, por sua vez, a partir de agora para uma compensação, que o neurótico pelo medo só pode tentar alcançar ainda em um exagero des-humano de sua aspiração ao asseguramento reflexiva e subjetivista. Enquanto o que está em questão, assim, para o neurótico pelo medo é o asseguramento absoluto de uma catástrofe – que ele é obrigado a deslocar para uma aspiração forçada por um mero sentimento de segurança – o que está em jogo para o neurótico compulsivo é a segurança de seu conhecimento e de sua decisão; mesmo nele, porém, essa aspiração à segurança não está assentada, por exemplo, na incidentalidade e no caráter provisório de uma existência de criatura. Ao contrário, mesmo a sua aspiração à segurança experimenta uma virada subjetivista e termina em uma mera aspiração contraída pelo mero sentimento de uma segurança "cem por cento". Aqui, contudo, revela-se um caráter tragicamente vão: pois se sua aspiração "fáustica" pela segurança absoluta já se encontra em si mesma condenada ao fracasso, então isto também é válido com ainda maior razão para a aspiração pelo sentimento absoluto de segurança. Pois no instante em que esse sentimento enquanto tal é visado (ao invés de se instaurar como mera consequência de realizações materiais por si mesmo), ele já é no mesmo instante alijado. O homem não tem nenhuma segurança perfeita, nem neste aspecto, nem em qualquer outro; mas precisamente aquele sentimento absoluto de segurança é o que menos lhe cabe, o sentimento que o neurótico compulsivo busca apanhar de maneira tão contraída e tensa. Se resumirmos o que foi dito, então podemos dizer: o homem normal está disposto a ser em um mundo parcialmente seguro – enquanto o neurótico aspira a um sentimento absoluto de segurança. O homem normal está disposto a se entregar ao adorado tu – enquanto o neurótico sexual aspira ao orgasmo, visa ao orgasmo enquanto tal e, com isto, também já se mostra como perturbado em sua potência. O homem normal está disposto a reconhecer uma parcela do mundo como "incidental" – enquanto o neurótico compulsivo procura ter um sentimento de evidência, visa a esse sentimento enquanto tal e, com isto, também se vê imerso em um progresso *in infinitum*. O normal, por fim, está disposto a se responsabilizar existencialmente pelo ser-aí concreto, enquanto o escrupuloso neurótico-compulsivo busca apenas o sentimento de uma – em contrapartida, porém, absoluta – boa consciência: portanto, um excesso – a partir do ponto de vista do humanamente desejável – e, ao mesmo tempo, uma falta – a partir do ponto de vista do humanamente preenchível.

O que está em questão terapeuticamente é construir uma ponte de ouro para o neurótico compulsivo, ponte essa que con-

184 ✳ Logoterapia e Análise Existencial ✳ Viktor E. Frankl

duza finalmente à autossuspensão do racionalismo. Por esta via damos concomitantemente ao paciente a solução: o que há de mais racional é não querer ser racional demais.[66]

O neurótico compulsivo quer "fazer" tudo com saber e vontade, e, então, tudo parece justamente "feito" e "querido", e não fluente e fluido. Mas o sentimento pode ser muito mais sensível do que o entendimento algum dia conseguiria ser arguto. Assim, o ânimo e o sentimento se mostram cognitivamente como superiores a todo entendimento e a toda razão, e, com isto, mesmo a espiritualidade inconsciente, ou seja, irrefletida do homem, é sempre mais sábia do que ele, o homem, arroga a si mesmo. Em uma palavra: a sabedoria do coração do homem tem uma amplitude cognitiva inabarcável. Coração não significa outra coisa aqui senão centro nuclear e o ponto central do homem, a pessoa, e, em verdade, a pessoa íntima, a pessoa espiritual profunda.

A partir de tudo isso fica claro o quanto, em casos de neurose compulsiva, seria necessária uma educação para a confiança ante o inconsciente, uma confiança em relação à espiritualidade inconsciente, em relação à superioridade do que é conforme ao ânimo e ao sentimento no homem em comparação com o que é conforme à razão e ao entendimento nele – em uma palavra: o que trazemos para o neurótico compulsivo, aquilo que lhe restituímos, aquilo que precisamos deixar que ele reencontre, é a sua confiança em relação à própria sabedoria de seu coração.

Nós conhecemos um caso (Prof. Peter S.), no qual o paciente – justamente neurótico-compulsivo – costumava observar a si mesmo em todas as suas falas e pensamentos de tal maneira, que

---

66 O que está em questão profilaticamente é uma sugestão que conflui para uma superação da vontade de cem por cento, para uma recusa à pretensão de um conhecimento cem por cento sábio e uma decisão cem por cento justa. A sugestão já tinha sido há muito tempo antecipada: "Não seja tão correto, nem te torne tão sábio! Por que tu queres te tornar louco?" (Sermões, Capítulo VII, Versículo 16) A pessoa em questão não se torna precisamente louca, desvairada, doente mental; mas quem é que se disporia a maldizer a bíblia, porque ela ainda não fazia o diagnóstico diferencial entre neurose e psicose?

ele chegava a ficar com medo de que essa sua compulsão à observação pudesse levar a que ele perdesse o fio condutor da fala. Desenvolveu-se nele, então, uma ansiedade antecipatória crescente, que se transformou em uma efetiva deficiência em sua carreira. Deixamos claro para ele em que medida, no momento em que ele abdicasse de ser um bom orador, ele se tornaria de fato um orador melhor; pois ele estaria, com isso, menos atento ao modo e mais ao conteúdo da respectiva fala, estando, por conseguinte, em condições de falar melhor. Quanto mais eu atento, para me tornar o melhor orador possível, no *ato de fala* em si e enquanto tal, tanto menos estou em condições de me ocupar com o *conteúdo* e o objeto do ato de fala.

Perguntemo-nos o que estava na base de sua compulsão à observação! Era o medo de perder o controle sobre si, de não se ter nas mãos e de se deixar cair, de se entregar ao inconsciente.

Ora, mas não há apenas uma sabedoria do coração, como a qual concebemos a espiritualidade inconsciente do homem, mas também uma sabedoria da língua; e é nela que temos de ver com certeza o espírito guardado e enriquecido da humanidade. A língua nessa sua sabedoria diz que o homem "cai" no sono; ou seja, mesmo o inconsciente, que o acompanha no sono, é algo em que precisamos nos deixar cair!

Hoje, não podemos de maneira nenhuma insistir no ponto de vista de que o que estaria em questão na psicoterapia seria a conscientização a todo preço; pois é apenas *en passant* que o psicoterapeuta tem de tornar algo consciente. Ele só tem de tornar consciente algo inconsciente – e, assim, também espiritualmente inconsciente, a fim de deixá-lo, por fim, se tornar uma vez mais inconsciente; ele tem de transpor uma potência inconsciente para um ato consciente – com nenhuma outra finalidade, contudo, senão com a finalidade de produzir finalmente um hábito uma vez mais inconsciente: *o psicoterapeuta precisa reproduzir finalmente a obviedade de realizações inconscientes.*

Assim, é multiplamente importante na psicoterapia que algo permaneça inconsciente ou que deixemos algo se tornar uma vez mais inconsciente. Nós compreendemos também, contudo, que o tornar-se-uma-vez-mais-inconsciente, o esquecimento, representa um mecanismo de proteção essencial, e nós concebemos a profunda sabedoria que fala a partir de uma lenda do Talmude, de acordo com a qual toda criança recém-nascida, logo que chega ao mundo, recebe de um anjo um tapa em sua boca, com o que ela imediatamente esquece o que aprendeu e viu antes de nascer. Levando em consideração o fato de que precisamos considerar esta "amnésia" platônica como um mecanismo de proteção, podemos denominar o anjo talmúdico um anjo protetor.

Agora, já se torna compreensível o fato de que o que importa na psicoterapia não raramente é muito mais libertar a atenção do aprisionamento em um sintoma qualquer, em torno do qual essa atenção estava focalmente centrada, do que dissolver o próprio sintoma. Pode-se lembrar tranquilamente aqui o paciente da conhecida história de uma centopeia que sucumbiu miseravelmente, logo que tentou em vão colocar conscientemente em movimento, observando-se, os seus "100 pés". Neste momento, ela não sabia mais com que pé ela deveria começar o engate ou em que sequência ela deveria inervar os pés. Pois a reflexão perturba a realização daqueles atos, que ocorrem normalmente de maneira inconsciente e automática.

É claro que, assim como temos de escolher o método terapêutico da intenção paradoxal ante a ansiedade antecipatória, a compulsão à observação torna necessária uma de-reflexão como um corretivo. Enquanto a intenção paradoxal coloca o paciente em condições de *ironizar* a neurose, ele fica, com o auxílio da de-reflexão, em condições de *ignorar* os sintomas.

De-reflexão tem em vista, portanto, em última instância: ignorar a si mesmo. No *Tagebuch eines Landpfarrers* (Diário de um padre do interior) de Bernano, encontra-se a bela frase: "Odiar-se é mais fácil do que se imagina; a graça consiste em esquecer-se." Pois bem, podemos variar este enunciado, e podemos dizer, então, aquilo que algumas pessoas neuróticas não podem de maneira suficientemente frequente ter diante dos olhos, a saber: muito mais importante do que desprezar a si mesmo (superconsciência moral) ou do que atentar exageradamente para si (hiperconscienciosidade) – muito mais importante do que tudo isto é esquecer-se por fim completamente. Só que nossos pacientes não podem realizar tal auto-esquecimento da mesma maneira que Kant – que precisou dispensar um dia seu empregado larápio, sem conseguir superar a sua dor quanto a isto e, para se obrigar a tal esquecimento, pendurou uma placa na parede do quarto na qual escreveu: "Meu empregado precisa ser esquecido". Assim, aconteceu com ele o mesmo que com aquele homem ao qual se tinha prometido que ele poderia transformar cobre em ouro, mas somente sob a condição de que, durante o processo alquímico em questão, não pensasse durante dez minutos em nenhum camaleão; com o que ele também já não estava mais em condições de pensar em outra coisa senão neste estranho animal, no qual ele não tinha pensado até então em sua vida.

Assim não dá; mas ignorar algo – ou seja, realizar a de-reflexão exigida – é algo que só posso fazer, *agindo* ao largo deste algo, *existindo* com vistas a algo diverso. E, aqui, a logoterapia transforma-se em análise existencial – sua essência reside em certo sentido no fato de o homem ser erigido e ordenado de acordo com o sentido concreto (que precisa ser respectivamente clarificado de maneira analítica) de sua existência pessoal.

À essência do homem pertence o ser orientado e erigido ou bem para algo, ou bem para alguém, ou bem para uma obra, ou bem para um homem, ou bem para uma ideia ou bem para uma pessoa (ver p. 80 e seg.). Esta lei fundamental da existência humana, então, precisa ser frutificada por nós terapeuticamente. E aqui é justamente o neurótico pelo medo que só pode ser arrancado do círculo vicioso de suas ideias sobre o fim derradeiro que giram em torno de seu medo, na medida em que não apenas aprende a desviar sua atenção do sintoma, mas também passa a saber se voltar por si mesmo para uma coisa. Quanto mais o doente coloca uma coisa no primeiro plano de sua consciência, no sentido de tal materialidade que, se é que tenho o direito de chamar assim, pode ser chamada de nova, a saber, recentemente conquistada, coisa essa que está em condições de tornar sua vida plena de sentido e digna de ser vivida, tanto mais a sua própria pessoa se volta para o pano de fundo vivencial e tanto mais entram em cena, com isto, as suas urgências pessoais.[67]

É só em meio à entrega a uma coisa que configuramos a própria pessoa.[68] Não é por meio de uma autoconsideração, nem mesmo por meio de uma autoprojeção, nem tampouco por meio de um deixar o pensamento girar em torno de nosso medo que nós nos livramos desse medo, mas apenas por meio do abandono de si, por meio do entregar-se e devotar-se a uma coisa digna de tal entrega. Este é o segredo de toda autoconfiguração, e certamente ninguém o expressou de maneira mais feliz do que Karl Jaspers, quando ele escreve: "O que o homem é nunca é constituído senão pelas coisas que ele torna suas".

Assim teríamos tomado contato com os quatro tipos de posicionamento essenciais:

1. A má passividade: o evadir-se do neurótico pelo medo diante de seus ataques de medo;

2. A má atividade: a) o combate do neurótico compulsivo contra os seus ataques compulsivos; b) 1. A visada forçada do prazer sexual, ao qual se acrescenta b) 2. A reflexão forçada do ato sexual (uma coisa não é menos patogênica do que a outra);

3. A passividade correta: o ignorar (re-reflexão!) – sim, o ironizar (intenção paradoxal!) o sintoma;

4. A atividade correta: o agir ao largo do sintoma – o existir com vistas a algo.

De resto, não se pode esquecer que não é apenas a sobrecarga, mas também a descarga que se mostra como patogênica. O que está em questão é a correção terapêutica de uma requisição

---

67   Cf. Gordon W. Allport: "As the focus of striving shifts from the conflict to selfless goals, the life as a whole becomes sounder even though the neurosis may never completely disappear". (Op. cit., p. 95)

68   Cf. Max Scheler, *Philosophische Weltanschauung* (Visão de mundo filosófica), Berlim, 1954, p. 33: "Somente quem está disposto a se perder em uma coisa conquistará seu autêntico si mesmo".

5. ✳ Compêndio de análise existencial e logoterapia ✳ 189

apropriada – exatamente por parte de um algo, com vistas ao qual importaria existir (ver anteriormente). Justamente por isto, porém, precisamos fazer valer o ponto 4. anteriormente citado: a atividade correta; a sintomática de tal modo determinada de muitas neuroses se revela de fato como a proliferação de tecido adiposo psíquico em um vácuo espiritual – a partir do vazio de sentido de uma existência concreta. Uma vez mais nos deparamos aqui com o vácuo existencial, com a frustração existencial.

Como dissemos, a logoterapia não se compreende como uma substitutivo, mas muito mais como um complemento da psicoterapia.

A logoterapia não tem naturalmente por meta substituir a psicoterapia no sentido mais restrito da palavra até aqui, mas gostaria apenas de complementá-la – mas ela também gostaria de complemen-tar a sua imagem do homem, transformando-a em uma imagem do homem "todo" (a cuja totalidade, como ouvimos, pertence concomitantemente de maneira essencial o elemento espiritual).

A logoterapia, contudo, não é de maneira alguma, por exemplo, apenas um complemento da psicoterapia. Ela também é um complemento da somatoterapia – ou, dito melhor, uma terapia simultânea psicossomática, que estabelece o foco tanto no somático, quanto no psíquico, a fim de alçar a neurose por esses dois anzóis.

Ora, mas sempre vemos uma vez mais como tem lugar um círculo vicioso entre perturbações funcionais vegetativas e endócrinas por um lado, e, por outro, padrões de reação patogênicos, na medida em que ressoa em uma prontidão vegetativa para o medo uma ansiedade antecipatória reativa, por meio da qual o paciente entra pela primeira vez em uma neurose do medo. No entanto, precisamente em tais casos, mostrou-se que a terapia só é consumável ou que a neurose só é completamente superável por meio de um erigir e de uma organização do paciente com vistas a um sentido concreto de sua existência pessoal, que ainda precisa ser esclarecido pela via analítico-existencial.

Todos os círculos neuróticos só podem se proliferar em um vácuo existencial, e, assim, mesmo em tais casos propriamente somatopsicogênicos, que não surgiram de maneira alguma do espiritual, uma psicoterapia a partir do espiritual, que é como a logoterapia se compreende, é de qualquer modo apropriada. A logoterapia representa, então, um complemento noético da terapia psicossomática.

Portanto, as coisas não se mostram de maneira alguma de tal modo que a logoterapia deixaria de ver o biológico, o fisiológico; ela só gostaria de uma coisa: de que não nos esquecêssemos do noológico acima do fisiológico e do psicológico. Quando uma casa é construída e, por fim, o responsável pelo telhado começa a trabalhar, ninguém lhe repreenderá por não cuidar do porão.

Obviamente, não avançamos nada no fato de que precisamos colocar de início em ordem aquilo que, se é que posso falar assim, representa *a condição natural de possibilidade da existência espiritualmente temporal do homem*; só seria equivocado se quiséssemos localizar as fontes de perturbações de maneira tão unilateral e exclusiva no psíquico, tal como sempre acontece; pois isto significaria localizá-las de maneira falsa. Não podemos desconsiderar um dos momentos, que confluem para a etiologia das doenças nervosas, e não podemos superestimar nenhum deles, caso não devamos decair sempre de acordo com a situação em um somatologismo, em um psicologismo ou um noologismo.

O seguinte acompanhamento de caso pode atestar isto: Senhora Eleonore W. (Policlínica neurológica, prontuário ambulatorial 3070/1952), 30 anos. Ela chegou com a mais pesada fobia psicótica e criminofobia possíveis, com uma fobia homicida e suicida. A fobia psicótica referia-se a alucinações hipnagógicas; aparentemente, a paciente era aidética. Independentemente disto, ela se mostrava como uma pessoa pesadamente anacástica, e seu anancasmo constituía o lado psicopático da base constitucional de sua neurose, enquanto o lado neuropático veio à luz sob a forma de uma simpatheticotonia (de cuja legitimidade, nós não precisamos duvidar juntamente com F. Hoff e Curtius) ou de um hipertireoidismo que se entrelaçou com esse primeiro sintoma: aumento da tireoide, exoftalmia – tremores – taquicardia (frequência do pulso – 140 p. m.) – perda de peso (5 kg) – GU + 72 por cento. A esta base constitucional se acrescentou, então, um momento disposicional: uma desestabilização vegetativa causada por um aumento da glândula tireoide empreendido há dois anos – e, por fim, um fator condicional: um desequilíbrio metafísico; pois um dia, contrariando o seu hábito, a paciente tomou um café de moca muito forte, que provocou um forte ataque vegetativo de medo, ao qual ela respondeu com uma forte ansiedade antecipatória ("depois do primeiro ataque de ansiedade, já ao apenas pensar nessa ataque já me via imediatamente tomada por medo"). Mais tarde, a ansiedade antecipatória condensou-se, tal como ouvimos, em torno de seus acometimentos compulsivos anancásticos. Uma análise existencial do caso trouxe à tona, então, para além da disposição psicopática e da neuropática, assim como da base disposicional e condicional, o pano de fundo existencial da neurose – a paciente o verbalizou da seguinte forma: "um curso espiritual vazio se fez presente; estou no ar; tudo se mostra sem sentido para mim; o que mais me ajudou sempre foi ter de cuidar de alguém; mas agora estou sozinha; gostaria de ter uma vez mais um sentido na vida". No que diz respeito a estas palavras, o que está em questão não é mais há muito tempo a indicação oriunda das recordações de uma paciente. O que nós escutamos aqui é muito mais o grito de socorro de um ser humano e não foi outra coisa senão um vácuo existencial que a paciente tentou descrever com as palavras acima citadas. A motivação da paciente, motivação pela qual ela tinha se dirigido até nós, não dizia respeito, portanto, à sua frustração existencial, por exemplo; o efeito da terapia, no entanto, só teve lugar, quando se apontou para ela o caminho do preenchimento de seu vácuo existencial e da desconstrução de toda a proliferação do tecido adiposo neurótico.

Neste sentido, a logoterapia não tem um bom resultado apenas como terapia adequada e causal de neuroses noogênicas, mas também nas neuroses não-noogênicas: em casos psicogênicos e somatogênicos – ela é eficaz como terapia não específica; pois mesmo lá onde o vácuo existencial não se mostra como o fator patogênico propriamente dito – pois a frustração existencial não é de fato obrigatoriamente patogênica – o preenchimento desse vácuo é "antipatogênico" (Manfred Pflanz e Thure Von Uexküll).

E vale para esses casos a sentença de Paracelso: a doença surge, em verdade, da natureza, sua cura, porém, emerge do espírito. As neuroses não eram neuroses noogênicas, e, apesar de tudo isto, também se mostrou indicado para elas uma logoterapia combinada com a terapia simultânea psicossomática.

Mas nem todo paciente reage a todo e qualquer método – e nem todo médico tem sucesso com todo e qualquer método.

Razão pela qual costumo dizer que psicoterapia seria uma equação com duas incógnitas – $\psi = x + y$ –, sendo uma incógnita, o fator irracional e não calculável, a personalidade do médico, enquanto a outra é a individualidade do doente.

E é importante não superestimarmos o elemento técnico: caso nos preocupássemos de maneira exagerada com a técnica no que diz respeito à psicoterapia, então apenas confessaríamos que, por detrás do doente, não se encontraria para nós o homem – veríamos muito mais no homem uma máquina – em outras palavras: não o *homo patiens*, mas apenas o *homme machine*.

6.
Psicologia e psiquiatria do campo de concentração
[1961]

I. Psicologia do campo de concentração

Depois de a Primeira Guerra Mundial ter enriquecido a psicologia do aprisionamento, uma vez que as observações e experiências psicopatológicas em campos de prisioneiros de guerra deram ensejo à exposição da imagem de uma nova doença, a assim chamada síndrome do arame farpado (*Visher*), a *barbed wire disease*, a Segunda Guerra Mundial nos colocou em contato com as consequências de uma "guerra de nervos". No entanto, ficou reservado ao passado mais recente o estímulo para a pesquisa no sentido de uma psicopatologia das massas, uma vez que a vida em massa nos campos de concentração contribuiu para tanto.

Cohen, que descreveu suas experiências em relação a isso em uma tese de doutorado defendida na Universidade de Utrecht, tinha reunido essas experiências em Auschwitz e, então, analisado-as exclusivamente com base na teoria de Freud. Em um aspecto metodológico, contudo, certas dificuldades vão certamente de encontro a uma tal tentativa psicológica. Psicologia exige distanciamento científico. Aquele que vivenciou por si mesmo a vida no campo de concentração, porém, em geral ou mesmo durante essa vivência, no tempo, portanto, em que precisou fazer suas respectivas observações, tinha o distanciamento necessário?

Nos campos de concentração, a existência humana sofreu uma deformação. Essa deformação deu-se em uma tal escala, que acabou por se mostrar como necessariamente questionável afirmar se o seu observador, quando ele mesmo se encontrava no campo de concentração, ainda podia manter efetivamente uma objetividade suficiente de seu juízo. Em um aspecto psicológico, a sua capacidade de julgar ou de avaliar a si mesmo ou aos outros precisou ser concomitantemente afetada. Aquele que se encontrava de fora *tinha* o distanciamento, mas Cohen afirma: "Ninguém, que não disponha de alguma forma de experiências pessoais com o campo de concentração, pode ter a mais pálida ideia da vida nesses campos." Gilbert se expressa de maneira análoga ao dizer: "A vida neste mundo não pode ser apreendida por aqueles que nunca viveram nele."

Enquanto aqueles que se encontravam fora experimentavam um distanciamento grande demais e quase não conseguiam mais se imiscuir nas vivências do campo de concentração, aquele que se encontrava "no cerne da situação" e que já tinha se inserido vitalmente aí, já apresentava há muito tempo um distanciamento pequeno demais. Em outras palavras, o problema fundamental residia no fato de se precisar supor que o critério de medida que deveria ser estabelecido para a realidade efetiva deformada da vida estaria, ele mesmo, desfigurado.

Apesar dessa ponderação por assim dizer ligada a uma crítica do conhecimento, o respectivo material de sua auto-observação tanto quanto da observação alheia, a soma de suas experiências e vivências, foi sedimentado por parte de especialistas em psicopatologia e psicoterapia em teorias, das quais não são tantas as coisas que precisam ser alijadas como subjetivas, uma vez que elas concordam bastante no essencial umas com as outras.

As exposições que se seguem baseiam-se não apenas nos respectivos escritos, mas sobre as próprias experiências nos campos de concentração de Auschwitz, Dachau e Theresienstadt. Cohen explica expressamente: "Auschwitz tinha todas as características gerais de um campo de concentração e só se distinguia de outros campos de concentração na medida em que lá ocorria a morte em massa de seres humanos nas câmaras de gás."

No caso das reações dos prisioneiros dos campos de concentração é possível distinguir, então, três fases: 1. O choque ao serem acolhidos, 2. As típicas alterações de caráter em meio à manutenção mais duradoura nos campos, 3. A fase da despedida. É possível encontrar uma divisão semelhante em Cohen, de acordo com o qual "o prisioneiro, durante a sua estada em um campo de concentração, tinha de passar por diversas fases, que podem ser classificadas como se segue: 1. A fase da reação inicial, 2. A fase da adaptação, 3. A fase da resignação".

1. O choque do acolhimento

Cohen descreve sua reação, até o ponto em que conseguiu observá-la por si mesmo, como uma aparente divisão da personalidade: "Tive a sensação de que eu não pertencia àquele lugar, de que o todo não me dizia respeito. Minha reação foi uma cisão entre sujeito e objeto." E ele prossegue dizendo que esse estado poderia ser considerado como uma despersonalização aguda, tal como ela tinha podido ser com frequência observada. Ao mesmo tempo, essa despersonalização precisaria ser concebida como uma medida de segurança, como um mecanismo de defesa do ego. Assim, aconteceu de aqueles que tinham acabado de chegar ainda se verem em condições de rir das "roupas" que tinham sido colocadas à sua disposição. Por fim, continua Cohen, teve lugar um trauma psíquico dos mais intensos: logo que os recém-chegados experimentaram o fato de que havia câmaras de gás no campo de concentração. A ideia da morte por gás gerou, em verdade, uma reação de horror, e essa reação, segundo sua experiência, irrompeu de maneira bastante intensa junto àqueles que precisaram escutar que suas mulheres e filhos tinham sido assassinados. De Wind também fala no mesmo contexto sobre "o mais intenso trauma com o qual já tivemos contato no âmbito das neuroses do medo". A resposta a isso, diz Cohen, não podia consistir em outra coisa senão em uma reação aguda de horror, e ele mesmo não foi poupado dessa reação ao chegar a Auschwitz.

Se quiséssemos classificar psiquiatricamente a fase do choque do acolhimento, então precisaríamos inseri-la certamente entre as reações anormais às vivências. Só que não se pode esquecer neste caso o fato de que, em uma situação de tal modo anormal como

196 ✳ Logoterapia e Análise Existencial ✳ Viktor E. Frankl

a que é representada pelo campo de concentração, uma reação vivencial extremamente "anormal" é algo normal. "Há coisas sobre as quais se acaba necessariamente perdendo a cabeça – ou não se tem cabeça alguma para perder" (Hebbel).

Imaginemos o seguinte: o transporte de 1.500 pessoas já se acha há alguns dias a caminho – em um trem, em cujos vagões se encontram a cada vez respectivamente 80 pessoas em torno de suas malas (o último resquício de suas posses); e, em verdade, de tal modo que só a parte superior da janela basculante está livre das mochilas, bolsas etc. empilhadas e permite uma visão da aurora que está surgindo. O trem mantém-se, então, aparentemente em uma estrada aberta; não se sabe bem se ainda se está na Silésia ou já se está na Polônia. O apito estridente da locomotiva soa sinistro, silvando como um grito de socorro premonitório da massa humana personificada pela máquina, levada por ela para uma grande desgraça, enquanto o trem, agora visivelmente diante de uma estação maior, começa um movimento hesitante. De repente, um grito sai da multidão angustiadamente apreensiva de pessoas no vagão: "Tem uma placa aqui – Auschwitz!". Com certeza, todos sentem necessariamente neste instante o coração parar. O trem continua seguindo lentamente adiante, como que hesitante, como se só quisesse confrontar, por assim dizer, paulatina e cuidadosamente aquele carregamento de homens desaventurados por ele transportado com o fato: "Auschwitz!". Agora, já se conseguia ver mais: ante a aurora da manhã que avançava já se percebia à esquerda e à direita da linha de trem surgirem os contornos de um campo de concentração de dimensões gigantescas. Muitas cercas de arame farpado infinitas, torres de vigilância, holofotes e longas colunas de figuras humanas esfarrapadas, envoltas em trapos, cinzas em contraste com o cinza da aurora e se movimentando lentamente e cansados pelas ruas ermas, retas e estreitas do campo de concentração – ninguém sabia: para onde. Escutavam-se aqui e acolá apitos de comando isolados – ninguém sabia: para quê. – Finalmente, entramos na estação. Ainda nada se mexia. De repente – gritos de comando daquele tipo peculiar de gritos agudos e bruscos, que passaríamos a escutar sempre uma vez mais a partir

6. ✳ Psicologia e psiquiatria do campo de concentração ✳ 197

de então em todos os campos de concentração e que soa assim como o último grito de um assassinado e, todavia, é diverso: fechado, rouco, como se estivesse saindo da garganta de um homem que sempre precisa gritar assim uma vez mais, que sempre é uma vez mais assassinado...

De repente, as portas dos vagões se abriram de maneira brusca e uma pequena malta de prisioneiros vestindo o uniforme usual listrado saltou para dentro dos vagões, com as cabeças raspadas, mas parecendo estar extremamente bem alimentados; eles falavam em todas as línguas europeias possíveis. Todos, porém, completamente marcados pelo tom de uma jovialidade que, neste momento e nesta situação, soava de algum modo grotesca. Eles não tinham uma aparência ruim, eles estavam evidentemente bem-dispostos e chegavam mesmo a rir; a psiquiatria conhece bem a figura doentia do desvario provocado pela misericórdia: aquele que se acha condenado à morte começa justamente no último instante, imediatamente antes de sua execução, a delirar e a pensar que seria efetivamente perdoado no último instante. Com isso, nós mesmos nos agarramos a esperanças e acreditamos também até o último momento que as coisas não seriam, sim, que elas simplesmente não poderiam ser tão terríveis assim. "Vejam os rostos bochechudos e corados destes prisioneiros!" Ainda não sabíamos nada sobre o fato de que se tratava de uma "elite" daquele grupo de prisioneiros que tinha sido selecionado exatamente para fazer o acolhimento do transporte de milhares de pessoas que chegavam diariamente à estação de trem de Auschwitz, isto é, que eram responsáveis por pegar as bagagens dos novatos, e, ao mesmo tempo, os objetos de valor que estavam guardados ou escondidos aí: os objetos de uso que se tornaram raros, do mesmo modo que as joias contrabandeadas. Mais ou menos todos nós, que estávamos em nosso vagão de transporte, encontrávamo-nos sob o efeito de um tal desvario de misericórdia, pensando que as coisas ainda podiam de algum modo acabar bem. Pois não podíamos apreender o sentido daquilo que estava acontecendo ali; foi só à noite que o sentido se tornou claro para nós. Fomos instruídos a deixar toda a bagagem no vagão, a descer e a formar respectivamente uma coluna de homens e mulheres, para desfilar, por fim, diante de um oficial superior da SS. Neste momento, vi que minha coluna se dirigia homem a homem para o oficial da SS. E, assim, repentinamente, ele se achava diante de mim: alto, magro, sisudo, em um uniforme indefectível e resplandecente – um homem elegante, bem asseado, completamente distante de nós, figuras miseráveis, que tínhamos efetivamente a aparência de estarmos há dias sem dormir e bastante descuidados. Com uma postura hierática, ele se achava parado ali, apoiando o cotovelo direito com a mão esquerda e, mão direita levantada, realizando com o dedo indicador dessa mão de maneira totalmente econômica um pequeno movimento de aceno – muito mais frequentemente para a esquerda... Nenhum de nós podia imaginar minimamente o significado que tinha esse mínimo movimento de um indicador humano – ora para a esquerda, ora para a direita, com muito maior frequência para a esquerda. Chegara a minha vez. O homem da SS me olha e me examina detidamente, parece hesitar ou estar em dúvida, coloca as duas mãos no meu ombro, eu me esforço por dar uma impressão "articulada", fico em posição de sentido, com o corpo ereto. Ele gira, então, lentamente meus ombros, de tal modo que sou dirigido para a direita – e corro em seguida para a direita, desaparecendo dali. À noite descobrimos o significado deste jogo com o dedo indicador: tratava-se da primeira seleção![1] A primeira decisão quanto ao ser e ao não ser; para a enorme maioria de nosso transporte, mais ou menos 90 por cento, tratava-se da sentença de morte (Frankl).

De fato, "o número de prisioneiros que eram trazidos para o interior dos campos de concentração pelos transportes dos judeus (e não eram mortos imediatamente nas câmaras de gás depois de sua chegada) somava em média, mais ou menos, 10 por cento de todas as pessoas que eram trazidas para Auschwitz" (Central Comission for Investigation of German Crimes in Poland. Warschau, 1947. Citado segundo Cohen).

---

1   Seleção era a expressão usual no campo de concentração para a escolha daqueles que deveriam ir para a câmara de gás com a próxima leva.

6. ✳ Psicologia e psiquiatria do campo de concentração ✳ 199

Na noite do mesmo dia, nós, a minoria transportada outrora, tomamos conhecimento disso. Perguntei a alguns camaradas que já se encontravam no campo de concentração há mais tempo para onde meu amigo P. poderia ter sido levado. "Ele foi enviado para o outro lado?" – "Sim", disse. "Então vai vê-lo ali", eles me disseram. "Onde?" Uma mão apontou para uma chaminé afastada uns seiscentos metros de onde estávamos, chaminé essa da qual uma chama que se alçava bem alto lançava labaredas de maneira sinistra em direção ao céu polonês amplo e cinzento, para que essas labaredas se dissolvessem em seguida em uma nuvem de fumaça mais escura. "O que há ali?" "Seu amigo está pairando ali no céu", as pessoas me responderam secamente. Tudo isso foi contado de maneira antecipativa. Ninguém conseguia ainda acreditar que se pudesse arrancar efetivamente tudo de alguém. Em seguida, tentei travar amizade com um dos prisioneiros mais antigos. Aproximei-me dele, apontei para um rolo de papel no bolso interno de meu casaco e disse: "Ei, veja bem! Tenho aqui um manuscrito de um livro científico comigo – sei o que você vai dizer – eu sei: sair daqui com vida, salvar daqui a vida nua e crua é tudo, já é o máximo que se pode pedir ao destino. Mas não tenho o que fazer, quero mais. Quero guardar comigo esse manuscrito, conservá-lo de algum modo – ele contém a obra de minha vida; você me entende?" Nesse momento, ele começou a entender, com certeza: ele começou a sorrir ironicamente, de início mais por compaixão, e, então, mais por divertimento, de modo trocista, cheio de escárnio, até que ele berrou comigo, por fim, fazendo uma careta horrível. Com isso, ele encerrou minha questão com uma única palavra, por ele vociferada, uma palavra que sempre se escutou uma vez mais desde então como *a* palavra-chave do tesouro vocabular dos prisioneiros dos campos de concentração. Ele gritou: "Merda"! Nesse momento, soube imediatamente como estavam as coisas. Fiz aquilo que representou o ponto alto de toda esta primeira fase de reações psicológicas: passei uma régua em toda a minha vida até aqui! (Frankl)

A aporia inerente à situação, o risco de morte que se esgueirava a cada dia, a cada hora, a cada minuto, a proximidade da morte dos outros – da maioria –, tudo isso tornava propriamente óbvio o fato de que quase todos pensavam, ainda que durante um tempo muito breve, em suicídio. Ora, é mais do que compreensível que um homem em tal situação leve em consideração a hipótese de "se lançar contra o arame farpado"; com esta expressão comum nos campos de concentração, o que se estava designando era o método aí usual do suicídio: contato com a cerca de arame farpado carregada com uma corrente de alta tensão. A decisão de não se lançar contra o arame farpado não era naturalmente difícil para as pessoas em Auschwitz: a tentativa de *suicídio* era aí, por fim, praticamente sem sentido; a média dos internos por lá não tinha, em termos puramente das expectativas no sentido de um cálculo de probabilidades ou em termos da "expectativa de vida", como contar com a possibilidade de poder estar entre aquele percentual totalmente parco que sobreviveria a todas as outras seleções que ainda se achavam iminentes e a todos os tipos diversos de seleção. Em Auschwitz, o prisioneiro que ainda se achava sob o choque do acolhimento não temia de maneira nenhuma a morte; para ele, nos primeiros dias de sua permanência, a câmara de gás não representava mais há muito tempo nenhum horror. Ao contrário, ela se mostrava muito mais simplesmente como algo que poupava o suicídio. Logo em seguida, porém, a atmosfera de pânico cedia a uma indiferença, e, com isso, já nos encontramos em meio às alterações de caráter, ou seja, na segunda fase.

2. A fase de adaptação

Neste caso, precisamos ter consciência de quanto é correta a sentença de Dostoievski, na qual ele define o homem como o ser que a tudo se acostuma. Cohen diz *ad hoc*: "Tanto a capacidade física quanto a espiritual de adaptação do homem são muito grandes, no mínimo muito maiores do que eu teria tomado como possível. Quem teria podido imaginar que alguém que fica sabendo do fato de todas as pessoas que lhe eram queridas terem sido mortas nas câmaras de gás ou que observa ou experimenta em si mesmo a crueldade de um campo de concentração 'só' reagiria da maneira descrita? Todos não teriam esperado que o homem em questão ou bem reagiria de modo agudamente psicótico, ou bem seria impelido a se suicidar?" E Bettelheim "se espanta o tempo inteiro com o fato de se poder suportar tantas coisas sem cometer o suicídio ou ficar louco". Em comparação com a grande quantidade de prisioneiros, contudo, a taxa de suicídios era muito pequena (Cohen). No que concerne ao campo de concentração de Theresienstadt, Lederer retoma a realização de uma estatística, da qual se constata o fato de que, durante o período entre 24 de novembro de 1941 e 31 de agosto de 1944, dos 32.647 casos de morte, 259 foram registrados como suicídio. "Considering the inhuman conditions of life, suicide was inexplicably rare"[2] (E. Hess-Thaysen, J. Hess-Thaysen, Kieler e Thygesen).

A apatia é, por assim dizer, um mecanismo de autoproteção. Aquilo que tinha anteriormente excitado ou irritado o prisioneiro de acordo com as circunstâncias, levando-o à indignação ou ao desespero, aquilo que ele precisava observar concomitantemente à sua volta ou mesmo aquilo do que ele precisava participar, passou a se chocar a partir de agora com uma espécie de camada blindada, com a qual ele se envolveu. Trata-se aqui de um fenômeno de adaptação psíquica ao mundo circundante propriamente dito; aquilo que ocorre nesse mundo passa a só ganhar a consciência de maneira ofuscada. A vida afetiva é reduzida a um nível mais baixo. Os interesses são restritos às necessidades imediatas, mais urgentes. Todas as aspirações aparecem concentradas em um único ponto: sobreviver ao respectivo dia. Quando os prisioneiros dos campos de concentração andavam tropeçando à noite pelos campos cobertos de neve, cansados e aviltados, com frio e com fome, impelidos a voltar para os campos de concentração pelos "comandos de trabalho", sempre era possível escutar deles o suspiro de aflição: "Pois bem, mais um dia sobrevivido!"

No geral, no que diz respeito aos internos dos campos de concentração, é possível dizer que eles se refugiavam em uma es-

---

2   N.T.: Em inglês no original: "Considerando as condições desumanas de vida, o suicídio era inexplicavelmente raro".

pécie de hibernação cultural. Só que tudo aquilo que serve à auto-conservação se impõe de maneira tanto mais inexorável. "Só tinha um único pensamento: como posso sobreviver", diz Cohen. Psicanalistas que estavam entre os detentos dos campos de concentração costumavam falar nesses casos de uma regressão, de um retrair--se em modos de comportamento primitivos. "Meu interesse não estava lançado para além da questão: como poderia receber mais comida e chegar a um grupo de trabalho parcialmente suportável? Este estilo de vida e esta postura existencial não podem ser compreendidas de outra forma senão como regressão", é o que acha o autor que citamos anteriormente; "no campo de concentração, o homem foi retrojetado para a sua base mais animal. Trata-se aí de uma regressão à fase mais primitiva da pulsão de auto-conservação".

A primitividade da vida interior no campo de concentração encontra uma expressão característica nos sonhos típicos dos prisioneiros. Na maior parte do tempo, eles sonham com pão, tortas, cigarros e com um bom banho quente de banheira. Também se fala incessantemente de comida: quando os prisioneiros estão juntos nos "comandos de trabalho" e quando os vigias não se mantêm próximos deles, eles trocam receitas e descrevem pictoricamente uns para os outros que pratos maravilhosos eles serviriam uns aos outros, quando um dia, depois de sua libertação, um convidasse o outro para comer em sua casa. Os melhores dentre eles ansiavam pelo dia em que não precisariam mais passar fome, não em função da boa comida, mas para que cessasse finalmente o estado de indignidade humana no qual eles não conseguiam pensar em outra coisa senão em comida. – Se a vida no campo de concentração (mesmo nos casos excepcionais) conduzia à primitividade e à subnutrição, a tal ponto que precisamente a pulsão ao alimento se tornava o tema principal, em torno do qual giravam os pensamentos e os desejos, então também é do mesmo modo provável que um desinteresse peculiar por todos os temas sexuais de diálogo se devesse preponderantemente à subnutrição. Kautsky leva-nos a refletir sobre o fato de que, já na época anterior à guerra, na qual a alimentação era suficiente, tinha sido possível observar um adormecimento das pulsões sexuais. De acordo com Thygesen e Kieler, a sexualidade não se mostrava de maneira alguma como um problema para o internado médio. "Sexual topics of conversation and smutty stories were exceptional among the ordinary prisioners, in contrast to what is normal for example among soldiers."[3]

Ao lado da indiferença anteriormente discutida que é própria à segunda fase entra em cena, então, uma irritabilidade expressa,[4] de tal modo que a psique do prisioneiro dos campos de concentração é passível de ser, por fim, caracterizada pelos traços da apatia e da agressão.

A maioria dos prisioneiros é atormentada compreensivelmente por um sentimento de inferioridade. Cada um de nós foi um dia "alguém" ou ao menos acreditava ter sido alguém. Agora, porém, aqui, ele é literalmente tratado de tal modo como se não fosse ninguém. (É claro que uma autoconsciência ancorada em âmbitos mais essenciais e mais elevados, ancorada no âmbito espiritual, não tinha como ser abalada pela situação no campo de concentração; mas quantos homens e mesmo quantos prisioneiros têm tal autoconsciência inflexível?) Sem refletir muito sobre isso, sem que ele tivesse muita consciência disso, o prisioneiro dos campos de concentração se sente por natureza completamente desclassificado. Essa vivência, porém, só se torna atual por meio do efeito de contraste, que vem à tona a partir da estrutura sociológica única da vida no campo de concentração. Penso neste caso justamente naquela minoria de prisioneiros, que eram por assim dizer considerados como proeminentes, os chefes e os cozinheiros, os editores de jornais e os "policiais dos campos de concentração" – todos eles compensavam o sentimento primitivo de iniquidade; em geral, eles não se sentiam de maneira alguma desclassificados como a "maioria" dos prisioneiros habituais, mas antes pouco a pouco – por cima. Sim, eles desenvolviam entre outras coisas um

---

3   N.T.: Em inglês no original: "Temas sexuais de conversação a histórias picantes eram excepcionais entre os prisioneiros comuns, em contraste com o que é normal, por exemplo, entre soldados."

4   Kautsky acha que o estado do nunca-estar-sozinho contribuiu da forma mais intensa possível para o surgimento da irritabilidade.

delírio de Cesar *en miniature*. A reação psíquica da maioria rancorosa e invejosa ao comportamento da minoria encontrava vazão de diversas maneiras – vez por outra, mesmo em chistes pérfidos. Um chiste como este conta-nos, por exemplo, o seguinte: dois prisioneiros estão falando um com o outro, e um deles observa em relação a um terceiro – que faz parte justamente dos "arrivistas": "Tinha conhecido este homem quando ele ainda era apenas presidente da maior casa bancária; agora ele se arroga a posição de chefe."

A interpretação das reações psíquicas ao campo de concentração como a regressão a uma estrutura primitiva da pulsionalidade não permaneceu a única. Utitz interpretou as típicas alterações de caráter que ele acreditou poder observar nos detentos dos campos de concentração como a transposição de um tipo de caráter ciclótimo para um esquizótimo. O que lhe chamou a atenção, contudo, foi o fato de que, junto à maioria dos detentos nos campos de concentração, não se fazia presente apenas a apatia, mas também a irritabilidade. As duas situações afetivas correspondiam, neste caso, inteiramente à proporção psicoestética do comportamento esquizótimo no sentido de E. Kretschmer. Abstraindo-se de toda questionabilidade psicológica de tal mudança de caráter ou de tal alternância de dominação, esta esquizoidificação – aparente – pode ser explicada em nossa opinião de maneira simples: a grande massa de prisioneiros sofria por um lado de uma falta de alimentos e, por outro, de uma falta de sono – uma consequência da praga parasitária causada pela superpopulação das celas. Enquanto a subnutrição deixava as pessoas apáticas, o déficit crônico de sono as deixava irritadiças. A esses dois momentos causais, porém, se acrescentaram ainda outros dois: a supressão daqueles dois venenos civilizatórios, que mitigavam na vida normal precisamente a apatia e a irritabilidade: a cafeína e a nicotina.

Em tudo isso é preciso levar em consideração o fato de que, de acordo com um cálculo de Gsell, a quantidade de caloria diária ingerida durante o inverno de 1944/45 no campo de concentração Ravensbrück somava 800 até 900 calorias, no campo de concentração Bergen-Belsen, 600 até 700, e no campo de concentração

6. * Psicologia e psiquiatria do campo de concentração * 205

Mauthausen, 500. Em termos calóricos, uma alimentação absolutamente insuficiente, principalmente com vistas ao pesado trabalho corporal, à exposição ao frio e, ainda por cima, às roupas extremamente precárias.

Utitz também procurou interpretar a situação interior do prisioneiro dos campos de concentração de uma outra maneira, e, em verdade, acentuando o fato de que se tratava aí de uma existência provisória. Em nossa opinião, essa caracterização carece de um complemento essencial: sob esta forma de existência humana justamente não se trata apenas de algo pura e simplesmente provisório, mas de algo provisório "sem data para acabar". Antes de os prisioneiros pisarem o campo de concentração, eles se encontravam em um estado de humor que pode ser comparado com aquele no qual o homem se acha, por exemplo, diante do além, do qual ninguém ainda retornou: de alguns campos de concentração ninguém tinha ainda retornado ou ao menos nenhuma notícia sobre tal retorno tinha conseguido entrar na esfera pública. No que se adentrava o espaço do campo de concentração, contudo, o fim da incerteza (sobre as condições lá) trazia consigo ao mesmo tempo a incerteza do fim. Ora, nenhum prisioneiro conseguia saber por quanto tempo ele precisaria se manter ali. O quão invejável nos parecia efetivamente um criminoso pesado, por exemplo, que sabia exatamente que teria de cumprir os seus dez anos – que podia calcular respectivamente quantos dias ele tinha de riscar até a sua liberação... Homem feliz! Pois nós todos, no campo de concentração, não tínhamos ou não conhecíamos nenhuma "data para irmos embora", e nenhum de nós sabia quando o fim chegaria. De acordo com uma frase com a qual todos os camaradas concordavam, este era um dos fatos psiquicamente mais aflitivos da vida no campo de concentração! E os muitos boatos, que circulavam dia após dia, hora após hora, entre a massa humana amontoada e que contavam sobre um "fim" a cada vez próximo e iminente, nunca conduziam senão cada vez mais a uma desilusão ainda mais fundamental ou mesmo definitiva. A indeterminação do momento da liberação gera no prisioneiro do campo de concentração o sentimento de uma duração de aprisionamento praticamente ilimitada, porque não demarcável. Assim, com o tempo, ele desenvolvia um sentimento de estrangeiridade em relação ao mundo para além do arame farpado; através do arame farpado, ele via os homens e as coisas lá fora, como se elas não fossem deste mundo, como se ele tivesse "se perdido do mundo". O mundo dos não detentos oferecia-se à sua visão tal como só um morto pode ver do além: de maneira irreal, inacessível e inatingível – fantasmagórica.

A ausência de um prazo final para o modo de existência no campo de concentração leva à vivência da ausência de futuro. Um dos prisioneiros, que marchava em uma longa coluna para o seu futuro campo de concentração, relatou certa vez que teria tido a sensação de que estaria seguindo atrás de seu próprio cadáver. Foi a tal ponto que a sua vida se lhe mostrou como sem futuro, como não sendo mais outra coisa senão passado, como já tendo justamente passado – como a vida de um morto. A vida de tais "cadáveres vivos" transforma-se em uma existência preponderantemente retrospectiva. Suas ideias pairam sempre uma vez mais em torno dos mesmos detalhes da vivência passada; as minúcias mais cotidianas vêm aí à luz em meio a uma transfiguração de conto de fadas.

Em face da estrutura essencialmente temporal, então, que é própria a toda existência humana, é mais do que compreensível que a vida no campo de concentração traga consigo uma perda existencial estrutural. Sem um ponto fixo no futuro, o homem não consegue propriamente existir. É a partir desse ponto que todo o seu presente normalmente se configura, dirigido para ele como a limalha de ferro para um polo magnético. Inversamente, o tempo interior, o tempo vivencial, perde toda a sua estrutura, onde quer que o homem perca o "seu futuro". Chega-se neste caso a um deixar-se levar pelo presente – por exemplo, tal como Thomas Mann o descreve na *Montanha mágica*, na qual o que está em questão são tuberculoses incuráveis, que também não conhecem nenhum prazo final. Ou então surge aqui aquele sentimento vital de ou mesmo o sentimento do vazio de conteúdo e da ausência de sentido da existência, que impera sobre certos desempregados; eles também experimentam uma decomposição estrutural da vivência temporal, tal como revelou uma série de pesquisas psicológicas com mineiros desempregados (Lazarsfeld e Zeisel).

A palavra latina *finis* significa tanto fim quanto meta. No instante em que o homem não consegue mais vislumbrar o fim de algo provisório no interior de sua vida, ele não consegue mais tampouco estabelecer nenhuma meta para a sua vida, ele não consegue mais colocar para si nenhuma tarefa; a vida precisa perder aos seus olhos todo conteúdo e todo sentido. Inversamente, o direcionamento do olhar para o "fim" e para uma meta no futuro constitui aquele apoio espiritual, do qual o prisioneiro do campo de concentração tanto precisa, porque esse apoio espiritual é o único que estaria em condições de preservar o homem ante a decadência frente aos poderes do mundo circundante social que cunham o caráter e formam os tipos, ou seja, frente ao deixar-se cair.

Quem não pode se dirigir para nenhum ponto final, para nenhum ponto temporal no futuro, para nenhum ponto de apoio, acaba se deixando cair internamente. A decadência psíquica a partir da ausência de um apoio espiritual, o deixar-se cair completamente na total apatia, era entre os prisioneiros dos campos de concentração um fenômeno tão conhecido, quanto temido, que se realizava com frequência de maneira tão rápida, que conduzia em poucos dias à catástrofe. Tais detentos permaneciam um dia simplesmente em suas barracas, se recusavam a seguir a chamada ou a entrar na divisão de um "comando de trabalho", não se ocupavam com a feitura do prato de comida, não se lavavam mais, e nenhuma censura, nenhuma ameaça conseguia arrancá-los da apatia; nada os assustava mais, mesmo nenhuma punição; eles deixavam que essas punições caíssem sobre suas cabeças apáticos e indiferentes – tudo era para eles "a mesma coisa". Este permanecer parado – em meio às próprias fezes e urina – significa uma ameaça à vida não apenas em um aspecto disciplinar, mas também em um aspecto imediato, vital. Foi isso que se mostrou claramente naqueles casos, nos quais a vivência da "ausência de fim" se abateu de repente de maneira total sobre os prisioneiros. Quanto a isso, um exemplo:

No início de março de 1945, um camarada do campo de concentração me contou que, no dia 2 de fevereiro de 1945, tinha tido um sonho: uma voz, que se revelou como profética, lhe disse que ele precisaria perguntar algo a ela – que ele poderia perguntar tudo a ela. E ele perguntou a ela quando a guerra teria um fim para ele. A resposta foi: no dia 30 de março de 1945. Esse dia 30 de março se aproximava, mas as coisas não mostravam, de maneira alguma, que a "voz" tinha efetivamente razão. No dia 29 de março, meu camarada ficou muito febril e delirante. No dia 30 de março, ele perdeu a consciência. No dia 31 de março, ele morreu: a febre tifoide o tinha apanhado e levado embora. De fato, no dia 30 de março, naquele dia em que ele perdeu a consciência, a guerra chegou ao fim "para ele".

Podemos supor com razão e com toda a seriedade clínica que, por meio da desilusão que o transcurso real e efetivo das coisas tinha preparado para ele, o tônus biológico, a situação imunológica, a força de resistência do organismo tinham decaído e a doença infecciosa que dormitava nele encontrou, por fim, um jogo fácil demais.

Em consonância com a nossa concepção desse caso encontra-se uma observação feita em uma escala maior. Sobre esse caso há o relato do médico de um determinado campo de concentração: os presos de seu campo de concentração tinham se entregue como um todo à esperança de que estariam uma vez mais em casa no natal de 1944. O natal chegou, mas as notícias de jornal foram tudo, menos encorajadoras para os presos. Qual foi a consequência? Na semana entre o natal e o ano-novo houve uma morte em massa no campo de concentração, morte essa que nem tinha sido vista até então, nem teria sido passível de ser explicada por meio de circunstâncias tais como mudanças nas condições climáticas, piora nas condições de trabalho ou a aparição de doenças infecciosas.

Em última instância, porém, as coisas se mostravam de tal modo que a decadência psíquica e corporal dependia do posicionamento espiritual, e este posicionamento espiritual era um posicionamento livre! E, por mais que se pudesse retirar tudo de um prisioneiro no momento em que ele era entregue ao campo de concentração, tudo, até mesmo os seus óculos e o seu cinto – ele continuava tendo essa liberdade, e esta permaneceu com ele literalmente até o último instante, até o último suspiro. Tratava-se da liberdade de se portar de tal ou tal modo – e havia aí um "de tal ou de tal modo". Havia sempre, uma vez mais, aqueles que conseguiam reprimir a sua irritabilidade e superar a sua apatia. Esses eram aqueles homens que atravessavam as barracas do campo de concentração, que se colocavam nos postos de chamada e que mantinham em um caso uma palavra de consolo e, no outro, um último pedaço de pão. Eles foram testemunhas vivas de que não está de maneira alguma decidido o que o campo de concentração faz de alguém: se nos tornamos um típico prisioneiro de campo de concentração ou se, porém, mesmo nesta situação-limite mais extrema, continuamos homens. Isso encontrava-se respectivamente em decisão. Portanto, não se podia dizer de maneira alguma que o homem precisaria decair necessária e obrigatoriamente sob o poder do mundo circundante do campo de concentração, um poder que cunhava o seu caráter: graças àquilo que denominei em outros contextos o "poder consolador do espírito", ele tinha fundamentalmente a possibilidade de se manter também fora da influência desse mundo. Caso ainda fosse necessária para mim uma prova de que o poder consolador do espírito é uma realidade – o campo de concentração foi o *experimentum crucis*.

E quando Freud afirma: "Se fizermos um experimento e expusermos uma quantidade dos mais diferentes homens uniformemente à fome, veremos o seguinte. Com o acréscimo da necessidade imperiosa de alimento, todas as diferenças individuais se apagarão e, em seu lugar, aparecerão as manifestações uniformes de uma mesma pulsão não aplacada" – as coisas simplesmente não se mostraram assim. Mesmo um autor tão psicanaliticamente orientado como Cohen concede: "De fato, também havia prisioneiros que não foram totalmente tomados pelo egoísmo, mas que ainda deixaram espaço para sentimentos e sensações altruístas, e que tinham compaixão com seus próximos. Aparentemente, as condições no campo de concentração não podiam produzir neles de maneira alguma o mesmo efeito que nos outros presos". Algo semelhante é acentuado por Adler no quadro de uma monografia científica abrangente sobre o campo de concentração de Theresienstadt: "não se pode conceber a mudança de caráter como uma mudança de postura ou como decadência de uma eticidade ancorada. Só os hábitos sociais é que foram destruídos na maioria das vezes da noite para o dia, como se eles nunca tivessem estado ali... Quem se manteve sem maiores danos em tais desertos psíquicos, realizou algo extremo".

Com certeza: eles eram raros – aqueles homens que tinham se decidido em favor da possibilidade fundamental de conservar sua humanidade; *sed omnia praeclara tam difficilia, quam rara sunt*. Mas *tudo* o que é grande é tão difícil de realizar quanto é raro de encontrar – é assim que se acha formulada a última sentença da *Ética* de Benedito Spinoza. Ou seja, foram poucos aqueles que conseguiram preservar sua humanidade; mas eles deram aos outros um exemplo, e esse exemplo desencadeou aquela reação em cadeia, que é própria ao modelo. Eles nunca consideraram a vida no campo de concentração como um mero episódio – para eles, ela era antes uma situação de provação e tornou-se o ápice de sua existência. Não obstante, não é possível afirmar em relação a esses homens que eles teriam levado a termo uma regressão; ao contrário, considerado moralmente, aquilo que eles vivenciaram foi uma progressão, o que eles experimentaram foi uma evolução: moral – e religiosamente. Ora, para um tal prisioneiro, contudo, na prisão e por meio da prisão, interrompe-se uma ligação inconsciente ou reprimida com Deus.

Com isso, porém, já nos encontramos diante da discussão da terceira fase, da fase da despedida no interior da psicologia do prisioneiro dos campos de concentração.

3. A fase da despedida

No que diz respeito à sua reação à liberação, é possível dizer brevemente o seguinte: no início, tudo se mostra para ele como um belo sonho, ele não ousa ainda acreditar que aconteceu. Alguns belos sonhos já o tinham iludido antes! O quão frequentemente ele não tinha sonhado com a sua libertação – sonhado com o modo como chegaria em casa, abraçaria sua mulher, cumprimentaria seus amigos, se sentaria à mesa e começaria a contar, contar suas vivên-

6. ✳ Psicologia e psiquiatria do campo de concentração ✳ 211

cias, contar como ele tinha ansiado pelo momento do reencontro e o quão frequentemente ele tinha sonhado com este instante, até que finalmente desta vez ele se tornou realidade. Neste momento, então, soam os três apitos, que comandam bem cedo pela manhã o levantar da cama, entrando em seu ouvido e arrancando-o do sonho, que apenas o iludira em relação à liberdade, que estava apenas fazendo pouco caso dele. Um dia, porém, aquilo pelo que ele ansiou e com o que ele sonhou se torna realidade. O liberto ainda está tomado por uma espécie de sentimento de despersonalização. Ele ainda não consegue se alegrar propriamente com a vida – ele precisa primeiro aprender uma vez mais a se alegrar, ele o desaprendera. Se no primeiro dia de liberdade o presente se lhe mostrou como um belo sonho, as coisas chegam algum dia ao ponto em que o passado só se apresenta para ele como um sonho ruim.

O prisioneiro liberto também carece ainda da orientação psicológica. Precisamente a libertação, a despedida repentina, a descarga da pressão psíquica significa, por sua vez – em um aspecto psicológico –, um perigo. O que ameaça aqui em uma relação caracterológica não representa outra coisa senão a contraparte psíquica à doença de Caisson.

II. Psiquiatria do campo de concentração

Cohen diz que não era possível observar neuroses, no sentido mais restrito da palavra, nos campos de concentração; os neuróticos se recuperavam por lá. Kral descreve reações e comportamentos dos internos que se encontravam no campo de internação de Theresienstadt, um campo que se distinguia em alguns aspectos do típico campo de concentração. Kral acentua como notável a *melhora de pesadas neuroses compulsivas na situação desse campo*: muitos pacientes teriam sido reconhecidos por psiquiatras no tempo anterior à guerra como sofrendo de pesadas e longas psiconeuroses (fobias e neuroses compulsivas) e essas neuroses teriam ou bem desaparecido completamente em Theresienstadt, ou bem teriam melhorado a um tal grau que os pacientes podiam trabalhar e não precisavam de nenhuma ajuda médica. Helweg-Larsen

212 ✳ Logoterapia e Análise Existencial ✳ Viktor E. Frankl

e seus colaboradores dedicaram em seu livro, que se apoia na pesquisa de 1.282 dinamarqueses que sobreviveram à internação em campos de concentração alemães e que levou em consideração 500 trabalhos oriundos da bibliografia internacional correspondente, um capítulo próprio sobre as transformações psíquicas. A seção correspondente funda-se principalmente em observações e vivências próprias dos respectivos autores. Reações depressivas, neuroses do medo, psicoses,[5] sintomas histéricos e tentativas de suicídio só eram observados raramente. A imagem de fato dos campos de concentração não mostrava de maneira alguma uma semelhança com a imagem descrita nas publicações anglo-saxãs, que diziam respeito a campos de prisioneiros de guerra no Leste médio e distante.

Sintomas psíquicos, que entravam em cena com a subnutrição crônica, consistiam em "apatia, adiamento da reação e diminuição da força de concentração e da memória" (Cohen). Em oposição a Wulfften-Palthe, que pôde observar nos campos de concentração japoneses o fato de, na última fase de uma subnutrição de um grau mais elevado, ter se dado um acréscimo da intensidade e da frequência das perturbações psíquicas e ter surgido a ocasião para o aparecimento de estados agudos de confusão, temos a constatação de Glastra van Loon de que nos Países Baixos a subnutrição transcorria de maneira silenciosa, sem sintomas, e mesmo a morte era uma morte tranquila, algo que se acha em concordância com as observações de Cohen.

Thygesen e Kieler descrevem as mais curiosas transformações psíquicas: prejuízo da memória – falta de libido – apatia. Em contrapartida, raramente se tinham reações depressivas, neuroses

---

5   No campo de concentração de Theresienstadt havia um setor de psiquiatria, que tinha sido alocado nas casamatas da mais desesperadora caserna. Lá imperavam condições de arrepiar o cabelo, tal como acentua Adler, condições que desencadeavam mesmo nos mais embrutecidos prisioneiros um profundo horror. Nesse setor, 200 pacientes acocoravam-se "duradouramente nos mais miseráveis buracos por detrás de janelas gradeadas no escuro ou nas trevas, onde o lamento de todo o 'gueto' se intensifica de maneira desmedida".

do medo e sintomas histéricos. Só teria havido, segundo eles, de maneira totalmente excepcional, tentativas de suicídio. Somente em casos raros, de acordo com os autores, a suposição etiológica de uma falta de vitamina parecia fundada. Seria preciso pensar antes, segundo os autores, que as síndromes psíquicas aqui descritas, as perturbações mentais características da doença provocadas pela fome, expressam transformações funcionais ou mesmo morfológicas no cérebro. Entre outras coisas, Lamy pôde constatar em uns poucos casos em meio à autópsia um nódulo cerebral, que tinha se manifestado *intravitam* sob a forma de um delírio, de uma completa desorientação e de uma rigidez da nuca.

No que diz respeito aos que estavam voltando para casa vindos dos campos de concentração, de acordo com Hoffmeyer e Hertel-Wulff, eles apresentavam muitos sintomas: inquietude, cansaço, falta de concentração, excitabilidade, inconstância, fraqueza de memória, deficiência de concentração, irritabilidade, sintomas vegetativos, depressão e dores de cabeça. Setenta e oito por cento mostravam sintomas neuróticos; 47 por cento se queixavam de sonhos atemorizantes com o campo de concentração. Em toda uma série de casos passavam-se de seis ou mais meses, até que múltiplos sintomas se desenvolvessem; e isso para mostrar em seguida, porém, um transcurso prolongado, em alguns casos sem tendência de cura, de modo que muitos ainda sofriam com as consequências do campo de concentração quatro anos depois de terem retornado para casa ou mesmo cronicamente (44 por cento). O percentual de ex-internos com sintomas nervosos pesados era proporcional ao peso das condições de vida nos campos de concentração particulares. Assim, 52 por cento dos que tinham sido "muçulmanos"[6-7] e 75 por cento daqueles que tinham contraído febre tifoide mostravam pesadas neuroses ligadas ao retorno à casa. Essas neuroses foram reconduzidas por Hoffmeyer e por Hertel-Wulff tanto a traumas

---

6 Uma figura deplorável, um decadente, que tem uma aparência doentia, emagrecido e sem poder mais trabalhar pesadamente.

7 **N.T.:** Termo utilizado pelos nazistas para designar os internos condenados à morte nos campos de concentração.

214 ✳ Logoterapia e Análise Existencial ✳ Viktor E. Frankl

físicos, quanto a traumas psíquicos. O fato de, entre os fatores etio-
lógicos das "neuroses" ligadas ao retorno à casa, ser preponderante
o estresse puramente somático é bastante provável, e, em verdade,
com vistas à correlação expressa entre a perda de peso e o grau de
intensidade das neuroses. A falta de fenômenos ligados ao fracasso
não exclui de maneira alguma uma gênese somática da "neurose"
ligada ao retorno dos campos de concentração! Assim como ela
não alija a possibilidade de períodos intermediários de latência.

Segundo Gsell, casos medianamente intensos precisam de
quatro a oito semanas, para que as pessoas se recuperem parcialmente da doença provocada pela fome, enquanto edemas leves
no tornozelo persistiam por meses a fio. Rosencher fala de uma
"hiperatividade simpática" de no mínimo seis meses de duração,
e Bok afirma que só depois de um longo tempo é possível pensar
em uma recuperação completa. Até esse ponto, os pacientes ficam
facilmente cansados, mesmo em um aspecto espiritual, aprendem
lentamente e tendem a recaídas dos edemas nos tornozelos, logo
que ficam parados em pé ou andam por aí. Do mesmo modo, porém, eles também tendem a ter diarreia; pacientes mulheres com
frequência só menstruam meses depois.

Na Dinamarca, no quadro das investigações cuidadosas realizadas por conta do Estado com os combatentes da resistência
segundo um aspecto psiquiátrico, esta síndrome foi designada
por von Hermann como a síndrome do campo de concentração,
enquanto na França falava-se da síndrome astênica dos deportados. A fragilidade vegetativa também se encontrou como o ponto
central no congresso de medicina social realizado em Copenhagen em junho de 1954 sobre a patologia dos antigos deportados
e internados. Von Hermann, com base em reflexões muito pene-
trantes, recusou neste contexto uma base desta sintomática que
estivesse ligada puramente à neurose da aposentadoria. Talvez não
seja desimportante, diz Bansi, o fato de Michel, como representan-
te alemão dos antigos internos dos campos de concentração, procurar ver considerada sob um aspecto diverso uma cisão dos dois
grandes grupos de deportados, a saber, os prisioneiros de guerra e
os presos políticos presentes nos campos de concentração alemães,

uma vez que, no caso de tais presos, além da desumanização das condições de vida e da fome, se acrescentou ainda o sentimento duradouro do aviltamento e a sobrecarga descomunal por meio dos abusos corporais e, em última instância, por meio da ameaça da execução. Precisar-se-á certamente admitir que este estresse psíquico adicional não esteve em questão para a maioria dos prisioneiros de guerra e que, por isto, no caso dos deportados para os campos de concentração, os traumas psíquicos teriam sido ainda maiores do que no caso dos prisioneiros de guerra famintos. No que diz respeito ao prisioneiro judeu, ele tinha de suportar, segundo Cohen, a consciência do assassinato de seus esposos e esposas, de seus filhos, de seus pais etc.

Kolle supervisionou pessoalmente 216 relatórios, que a Clínica de Munique tinha feito nesta área, e investigou ele mesmo muitos casos. Em 79 casos, teria sido possível, segundo ele, comprovar um dano cerebral orgânico; em 29 casos, os pacientes apresentavam estados residuais de contusões cerebrais (abusos ou acidentes de trabalho durante o período de aprisionamento). Espantoso teria sido o número relativamente alto de danos cerebrais objetivamente comprováveis por febre tifoide (dez pessoas). Os diagnósticos de dano cerebral por encefalite provocada por febre tifoide apoiaram-se sempre sobre sintomas característicos, tal como a síndrome de Parkinson, ataques narcolépticos, diabetes insipidus etc.; com frequência teriam sido encontrados resultados eletroencefalográficos que apontavam para danos cerebrais basais. A possibilidade de que este transcurso desfavorável acontecesse antes de tudo em pessoas distróficas subnutridas precisaria, segundo ele, ser levada em consideração. Em seis casos, Kolle pôde comprovar clínica e pneumoencefalograficamente uma pesada atrofia cerebral. No entanto, é preciso supor que um número maior de processos de atrofia cerebral não foi apreendido, porque muitos dos pacientes acompanhados se recusavam com frequência a se submeter a intervenções como a punção lombar ou mesmo a pneumoencefalografia.

As sobrecargas corporais e psíquicas extraordinárias produzidas por medidas de perseguição teriam posto em perigo em particular as pessoas mais velhas e as pessoas *velhas*.

De 18 jovens judeus que Kolle investigou, muitos teriam permanecido parados no estágio de desenvolvimento psíquico, alguns mesmo no estágio de desenvolvimento corporal, que eles tinham no momento em que foram presos. Um tíbio crescimento, traços sexuais secundários ausentes ou precários e perturbações de outras funções endocrinamente controladas teriam estado acopladas com um retardo psíquico-espiritual. Essas atrofias condicionadas pelo mundo circundante não teriam acompanhado a liberdade que lhes tinha sido uma vez mais devolvida. Em 12 (no conjunto de 18) casos, tinha havido perda dos dois pais.

Tal como podemos deduzir do relatório de Kolle, aproximadamente um terço de todos aqueles que receberam um parecer foram caracterizados apenas por meio da síndrome da "indisposição crônica". Algo tão terrível tinha acontecido com esses judeus perseguidos, que Kolle não vê aqui nenhuma desproporção entre ensejo e amplitude da reação. Kolle só viu um tal estado de depressão crônico-reativo em um único caso sob o grupo das pessoas perseguidas por razões políticas. Os destinos dos perseguidos por causa de sua orientação política, ideológica e religiosa não poderiam ser simplesmente comparados com aqueles destinos dos judeus.

Em 23 casos, Kolle observou perturbações nervosas em uma dimensão que prejudicava significativamente a capacidade de emprego. Tratava-se neste caso de judeus, dos quais a maioria se mostrava como os únicos sobreviventes de uma família originariamente grande. "Muitos não esqueceram até hoje as vivências que estavam em conexão com a prisão e a morte de seus parentes mais próximos; eles foram perseguidos por elas, dia e noite – até o sonho."

As exposições de Kolle só podem ser completamente confirmadas com base em experiências totalmente análogas do setor neurológico da Policlínica de Viena confrontada do mesmo modo dia e noite com os mesmos pareceres.

Kolle fecha suas exposições com as seguintes palavras: "A linguagem da psiquiatria é pobre demais para conceber conceitualmente tudo aquilo que o experto na avaliação dos perseguidos de guerra experimenta. Particularmente perigoso parece oferecer

6. ✴ Psicologia e psiquiatria do campo de concentração ✴ 217

um diagnóstico pseudocientífico com o conceito vago da 'neurose' para as autoridades sentenciais." O que impediu que ele inserisse as depressões que se tornaram crônicas e outras perturbações psicorreativas dos perseguidos sob o conceito conjunto da neurose foi, segundo ele, o fato inabarcável da quebra completa da linha vital. Não foi apenas a prisão e os danos psíquicos e corporais sofridos nela que teriam atuado de maneira traumatizante. Muitos prisioneiros de guerra também teriam precisado suportar tais destinos terríveis. "Em meio àqueles que tinham se tornado vítimas puramente passivas da loucura racial" e que "tinham perdido com frequência toda a sua família, a depressão também foi influenciada pelo fato da libertação" (Huk).

III. Psicoterapia no campo de concentração

As possibilidades da psicoterapia eram naturalmente extremamente restritas nos campos de concentração. Muito mais do que tudo aquilo que um discurso um dia poderia alcançar, o que era eficaz neste contexto era: o modelo! Ninguém esperava de nós que falássemos daquela psicoterapia "pequena", daquela psicoterapia mínima, que veio à tona sob a forma de improvisações – na resistência ao apelo, no marchar, no túmulo ou na barraca. *Last but not least*, precisávamos tomar cuidado para evitar suicídios. Nós organizamos um serviço de aviso e toda expressão de ideias ou mesmo intenções ligadas ao suicídio nos era imediatamente comunicada. O que podíamos fazer? Toda tentativa de erguer uma vez mais internamente os homens no campo de concentração pressupunha que seria possível para nós dirigi-los a uma meta no futuro. Quem não conseguia mais acreditar em um futuro, em seu futuro, estava, em contrapartida, perdido no campo de concentração. Ele perdia juntamente com o futuro o apoio espiritual, deixava-se derrubar internamente e decaía tanto em termos corporais, quanto psíquicos. Isso acontecia na maioria das vezes até mesmo de modo bastante repentino, sob a forma de uma espécie de crise, cujos modos de aparição eram correntes para o detento parcialmente experiente no campo de concentração. O lema, então, sob o poder do qual precisavam se colocar todos os empenhos psicoterapêuticos em relação ao preso, era: temos de apelar à vontade de viver, à vontade de continuar vivendo, de sobreviver ao campo de concentração. Mas a coragem de viver ou o cansaço da vida revelam-se como respectivamente dependentes única e exclusivamente de se ainda se possuía a crença em um *sentido* da vida, de sua vida. Foi uma palavra de Nietzsche que se poderia ter usado como lema para todo o trabalho psicoterapêutico no campo de concentração: "Quem tem um porquê para viver suporta quase todo como." Um porquê – trata-se de um conteúdo vital; e o como – ele apontava para aquelas condições de vida que tornavam tão difícil a vida no campo de concentração, de tal modo que ela só se tornou efetivamente sustentável com vistas a um porquê. Portanto, na medida em que se oferecia aqui e acolá a ocasião, dever-se-ia fornecer ao detendo do campo de concentração o "porquê" de sua vida, tornando consciente para ele a sua meta de vida, a fim de alcançar deste modo o fato de que eles também podiam resistir e de que eles estavam internamente à altura mesmo do terrível "modo como" se constituíra a sua existência atual, o horror da vida no campo de concentração. No campo de concentração, em toda psicoterapia, o que estava em questão era apelar para aquilo que denominei anteriormente como *vontade de sentido*; mas nesta situação limite extrema, na qual o homem se encontrava no campo de concentração, o sentido, a cuja requisição de preenchimento dever-se-ia entregar, precisaria ser um sentido de tal modo incondicionado, que ele não incluía em si apenas a vida – não: que ele também incluía em si sofrimento e morte. Pois uma vida, cujo sentido se confundisse com o fato de se conseguir ou não escapar com ele, uma vida, portanto, cujo sentido dependeria da graça de tal acaso: uma tal vida não seria propriamente digna de ser em geral vivida. O que estava em questão, consequentemente, era um sentido incondicionado da vida. Sendo que seria preciso naturalmente distinguir entre incondicionalidade, por um lado, e, por outro lado, validade universal – analogamente àquilo que Jaspers enunciou sobre a verdade: o sentido incondicionado, que tínhamos de indicar para os homens que duvidavam dele e se achavam desesperados no campo de concentração, não era respectivamente nada menos do que um sentido vago e universal. Muito ao contrário, ele era exatamente o sentido concreto, o sentido mais concreto de todos os de sua existência pessoal. Isso pode ser esclarecido por meio de um exemplo: um dia, duas pessoas se encontravam sentadas no campo de concentração na minha frente, os dois decididos a se suicidarem; os dois usavam a expressão que se ouvia no campo de concentração como um estereótipo: não tenho mais nada a esperar da vida. Ora, o que importava era deixar que os dois empreendessem neste caso uma espécie de virada copernicana; de tal modo, em verdade, que eles não perguntassem mais se e o que eles teriam de esperar da vida, mas de tal modo que se chamasse a atenção deles para o fato de que era inversamente a vida que esperava alguma coisa deles, de que cada um deles em particular aguardava algo de todos os outros, de uma pessoa qualquer ou uma coisa qualquer – sempre respectivamente: uma obra ou um homem. De fato, logo veio à tona que – para além daquilo que os dois presos tinham a esperar da vida – a sua vida esperava por eles sempre a cada vez com tarefas totalmente concretas. Veio de qualquer modo à tona que um deles tinha publicado uma série de livros geográficos, mas que ainda não tinha levado a termo a série; e que o outro tinha uma filha no exterior, que se apegava a ele com um amor idolátrico. No caso do primeiro, esperava-lhe com isso uma obra; no caso do segundo – uma pessoa. Os dois, assim, foram igualmente confirmados naquela unicidade e irrepresentabilidade, que consegue dar à vida, apesar do sofrimento, um sentido incondicionado. Para o seu trabalho científico, um era tão insubstituível quanto o outro não tinha como ser de ser trocado no amor de sua filha.

Foi o psiquiatra militar Nardini, que nos fez um relato sobre suas experiências com soldados americanos e teve também em meio a essas experiências a oportunidade de constatar o quanto a chance de o prisioneiro sobreviver dependia da concepção de vida do homem, ou seja, de sua posição espiritual em relação à situação concreta. Portanto, se no essencial não havia nenhuma outra psicoterapia senão uma voltada para a possibilidade de deixar que o homem resistisse ao campo de concentração, então essa psicoterapia estava estabelecida em um sentido particular, na medida em que precisava se empenhar justamente por demonstrar ao homem, do qual se exigia neste caso que ele apresentasse a vontade de sobreviver, o fato de essa sobrevivência ser um dever – de ela ter um sentido. Para além disso, porém, a tarefa médica psicoterápica, que no campo de concentração se mostrava tanto como uma tarefa de um cuidado médico espiritual, era dificultada pelo fato de ela ter de lidar com pessoas que, no geral, na média, não podiam contar de maneira alguma com uma sobrevivência! O que se deveria dizer-lhes? Mesmo neste momento veio à tona o fato de que – na consciência de cada particular – estava presente uma pessoa qualquer, invisível, que talvez já tivesse deixado a vida, mas que continuava *de qualquer modo* presente e atual, de algum modo "aí", como o tu do mais íntimo diálogo. Para muitos, tratava-se do primeiro e último tu, do eterno tu: Deus. Quem quer que assumisse esta posição, contudo, em última instância, era preciso perguntar-se: o que ele espera de mim – ou seja: que postura. Assim, o que estava em questão, por fim, era uma postura, na qual alguém compreenderia o sentido do sofrer – saberia morrer: *savoir mourir– comprendre mourir–* como se sabe a quintessência de todo filosofar.

O importante para nós era morrer nossa morte no sentido daquela frase rilkiana, segundo a qual o que estaria em questão seria morrer a "sua" morte. "Nossa morte", a morte plenamente dotada de sentido – ainda que dotada plenamente de sentido em um aspecto diverso: ora, é válido para o sentido do morrer – exatamente do mesmo modo como é válido para o sentido da vida – que ele seja um sentido pessoal, o sentido de todos o mais pessoal. Enquanto tal, a "nossa" morte nos é dada como tarefa e, diante dessa tarefa, portamos uma responsabilidade da mesma forma que diante da tarefa da vida. Responsabilidade – perante quem, diante de que instância? Ora, quem poderia responder essa questão pelo outro? Cada um não tem em última instância que decidir essa questão por si? O que importa o fato de, por exemplo, em sua barraca, um se sentir responsável perante a sua consciência neste sentido, enquanto o outro o sente perante o seu Deus e um terceiro perante um homem que agora está distante. *Cada um* deles sabia

6. ✳ Psicologia e psiquiatria do campo de concentração ✳ 221

de qualquer modo que de alguma maneira, em algum lugar, uma pessoa qualquer estava presente, que olhava invisivelmente para ele, que exigia dele que fosse "digno de sua aflição" – como Dostoievski disse certa vez – e que esperava dele que ele "morresse sua morte". No campo de concentração, a sentença "*primum vivere, deinde philosophari*" – ou seja, mais ou menos o seguinte: primeiro permanecer vivo, e, então, veremos, e, então, podemos continuar conversando – estava revogada. O que era válido no campo de concentração era antes a inversão exata dessa sentença: "*primum philosophari – deinde mori*"; o que era válido era o seguinte: prestar contas na questão de um último sentido – e, então, poder ir embora de maneira proba e morrer a morte exigida do mártir.

"Normalmente dever-se-ia viver no reino da vida; no campo de concentração, contudo, vivia-se no reino da morte. No reino da vida é possível se evadir da vida, na medida em que se comete suicídio; no campo de concentração, não havia outra possibilidade de evasão para além da evasão para o interior da vida espiritual. Fuga diante do reino da morte só era possível para aqueles que conseguiam levar uma vida espiritual" – é assim que se encontra formulado em Cohen. "Quando alguém deixava de considerar o elemento espiritual como valioso, não havia nenhuma escapatória e o resultado era a sua aniquilação. Um forte impulso vital sem vida espiritual só teria levado ao suicídio." "Muitos autores", continua Cohen, "concordam com o fato de que tinha um grande significado saber se um preso levava de alguma forma uma vida espiritual". E Cohen cita Kautsky, de Wind, Kaas, Vrijhoff e Bluhm. "Quando um prisioneiro achava que era incapaz de suportar por mais tempo a realidade da vida no campo de concentração, ele encontrava em sua vida espiritual uma possibilidade de evasão, que não tem como ser facilmente superestimada – uma possibilidade de evadir--se para regiões espirituais, que os SS não conseguiam destruir... A vida espiritual do preso colocava-o em condições de se adaptar melhor e, a partir daí, ele conseguia contribuir em uma medida considerável para o aumento de suas chances de sobrevivência."

Homens sensíveis, que estavam por natureza habituados a levar uma existência espiritualmente animada, vivenciavam em certas circunstâncias, apesar de sua disposição de ânimo relativamente branda, a situação externa tão difícil da vida no campo de concentração de maneira, em verdade, dolorosa, mas, de algum modo, menos destrutiva no que concerne à sua vida espiritual. Pois precisamente para eles estava aberta a possibilidade de retirada do mundo circundante terrível e de entrada no reino da liberdade espiritual e da riqueza interna. Assim e somente assim é possível compreender a paradoxia de que, por vezes, os que eram mais tenramente constituídos podiam resistir melhor ao campo de concentração do que as naturezas robustas. Eu mesmo tentei reiteradamente buscar refúgio em meios com o auxílio dos quais conseguia me distanciar de todo sofrimento que nos envolvia, e, em verdade, por intermédio do fato de que buscava objetivá-lo. Assim, lembro-me de que, numa manhã, marchei para fora do campo de concentração e quase não consegui mais suportar a fome, o frio e as dores nos pés inchados por conta da subnutrição, nos pés que, por esta razão, se encontravam em sapatos abertos, congelados e supurados. Minha situação me parecia desesperançada e desesperada. Nesse momento, imaginei que estava em um púlpito, fazendo um discurso em um auditório grande, bonito, quente e claro, e que estava à beira de dar uma conferência para uma plateia muito interessada com o título "Psicoterapia no campo de concentração"; e imaginei que estava falando sobre tudo aquilo que estava agora mesmo vivenciando. E, com esse truque, consegui de algum modo me colocar acima da situação, acima do presente e do sofrimento, considerando-os como se eles já representassem o passado e eu mesmo, juntamente com toda a minha vida, fosse objeto de uma pesquisa científico-psicológica que eu mesmo estava empreendendo. Como é que nos diz mesmo Spinoza em sua *Ética*? *"Affectus, qui passio est, desinit esse passio simulatque eius claram et distinctam formamus ideam"*.[8]

Se se quiser, o campo de concentração não era outra coisa senão um espelho microcósmico do mundo humano como um todo.

---

8   **N.T.:** Em latim no original: "Afeto que é sofrimento cessa de ser sofrimento logo que fazemos uma ideia clara e distinta dele."

6. ✳ Psicologia e psiquiatria do campo de concentração ✳ 223

A vida no campo de concentração fazia com que irrompesse um abismo nas profundezas mais extremas do homem. Devemos nos espantar neste caso com o fato de, nessas profundezas, o elemento humano ter se tornado uma vez mais visível? O humano como aquilo que ele é – como um laço ligando bem e mal! O rasgo, que atravessa tudo aquilo que é humano e cinde o bem e o mal, ainda alcança mesmo as profundezas mais imensas e se torna manifesto também justamente com base nesse abismo, que é representado pelo campo de concentração.

Assim, a vida no campo de concentração torna-se um microcosmos – um "modelo", para falar com Adler, que a psicologia do campo de concentração em Theresienstadt descreve "para além da contradição aguda entre a inocência branca das vítimas e a culpa negra dos perseguidores"; "porque quase não havia um lugar, no qual uma história temporal se realizasse em meio a um decurso tão encurtado. De maneira paradigmática e com uma rara concentração, o devir, o acontecimento e o perecimento no campo de concentração continham a soma dos sofrimentos e males que, de outro modo, podem atuar de maneira distribuída e pouco visível em todas as outras comunidades e que atuam mesmo efetivamente aí. O que há de particular no campo de concentração é o fato de que tudo aquilo que é dissonante, perigoso, ensandecido e pérfido e que pulula nas instituições humanas, ousa vir à tona nu e cru aqui de uma maneira sinistra e impiedosa. Aqui vemos a caricatura demoníaca de uma administração universalmente possível, talvez mesmo real e efetiva diante de nós, vemos uma existência humanamente indigna em meio à massificação pseudocoletiva, dando-se em meio à obediência ou à escravidão".

Com certeza, atenuamos os anos passados; mas eles também nos mostraram que tudo depende do homem. Pois o homem permaneceu presente mesmo na vivência do campo de concentração. Gostaria de mencionar por fim apenas aquele comandante do campo de concentração, no qual estive pela última vez e do qual fui libertado. Ele era um homem da SS. Depois da libertação do campo de concentração evidenciou-se, contudo, algo de que apenas o médico do campo de concentração (ele mesmo um prisioneiro) sabia: o comandante do campo tinha secretamente retirado de seu próprio bolso quantias nada irrisórias para que fossem providenciados medicamentos na farmácia da vila mais próxima para os seus detentos! O mais velho justamente neste campo de concentração, contudo, ou seja, um prisioneiro, era mais duro do que todos os vigias da SS no campo juntos; ele batia nos presos quando, onde e como podia, enquanto o comandante do campo, até onde sei, nunca levantou uma única vez a mão contra um "de seus" presos.

Tudo depende justamente do homem! O que restou foi o homem. Ardendo completamente de dor, o homem foi fundido no que há de essencial nele.

Se nos perguntarmos sobre a experiência fundamental que fizemos nos campos de concentração – nesta existência no abismo –, então é possível deduzir como a quintessência de tudo aquilo que foi por nós vivenciado o seguinte: nós conhecemos o homem tal como talvez nenhuma outra geração até aqui o tenha feito. O que é, portanto, o homem? Ele é o ser, que inventou a câmara de gás, mas também é ao mesmo tempo o ser que entrou na câmara de gás com a cabeça orgulhosamente erguida e com o pai-nosso nos lábios ou com o Sch'ma Israel.

Bibliografia

A. Hottinger, O. Gsell, E. Uehlinger, C. Salzmann e A. Labhart. *Hungerkrankheit, Hungerödem, Hungertuberkulose* (Doenças provocadas pela fome, edemas da fome, tuberculose causada pela fome). Basileia, 1948.

A. L. Vischer. *Die Stacheldrahtkrankheit* (A doença do arame farpado). Zurique, 1918.

B. Bettelheim, *Individual and Mass Behavior in Extreme Situations*. In: Abnorm. Psychol. Albany 38, 1943, p. 432.

B. Kautsky. *Teufel und Verdammte* (O diabo e os condenados). Zurique, 1946.

E. A. Cohen, *Human Behavior in the Concentration Camp*. Londres, 1954.

E. de Wind. *Confrontatie met de dood*. In: Folia Psychiat. Neerl. 6, 1949, p. 1-7.

G. M. Gilbert. *The Psychology of Dictatorship*. Nova York, 1950.

H. G. Adler, *Theresienstadt 1941-1945*. Tübingen, 1955.

_____. *Die verheimlichte Wahrheit* (A verdade secreta).Tübingen, 1958.

6. ✳ Psicologia e psiquiatria do campo de concentração ✳ 225

H. Rosencher. *Medicine in Dachau*. In: Brit. Med. J. 1946, 2, p. 953.

H. W. Basi, *Spätschäden nach Dystrophie (in der Sicht des intermedizinischen Gutachters* – Danos tardios por distrofia: na visão do parecerista intermedicinal). In: Materia med. Nordmark 8, 1956, p. 319.

J. Bok, *De cliniek der hongerziekte* (Tese). Leiden, 1949.

J. E. Nardini. *Survival Factors in American Prisoners of War of the Japanese*. In: Amer. J. Psychiat. 109, 1952, p. 242.

K. Hermann. *Atrophia cerebri. Acta Psychiat. Neurol. Scand.* Suppl. 74, 1951.

K. Jaspers, *Der philosophische Glaube* (A crença filosófica). Zurique, 1948.

K. Kolle. *Die Opfer der nationalsozialistischen Verfolgung in psychiatrischer Sicht* (As vítimas da perseguição nacional-socialista em uma visão psiquiátrica). In: Nervenarzt 29, 1958, p. 148.

M. Lamy, M. Lamotte e S. Lamotte-Barillon. *Études et Réflexions sur les Troubles Constantes dans les États de Dénutrition*. In: Presse Méd. 54, 1946, p. 510.

M. Lazarsfeld e H. Zeisel. *Die Arbeitslosen von Marienthal* (Os desempregados de Mariental). Leipzig, 1933.

M. Michel. *Gesundheitsschäden durch Verfolgung und Gefangenschaft und ihre Spätfolgen* (Danos de saúde causados por perseguição e aprisionamento e suas consequências tardias). Frankfurt, 1955.

P. Helweg-Larsen, H. Hoffmeyer, J. Kieler, E. Hess-Thaysen, J. Hess-Thaysen, P. Thygesen e M. Hertel-Wulff. *Famine Disease in German Concentration Camp* etc. Copenhagen, 1952.

P. M. van Wulfften-Palthe. *Neuro-psychiatric Experiences in Japanese Internment Camps in Java*. In: Docum. Neerl.Indones.Morb. Trop. 2, 1950, p. 135-140.

S. Freud. *Gesammelte Werke V* (Obras reunidas V), Londres, 1942.

V. A. Kral. *Psychiatric Observations under Severe Chronic Stress*. In: Amer. J. Psychiat. 108, 1951, p. 185.

V. E. Frankl, *Um psicólogo vivencia o campo de concentração*. Viena, 1946 (1ª edição), 1947 (2ª edição).

_____. *Um psicólogo en el campo de concentración*. Buenos Aires, 1955 (espanhol).

_____. *Yoru to kiri*. Tóquio, 1956 (japonês).

_____. *From Death-Camp to Existentialism. A Psychiatrist's Path to a New Therapy*. Prefácio de Gordon W. Allport. Boston, 1959.

_____. Psychohygienische Erfahrungen im Konzentrationslager (Experiências psico-higiênicas no campo de concentração). In: *Handbuch der Neurosenlehre und Psychotherapie* (Manual da teoria das neuroses e psicoterapia), org. por V. E. Frankl. V. E. v. Gebsattel e J. H. Schultz. v. IV. Munique/Berlim, 1959, p. 735.

226 ✴ Logoterapia e Análise Existencial ✴ Viktor E. Frankl

_____. Psychoterapie im Notstand – psychotherapeutische Erfahrungen im Konzentrationslager (Psicologia em estado de emergência – experiências psicoterapêuticas no campo de concentração). In: *The Affective Contact.* Congresso Internacional de Psicoterapia 1951. Amsterdam, 1952.

_____. Group Therapeutic Experiences in a Concentration Camp (Experiências terapêuticas de grupo em um campo de concentração). In: *Group Psychoterapie* 7, 1954, p. 81.

Z. Lederer. *Ghetto Theresienstadt.* Londres, 1953.

7.
Rudolf Allers como filósofo e como psiquiatra[1]
[1964]

> *"A missão de grandes espíritos não se esgota em seu efeito imediato sobre estudantes e seguidores, nem tampouco nos rastros que eles deixam para trás na história. Ela é atemporal como a verdade, da qual eles prestam um testemunho* (T 109)."[2]

Rudolf Allers, membro honorário da Sociedade Médica para Psicoterapia Austríaca, morreu no dia 14 de dezembro de 1963. O presente esboço é necessariamente fragmentário. Não que isso se deva apenas e exclusivamente ao caráter medíocre de nossos esforços por compreender e por passar uma imagem de Allers: deve-se também à riqueza de conteúdo que distingue sua vida e sua doutrina. Por isso, sua imagem em seguida não pode ser senão esboçada de maneira tosca em seus contornos mais visíveis.

Allers nasceu em 1883 em Viena. Ele defendeu o doutorado tanto em medicina quanto em filosofia. Foi professor temporário, primeiramente em Munique, e, em seguida, em Viena. Alcançou a cátedra depois de sua emigração para os Estados Unidos (ainda antes da Era Hitler) na Catholic University of America e, por fim, na Georgetown University, em Washington, D. C.

De início, Allers ocupou-se com pesquisas ligadas ao metabolismo em casos psicóticos. Em 1920, ele saiu do campo da psiquiatria no sentido mais geral do termo e se voltou para a psicoterapia,

---

1   Discurso em homenagem feita na 14ª Reunião Principal Ordinária da Sociedade Médica de Psicoterapia Austríaca, em 24 de março de 1964.

2   Ver bibliografia, p. 226.

tal como podemos deduzir de sua célebre conferência *Sobre psicanálise* (lançada em 1922). Em 1927, ocorreu a sua confrontação com a psicologia individual e, respectivamente, o seu rompimento com Alfred Adler: com Oswald Schwarz, ele sai ao mesmo tempo da Associação de Psicologia Individual. Mais tarde, passa a se dedicar cada vez mais à filosofia no sentido mais estrito do termo.

A sedimentação de tudo isso está nos 700 artigos e 15 livros – o 16º está sendo editado agora pelo filho de Rudolf Allers, Ulrich Allers, professor de direito civil na Georgetown University – com traduções em oito línguas. Gostaríamos de citar apenas os seguintes títulos: *Psychologie des Sexual lebens* (Psicologia da vida sexual – Contribuição para o *Manual de psicologia*), *Das Werden der sittlichen Person* (A gênese da pessoa ética) e *The Success ful Error* – com cuja circunscrição se tem em vista a psicanálise.

Uma tal amplitude temática permite-nos compreender o fato de Rudolf Allers ter sido um construtor de pontes sem igual. Pensemos apenas em seus trabalhos de fisiologia dos sentidos: nós mesmos, que tivemos a sorte de trabalhar experimentalmente sob a sua supervisão por um ano, fomos testemunhas do estilo de pesquisa de Allers – segundo ele, para a fisiologia, já havia sempre mais do que mera fisiologia, a saber, psicologia, sim, noologia, e mesmo a fisiologia dos sentidos já era, para ele, sempre mais do que mera fisiologia dos sentidos: ela sempre se lança, segundo ele, para o cerne de um âmbito no qual o que estaria em questão seria uma antropologia do sentido e dos valores. Consideramos neste aspecto elucidativo, por exemplo, quando Allers se recorda "do fato" "de que o julgamento de 'grandezas sensoriais' como não sendo nada menos do que valores acontece sempre a partir de um máximo não dado, por vezes até mesmo fundamentalmente não vivenciável" (W 188). Isso não significa nem mais, nem menos do que afirmar que, não importa quando avaliamos, nós já sempre colocamos à base de tal avaliação um saber, ainda que não implícito, ainda que não completamente consciente, sobre um *Summun bonum* – por mais que ele não ocorra minimamente em termos de uma dação empírica.

Nem mesmo o sujeito de algo assim como uma avaliação, ou seja, a pessoa, ocorre em meio a uma dação empírica: "O sujeito nunca pode se tornar objeto para si mesmo", explica Allers, e afirma em seguida "que a auto-observação seria uma postura tardia, enquanto a observação alheia seria uma postura originária, primária; pois o eu está sempre lá no ponto a partir do qual ele olha e nunca no ponto para onde ele olha" (W 183).

Isso basta sobre a essência da pessoa. Como as coisas se encontram, porém, no que diz respeito à sua gênese – em particular, no que diz respeito à "gênese da pessoa ética", para usar este título de uma das obras centrais de Allers: como as coisas se encontram, para além da "clarificação existencial" (Karl Jaspers), no que diz respeito à educação da existência dignamente humana? Qual é, afinal, a meta da educação? Allers estipula enquanto tal: "Produção de uma equiparação entre postura valorativa subjetiva e validade valorativa objetiva" (H 353) e "realização completa de todas as possibilidades estabelecidas na própria pessoa" – não sem observar que "não é possível dizer desde o princípio que possibilidades seriam essas e quantas elas seriam", uma vez que "só a experiência de realizar essa ou aquela possibilidade pode ensinar como as coisas se comportam em relação a isso" (W 166).

Sim, Allers prossegue: "A conversão das potências nos atos, para falar com os conceitos da Escolástica, é a essência e o sentido da vida humana. Estou convencido de que a tensão entre os valores já realizados e ainda por realizar, valores esses que permanecem no estado da possibilidade no cerne da pessoa, de que essa 'pendência valorativa', tal como a denominei certa vez, fornece o motor propriamente dito, fornece o impulso autêntico por meio do qual o movimento da vida é mantido em curso. Se um homem tivesse realizado sem restos aquilo que estaria estabelecido em termos de possibilidades valorativas em suas profundezas, então a vida precisaria se estagnar, então ele precisaria morrer. Por isso, penso, tantas pessoas santas morrem ainda muito jovens. Se considerarmos a vida de um Santo Aloísio de Gonzaga, de um São João Berchmans, de uma Santa Teresa do Menino Jesus ou de sua irmã de ordem não canonizada, mas muito santificada Maria da mais Santíssima Trindade ou Angélica de Jesus, não teremos com eles a mais imperiosa impressão de que não teria restado mais nada a fazer para essas pessoas aqui na terra, de que elas teriam realizado tudo aquilo que teria sido possível para elas efetivamente realizarem? E de que muitos desses santos teriam morrido sob sofrimentos tão pesados, porque esta insistência na dor e na doença era justamente a última coisa que eles ainda tinham a realizar? Por outro lado, não há como não nos espantarmos com a sutileza e com a profundidade da expressão linguística: a linguagem diz dessas pessoas que elas teriam 'cedo se consumado'. Elas consumaram o que quer que tivesse havido nelas para consumar, elas se consumaram, porque todas as possibilidades valorativas nelas se transformaram em realidades valorativas efetivas. Naturalmente, a sentença não tem como ser invertida: a sentença que afirma que a vida humana termina no momento em que o homem efetiva todas as suas possibilidades valorativas. A vida da maioria dos homens vai até a última gota sem que eles tenham levado a termo essas possibilidades. No entanto, enquanto um homem vive, há valores estabelecidos nele que ele tem de levar a termo. Por isso, enquanto um homem vive, ele também não pode dizer de si, assim como ninguém pode dizer dele, que algo diverso, inauditamente novo, não poderia emergir. E não apenas um abalo extraordinário como o entusiasmo, o risco e um amor profundo e autêntico. Ao contrário, eventos muito mais triviais podem deixar despertar em um homem algo inesperado. Uma doença, por vezes, ou mesmo uma palavra fugidia, que uma pessoa qualquer fala, uma vivência que em si não é de maneira alguma estranha e que dá uma impressão comovente, não se sabe por quê" (W 169).

O estabelecimento de metas da educação está tão distante de uma unilateralização individualista quanto de uma coletivista. "O homem deveria chegar ao ponto em que ele permaneceria consciente de seu valor próprio impossível de ser perdido e da unicidade absoluta de sua pessoa; e isso precisamente por saber que ele só possui esse valor próprio, quando ele se sabe e se vivencia como elo de totalidades supraordenadas"; pois, "no fundo, só há um ideal, o ideal da objetividade, da entrega, do serviço" (W 192). Ora, mas precisamos levar em conta o fato de que "um homem, que imergisse completamente na comunidade, perderia a si mesmo, perderia o seu valor próprio, sua particularidade; ele não poderia mais se dissipar, por fim, na comunidade, porque ele não estaria mais, por assim dizer, presente" (W 100). De um modo ou de outro, "com a descoberta e com a constituição completas do eu, também desperta no homem a consciência de sua solidão essencial derradeira, do estar-lançado-à-sua-própria-sorte e, com isso, da absoluta responsabilidade por si". No que diz respeito à "solidão essencial", ela "existe em um plano por assim dizer muito mais profundo, em um ponto muito mais encoberto do que aquele ser-sozinho, do qual muitos homens se queixam; ela é o corolário necessário da absoluta unicidade da pessoa humana e, enquanto tal, está ligada à sua essencialidade metafísica e só é passível de ser eliminada lá onde ela suspende a si mesma na vida sobrenatural" (W 243).

Isso basta em relação à meta da educação – que caminho conduz, então, a essa meta? Para indicar com base em um exemplo a atitude moral, que se encontra por detrás de uma educação no sentido de Allers, é preciso pensar nesta passagem a sua tomada de posição em relação à punição. Ele acha que ela precisaria "ser reconhecida como uma demonstração de confiança": "Esta ideia não diz outra coisa senão a convicção de que o homem em questão seria, em sua interioridade e em sua essência verdadeira, melhor do que ele se mostraria por meio de sua ação". Allers está "consciente de se encontrar em oposição a pontos de vista correntes, ao deduzir daquilo que observamos agora o caráter abjeto de todas as punições humilhantes" (W 92). Mas "detestar o mal e odiar homens são duas coisas diversas. O santo detesta o mal, mas ele ama o pecador" (W 114).

Como psiquiatra, Allers destacou-se de maneira primorosa por meio de sua crítica à psicanálise. Foi por isso que, no título de sua monografia sobre Allers, Louis Jugnet pôde denominá-lo o "Anti-Freud". O próprio Allers dirige a sua crítica contra "la déshu-

232 ✳ Logoterapia e Análise Existencial ✳ Viktor E. Frankl

manisation impliquée par la psychanalyse" (J 10 e seg.).[3] Já apontamos de início para a sua conferência "Sobre a psicanálise". Em oposição completa aos protestos surgidos décadas mais tarde por parte de Karl Stern e Albert Görres, o método e a imagem de homem da psicanálise não podiam ser cindidos um do outro para Allers. Com vistas a essa imagem de homem, Jugnet critica o extremo subjetivismo, idealismo e solipsismo da psicanálise: "Les objets ne sont pas désirables parce qu'ils ont une certaine valeur par leur nature propre, indépendamment de l'esprit humain, mais ils ont une valeur parce qu'ils sont désirés" (J 26)[4] – em outras palavras, na imagem de homem subjetivista da psicanálise, os objetos não são desejáveis em função de um valor que é inerente à sua essência; ao contrário, eles são valores somente graças ao fato de serem justamente cobiçados. Assim, então, Jugnet designa a imagem de homem psicanalista como "no fundo anticristã", e a qualifica como "uma enorme heresia".

"No entanto, também é preciso que formulemos a questão", pensa Allers, "sobre em que medida tal edifício pôde conquistar tal séquito. Um psicanalista, se se encontrasse diante de um tal fenômeno, não perguntaria 'que estado de coisas lógico ou cultural temos aqui diante de nós?', mas argumentaria da seguinte forma: 'como é que a vida psíquica deste homem precisa ser constituída, o quanto ele precisa cobiçar sua mãe, odiar seu pai, o quanto ele precisa ter desejado para esse a sua morte, invejado suas irmãs, mantido sua cadeira por causa do ganho do desejo lateral – em suma, como é que ele precisa se mostrar em seu inconsciente, para que ele tenha podido apresentar essa ou aquela afirmação e não aceitar aquela outra?'. Não estou disposto", prossegue Allers, "a virar tais armas contra a psicanálise. Não me interessa a personalidade do psicanalítico, o modo como ele se interessa pela personalidade do crítico. Não polemizo contra complexos, mas contra formula-

---

3   **N.T.:** Em francês no original: "a desumanização implicada pela psicanálise".

4   **N.T.:** Em francês no original: "Os objetos não são desejáveis porque eles têm um certo valor por sua natureza própria, independentemente do espírito humano, mas eles têm um valor porque são desejados."

ções de estados de coisas, que são verdadeiros ou falsos independentemente das pessoas" (p. 42 e seg.).

Empenhado nesse sentido em torno de uma "crítica imanente", ele nos dá em outras passagens a pensar o seguinte: "De início, a crítica dirige-se principalmente contra os resultados da psicanálise, em particular contra o papel atribuído por ela à sexualidade e contra as tendências 'imorais' descobertas no inconsciente. Temas estéticos e morais movem essa crítica. Por isso, ela era essencialmente desprovida de objetividade. Estou longe de pretender fazer tais críticas. Acentuo expressamente – pressupondo que os enunciados da psicanálise sobre esses pontos são verdadeiros – que me é completamente indiferente se o bebê, meu inconsciente ou o inconsciente de um homem qualquer é polimorfamente perverso, incestuoso e universalmente criminoso. Pode-se lastimar um fato e desejar que as coisas fossem diversas, mas isso não é nenhuma razão para condenar uma visão quando se trata de fatos" (p. 15).

Agora se segue "uma observação por assim dizer de conteúdo autobiográfico", que pode ter um interesse particular: "Um dia, antes de ter tido a oportunidade de juntar uma experiência maior sobre neuroses, psicoses e psicologia normal, fui um adepto fervoroso da psicanálise. Ela me parecia tão inequívoca e concludente, ela prometia construir de maneira uniforme a vida psíquica etc. Uma elaboração lógica do sistema e a experiência psicológica me ensinaram, em muitos aspectos, algo melhor – dito de maneira mais cautelosa: algo diverso; e isso sem turvar, entretanto, meu olhar para resultados valiosos. Gostaria de acentuar que não estou apenas inclinado a considerar como verdadeiros muitos resultados da doutrina psicanalítica e talvez mesmo algumas visões teóricas, mas a contá-las entre as conquistas mais significativas do estudo da psique humana. Por outro lado, porém, não posso deixar de comentar o fato de que não me sinto em condições de fazer valer o método psicanalítico. Com vistas à crítica metodológica, então, a psicanálise se encontra em uma posição particular. Ela afirma justamente que ninguém, que não a tivesse colocado por si mesmo à prova com o método psicanalítico, teria o direito de criticar suas exposições e teorias. Trata-se de uma pretensão totalmente absurda e, no interior da ciência, até onde vejo, que se encontra totalmente isolada. Quando alguém chega até mim e diz: 'nesta ou naquela substância, encontrei cloro', e explica, ao ser perguntado sobre o método: 'eu dissolvi a substância em ácido clorídrico diluído' –, ele não pode esperar que eu comprove o seu resultado com o seu método; pois cloro é aquilo que ele precisa efetivamente encontrar quando ele adiciona ácido clorídrico" (p. 15 e seg.). "Também gostaria de afirmar isto da psicanálise: onde seus resultados são corretos, eles se tornaram corretos não com ela, mas, apesar da técnica psicanalítica, eles foram encontrados sem ela, contra ela francamente. A correção dos resultados demonstra algo em nome do valor de um método, na medida em que esses resultados também foram alcançados ou puderam ser efetivamente alcançados com o auxílio desse método" (p. 17). "Em uma palavra: a psicanálise não alcançou, em verdade, seus resultados de maneira alguma com o seu método". E Allers conclui da seguinte forma: "A psicanálise deve ao seu comportamento compreensivo, não à sua teoria e ao seu método explicativo, as suas intelecções e, certamente, também o seu sucesso terapêutico" (p. 44).

Como é que se parecem, porém, as teorias do próprio Allers sobre a neurose? Para ele, "a neurose, voltada para o plano do doentio e do despropositado, é a consequência do levante da criatura contra a sua finitude e impotência natural" (W 278). "Se esse levante, contudo, fosse vivenciado conscientemente, então ele precisaria conduzir consequentemente a uma aniquilação do homem. O fato de um ser conseguir aspirar ao não ser é em si contraditório, porque seu ser fornece pela primeira vez o pressuposto para a sua aspiração. A paradoxia e a antinomia do ser humano manifestam-se em uma tal virada em toda a sua terrível tensão" (W 279).

Certamente, é possível fazer valer a mesma objeção à "existential psychiatry" que Allers dirige a Martin Heidegger: "Particularly disturbing is the absense of the other in his otherness insofar as the other *Dasein* is concerned" (M 471).[5] Nós mesmos acredi-

---

5   **N.T.:** Em inglês no original: "Particularmente perturbador é a ausência do outro em sua alteridade, na medida em que o outro *Dasein* está concernido."

tamos, porém, com base no diálogo pessoal com Heidegger, que – em oposição à sua interpretação vulgar equivocada, interpretação essa que se mostra dominante nos Estados Unidos em relação à assim chamada "existential psychiatry" – o conceito do "ser-no--mundo" de Heidegger não deve ser, de maneira alguma, compreendido do modo como ele é justamente incompreendido por aqueles que designam a si mesmos como ontoanalíticos, a saber, como se o "mundo", "no qual" o homem "é", não fosse outra coisa senão uma mera autoexpressão precisamente desse ser-aí humano. De fato, Allers toma a logoterapia – que representa nos Estados Unidos juntamente com a ontoanálise a "existential psichiatry" – a partir de sua crítica em relação à psicanálise e à ontoanálise (O 85). Seu objetivismo é cautelosamente formulado por ele: "I prefer to speak of the totality of all referents, correlated to mental acts, as the realm of the 'trans-subjective'" (O 83).

"On ne détruit que ce qu'on remplace",[6] observa Jugnet de maneira precisa. "La critique du maître austro-américain n'est pás le tout de son oeuvre: Elle n'a pour but que de faire place nette pour une anthropologie totale" (J 9).[7] Parece-nos, porém, que a humanidade da antropologia de Allers não viria em nenhum outro lugar mais claramente à tona do que na seguinte confissão: "Não vi até hoje nem um único caso de neurose, que não se tivesse desvelado, enquanto problema derradeiro e questão última, caso se queira denominá-los assim, como questões metafísicas não resolvidas: a pergunta acerca da posição do homem em geral, independentemente de saber se se estaria tratando de um homem religioso ou não religioso, católico ou não católico. Talvez esteja em conexão com isso o interesse filosófico frequentemente observado desses homens neuróticos. É falso quando, como acontece com bastante frequência, se procura ver nessa problemática "metafísica", por sua vez, uma máscara de outras questões ou a expressão de determi-

---

6   N.T.: Em francês no original: "Não se destrói senão aquilo que se substitui."
7   N.T.: Em francês no original: "A crítica do mestre austro-americano não é o todo de sua obra: ela não tem por meta outra coisa senão abrir um espaço claro para uma antropologia total."

nadas posturas. Não se esconde nada mais 'por detrás daí', nem relações pulsionais, nem vontade de poder, mas trata-se propriamente da questão derradeira e mais importante, que inquieta esses homens e que eles não se arriscam a responder, sim, que eles nem mesmo formulam de maneira correta. Assim, compreendemos também o fato de uma condução de almas compreensiva, calorosa, cuidadosa, paciente, puramente religiosa conseguir alcançar em muitos casos ao mesmo tempo, juntamente com a correção do comportamento religioso, a correção da neurose; e isso porque uma tal influência ataca de fato o problema mais central" (W 283). Allers não acredita, portanto, tal como hoje em dia acontece com tantas pessoas, que é suficiente colocar em ordem o elemento psíquico para que o elemento espiritual se harmonize por si. Isso baseia-se, a nosso ver, em uma incompreensão da tese "gratia supponit naturam", na medida em que essa tese é interpretada de tal modo que se supõe o seguinte: a atuação da graça é dependente da natureza e está articulada com ela ou, dito brevemente, a vida espiritual não é senão uma função da alma corporal. Na base dessa opinião equivocada reside a confusão entre condicionar e causar. Caso prossigamos considerando juntamente com os psicólogos americanos e europeus a vida espiritual do homem até o cerne de suas decisões de fé como o mero resultado de diversos componentes, por mais que se trate aqui de uma imagem do pai ou de qualquer outra coisa, então privaremos a credulidade de um homem de seu caráter de decisão e nos entregaremos à ilusão de que a religião poderia ser determinada – e manipulada. Em relação a uma tal pseudorreligião, seria válido aquilo que Sigmund Freud achava da religião: ela seria efetivamente uma "ilusão".

Quando Allers escreveu em uma foto sua uma dedicatória para mim, ele a revestiu com as seguintes palavras: "A verdade vos libertará." E é assim que as coisas acontecem também: não é a liberdade – da neurose – que já nos torna também verdadeiros – que faz de nós pessoas que conhecem a verdade ou mesmo que se decidem por ela; mas é a verdade que nos faz triunfar mesmo sobre a tragédia que pertence à essência da existência humana, e, nesta medida, a verdade nos liberta do sofrimento – enquanto o nosso mero ser livre do sofrimento ainda estaria longe de conseguir nos aproximar da verdade.

Allers é, hoje, mais do que atual – simplesmente porque suas descobertas e conhecimentos são atemporais. Ele nos deu muitas coisas; mas também tomou muitas coisas de nós: em muitas partes, ele antecipou a psicoterapia do futuro.

Bibliografia

H: Rudolf Allers. *Heilerziehung bei Abwegigkeit des Charakters* (Educação para a cura em meio ao desvio do caráter). Einsiedeln/Colônia.

J: Louis Jugnet. *Rudolf Allers ou l'Anti-Freud*. Paris, 1950.

M: Rudolf Allers. The Meaning of Heidegger. In: *The New Scholasticism* 36, 1962, p. 445-474.

O: Rudolf Allers. Ontoanalysis: A New Trend in Psichiatry. In: *Proceedings of the American Catholic Philosophical Association*. 1961, p. 78-88.

P: Rudolf Allers. *Über Psychoanalyse* (Sobre psicanálise). Berlim, 1922.

T: Tomás de Aquino. *Do ser e da essência*. Traduzido e comentado por Rudolf Allers. Frankfurt junto ao Main/Hamburgo, 1959.

W: Rudolf Allers. *Das Werden der sittlichen Person* (A gênese da pessoa ética). Freiburg em Brisgau, 1930.

8.
Psicologização – ou humanização da medicina?[1]
[1981]

In memoriam Paul Polak

Quando uma "sociedade de médicos" chama um psiquiatra para fazer uma conferência comemorativa, é de se supor que esteja esperando dele que estabeleça uma ponte entre medicina geral e psiquiatria. E para o estabelecimento de tal ponte oferece-se – se é que posso dizer assim – como palavra-chave capaz de algo assim – o termo "psicossomática" – verdadeiramente: uma palavra-chave! Pois tudo o que ela circunscreve ainda é muito questionável; ainda há muitas questões em aberto; sempre podemos observar uma vez mais, de qualquer modo, como essas questões podem ser simplesmente jogadas para fora da mesa. Não precisamos senão abrir um dos últimos cadernos do jornal austríaco de medicina, para constatar o quão descuidamente as pessoas lidam com a terminologia: "O quarto de espera dos médicos da Áustria, assim como as alas dos doentes nos hospitais são preenchidos em cerca de 50 por cento por pacientes, cuja doença remonta a causas psíquicas", encontramos formulados aí. Sofrimentos psicossomáticos são "causados pela alma", e trata-se de "doenças psiquicamente condicionadas". Em realidade, doenças psicossomáticas não são justamente condicionadas e causadas psiquicamente, ou seja, não são psicogênicas – psicogênicas são as neuroses! As doenças psicossomáticas não são, ao contrário das neuroses, psicogênicas,

---

1 Conferência comemorativa feita na "Sociedade de Médicos de Viena", e, em verdade, por ocasião da entrega da Medalha Theodor-Billroth, no dia 21 de março de 1980.

mas são doenças primariamente somatogênicas, que são apenas desencadeadas pelo psíquico!

Pois bem, já me confrontei há décadas sistemática e metodologicamente com a problemática da medicina psicossomática; e, em verdade, o fiz em um capítulo próprio de meu *Teoria e terapia das neuroses*. (1) Entrementes, porém, um outro logoterapeuta, meu aluno, Professor Hiroshi Takashima, de Tóquio, em seu livro *Psychosomatic Medicine and Logotherapy*, contribuiu para a clarificação da problemática em uma visão logoterapêutica. (2)

Problema da escolha dos sintomas

No ápice das questões que se encontram em aberto está, como se sabe, o problema da escolha dos sintomas, em particular o problema da escolha dos órgãos: como se pode explicar o fato de que, em um caso dado, precisamente o órgão em questão seja afetado e não um outro? Há efetivamente uma afinidade entre determinados órgãos e, por outro lado, constelações intrapsíquicas determinadas? O essencial quanto a esse ponto já foi realizado por Alfred Adler, quando ele recorreu às por ele assim chamadas "inferioridades orgânicas"; e Sigmund Freud o seguiu neste caminho, uma vez que cunhou o conceito de "propensão somática". Nós não alcançamos um ponto muito para além daí até hoje.

Coordenações fracassadas

As coisas se comportam de maneira análoga entre determinadas doenças psicossomáticas e, por outro lado, determinados tipos de personalidade. Também em relação a esse ponto, nada foi propriamente demonstrado. Ouvi certa vez uma conferência que durou a noite toda sobre a personalidade do asmático e acabei, por fim, por constatar que tinha sido confrontado com uma exposição absolutamente insigne da personalidade do neurótico! Não se podia estar falando de traços de caráter especificamente asmáticos. O que tinha tal aparência tinha sido reinterpretado e introduzido no campo dos fatos.[2]

---

2 Foi apenas há pouco tempo que David M. Scharch e John E. Hunter ("Personality Differences Between Randomly Selected Migrainous and Non-Mi-

8. ✳ Psicologização – ou humanização da medicina? ✳ 241

Como é que as coisas puderam chegar ao ponto de a psiquiatria se entregar de tal modo ao gelo escorregadio de hipóteses não resistentes? Uma aluna minha que dirige atualmente em Munique um grande centro de consultas psicológicas, Elisabeth Lukas – ela defendeu uma tese de doutorado sobre *Logoterapia como teoria da personalidade* –, se manifestou da seguinte forma em uma conferência na Sociedade Médica Austríaca para Psicoterapia: "A psicoterapia começou com uma caça quase compulsiva pelas causas possíveis de doenças psíquicas, o terapeuta precisava a todo custo perseguir o rastro dessas causas. No entanto, como a vida de muitos pacientes no momento de seu adoecimento não oferecia nenhuma ocasião para causas possíveis, as pessoas precisaram buscar, logicamente, as causas no passado dos pacientes. Mas como é que se poderia fazer algo assim? Na maioria das vezes, os pacientes não conseguiam se lembrar de nada em particular e de nada perturbador. A isso aliou-se o fato de que a diagnóstica neurológica fina ainda estava longe de ser desenvolvida e, portanto, não era tão simples assim tornar visíveis causas no âmbito psíquico. Nesse sentido, como é que o psicoterapeuta deveria se aproximar meramente das causas para ele tão decisivas das doenças psíquicas de seus pacientes? Não restava outra coisa senão a necessidade de adivinhar essas causas. A grande adivinhação, interpretação e especulação começou na psicologia. Com o tempo, veio à tona uma saturação diante de todas essas adivinhações e interpretações, dúvidas anunciaram-se, encontrou-se lentamente a coragem para admitir a impotência em relação à possibilidade de reconstruir todas as

---

grainous People", *Psychotherapy: Theory, Research and Practice* 16, 1979, p. 297) comprovaram que não é possível constatar nenhuma diferença de personalidade entre pessoas que sofrem de enxaqueca e pessoas que não sofrem de enxaqueca, o que também fala contra a etiologia defendida pela psicanálise (*"self-punishment for hostile impulse"* e *"repressed anger"*). Mesmo no caso das enxaquecas, como Kidson e Cochrane já tinham podido demonstrar em relação à hipertonia, as diferenças aparentes também precisariam ser reconduzidas para o fato de que o que estava em questão desde o princípio, no caso de pessoas que se encontravam em tratamento, era o seguinte – e isto é empiricamente comprovável: pessoas com traços de caráter neuróticos.

cadeias causais das doenças psíquicas. A partir dessa impotência, o ponto de vista do terapeuta começou a se transpor: de que lhe valem as causas, se elas são construídas a partir de especulações e, além disso, não garantem nem mesmo a cura?"

Entreguemos a palavra a um médico em sua práxis: "Assim", diz Felix Mlczoch, "no tratamento de asmáticos, fracassam amplamente e em particular as técnicas analíticas nas quais se procura chegar por meio da descoberta das raízes dos desenvolvimentos infantis falhos a uma melhoria das consequências desse desenvolvimento falho. Este é o caminho mais certo para expulsar um paciente". (3)

Um outro aspecto da problemática, que diz respeito diretamente à medicina psicossomática, está relacionado à afinidade entre determinadas doenças psicossomáticas e, por outro lado, os complexos, conflitos, problemas e traumas específicos que lhe são subordinados. O problema é que não é apenas a questão de saber se todas essas constelações intrapsíquicas são especificamente patogênicas que é deixada em aberto, mas é também questionável saber se todas são efetivamente patogênicas. De início, seria preciso constatar o fato de que algo, que é tão ubíquo quanto os complexos, conflitos, problemas e traumas, poderia não ser por si patogênico. Sob a influência de levantamentos estatísticos, colaboradores meus puderam comprovar sem dificuldade que uma série aleatória de casos de nossa estação neurológica não tinham deixado para trás a mesma quantidade, por exemplo, mas um número muito maior de complexos, conflitos, problemas e traumas do que uma série igualmente aleatória de casos do ambulatório de psicoterapia. Temos de explicar isso levando em conta a sobrecarga adicional do problema de doentes neurológicos.

Nenhuma demonstração de psicogênese

O conhecido psiquiatra americano Fritz A. Freyhan, em seu *Comprehensive Psychatry*, sob o título "Is psychosomatic obsolete?", apresentou a seguinte posição: "Uma pluralidade de perturbações psicossomáticas revela-se como expressão de uma depressão endógena embrionária, cuja etiologia amplamente biológico-fisio-

8. ✳ Psicologização – ou humanização da medicina? ✳ 243

lógica precisaria ser comprovada por meio de sucessos terapêuticos correspondentes. Mesmo as pesquisas sobre a conexão entre eventos da vida e a irrupção de doenças não puderam produzir até aqui nenhuma demonstração da psicogênese preponderante em doenças psicossomáticas. Os poucos estudos de longo prazo existentes apontam antes para uma influência pequena de eventos e circunstâncias de vida." (4)

E, no que diz respeito em particular aos complexos, uma leitora do Alabama me escreveu certa vez: "O único complexo do qual sofro é a ideia de que precisaria ter propriamente complexos, sem efetivamente tê-los. Tenho atrás de mim uma terrível infância, e, contudo, estou convencida de que muitas coisas positivas surgiram dessas experiências terríveis." (5)[3]

Lene Skolnick fala sobre o tema: "As coisas se mostram já de tal modo que o pano de fundo da infância de homens psiquicamente doentes apresenta com frequência fatores negativos: esses homens vêm com frequência de casamentos desfeitos, de famílias dissolvidas, precisaram sofrer com uma mãe que era dominadora ou marcada pela rejeição ou ainda extremamente possessiva, eles

---

3   Certamente precisaremos fazer valer um complexo, e, em verdade, o assim chamado por Elisabeth Lukas "complexo dos pais maus": "Não é possível poupar os meus colegas de profissão da crítica relativa ao fato de que, durante décadas, eles procuraram erros na educação dos pais, até que, por fim, os pais, em grande parte, ficaram enormemente inseguros e, por isso apenas, já cometeram erros. A isso se adiciona uma profusão de textos pedagógicos que se contradizem mutuamente. Os pais são os objetos ideais de ataque em casos de desenvolvimentos falhos da geração jovem, e, então, não é de se admirar, quando as pessoas jovens lançam, por sua vez, fácil demais ao se depararem com dificuldades a culpa para os pais. Os momentos iniciais desta extrema transposição de culpa para os pais ainda remontam certamente à imagem psicanalítica do homem, na qual os traumas da infância são, como se sabe, superavaliados. De maneira comprovada, o paciente sente em verdade por um lado um alívio, quando ele tem a sensação de vislumbrar contextos e poder deduzir seu percurso de vida a partir de sua infância e de sua educação. Por outro lado, porém, de maneira igualmente comprovada, isto também atrofia em um processo de *feedback* espiritual a consciência da responsabilidade do paciente por seus atos e por seu agir."

244 ✳ Logoterapia e Análise Existencial ✳ Viktor E. Frankl

tiveram um pai violento ou em geral inacessível. Normalmente se argumenta que essas circunstâncias conduzem a desenvolvimentos deficientes. Ora, mas é um fato que a maioria das crianças, que experimentaram perturbações em seu desenvolvimento e um sofrimento precoce, cresceram e se transformaram em adultos completamente normais. Uma pesquisa do Institute for Human Development, da Universidade da Califórnia, partiu da hipótese de que crianças oriundas de famílias desfeitas teriam dificuldades como adultos, e de que crianças que tiveram uma infância feliz e exitosa tornar-se-iam adultos felizes. Em dois terços de todos os casos, contudo, as coisas não se mostraram assim. Os efeitos traumáticos do estresse na idade infantil tinham sido superestimados. Mas não apenas isso. As pessoas também tinham se equivocado no que concerne às infâncias desprovidas de problemas: muitas dessas crianças tornaram-se como adultos, tudo menos personalidades felizes, satisfeitas ou mesmo maduras (este ponto teve uma pertinência particular em relação a antigos astros esportivos entre os meninos e aos grupos das alunas bonitas e adoradas entre as meninas)." (6)[4]

---

4   Um grupo de trabalho em torno de Lawrence Kohlberg (Harvard University) (*Genetic Psychology Monographs*, v. 110, p. 91, reimpresso no FAZ de 9 de outubro de 1985, p. 31-32) chegou ao resultado de que, "apesar de todas as especulações psicanalistas, é até aqui completamente impossível avaliar já nos primeiros anos de vida quem será acometido como adulto por um caso de neurose. Mesmo sobrecargas particulares espetaculares como a perda precoce de uma mãe, o crasso comportamento equivocado dos pais ou a separação e o incesto não possuem praticamente nenhum significado em termos de um prognóstico para o desenvolvimento psíquico na vida posterior. No entanto, é preciso fazer aqui restrições significativas: quem teve como criança violentos acessos de raiva, uma desobediência penetrante, ocorrências de fuga e tendia a matar aula, corre de maneira particular o risco de se voltar como adulto para a criminalidade, a embriaguez ou outros 'modos de comportamento problemáticos'. As coisas se comportam de maneira análoga no caso da esquizofrenia, na medida em que 'ela pode ser mais bem prevista do que outros descarrilamentos emocionais e psíquicos. Isto se baseia, por sua vez, para o desgosto dos psicanalistas, apenas no fato de que se trata aqui de uma doença médico-biológica, mas não de transtornos psicológicos do desenvolvimento. São também os fatores biológicos

Deveríamos ter o direito de corroborar a etiologia traumatogênica de uma doença aparentemente psicossomática ao menos *exjuvantibus*?[5] Quanto a isto não posso senão advertir: cito apenas o caso de uma paciente de 21 anos que, por causa de uma retenção de urina diagnosticada pelo médico como histérica, foi enviada para nós com o pedido de uma investigação com tratamento hipnótico. A anamnese parecia, em uma consideração superficial, dar razão à suposição dos respectivos médicos que achavam que se tratava de uma perturbação puramente psicogênica: a paciente tinha sido deflorada há seis semanas. A defloração foi traumatizante tanto no aspecto psíquico quanto no aspecto físico. Pouco tempo depois, veio à tona uma incapacidade completa de urinar espontaneamente, de tal modo que a doente precisava ser desde então diariamente cateterizada muitas vezes. Pesquisas urológicas reiteradas transcorreram de maneira tão negativa quanto diversas tentativas de uma terapia com base medicamentosa (injeções e coisas afins), assim como com o auxílio de procedimentos hidriáticos. De fato, a hipnose realizada em conformidade com o desejo da paciente teve um sucesso pleno (desde o dia em que ela começou a hipnose, ela conseguiu urinar espontaneamente e não precisou ser cateterizada nem uma única vez); apesar disto, porém, tínhamos de algum modo a impressão de que não se tratava de maneira alguma de uma perturbação puramente psicogênica. E, de fato,

---

que possuem o maior poder de predição. O risco de adoecer mais tarde de uma esquizofrenia se eleva drasticamente em crianças, quando elas têm parentes genéticos já tomados pela doença, mesmo quando são criadas por pais adotivos saudáveis. Na esquizofrenia crônica particularmente desfavorável, em contrapartida, são em particular e com frequência adultos, que tiveram no parto um dano cerebral leve, mas passível de ser medido, que sofrem da doença. É somente a partir do pano de fundo e não com base em especulações psicanalíticas em torno de traumas psíquicos que se pode ver o fato de que esquizofrênicos adultos já tinham quando crianças pequenas perturbações de contato, sofriam de ataques frequentes de angústia e seus pais não estavam psiquicamente acessíveis".

---

5   **N.T.:** Em latim no original: "A partir do sucesso da cura."

constatou-se, depois de outras investigações urológicas múltiplas por nós solicitadas, que uma afecção orgânica estava na base da perturbação aparentemente funcional. (7)

Em outras palavras, o diagnóstico de uma substrução psicossomática não pode ser estabelecido *ex juvantibus*. E isso não é válido apenas com vistas a traumas quaisquer que são trazidos à luz anamneticamente, mas, também, com vistas a um tipo de personalidade evidentemente frágil em termos psíquicos: entre outros casos semelhantes, conheço o caso de uma paciente que se queixava de dores, e as suas queixas possuíam uma marca expressamente histérica; uma injeção de uma solução fisiológica à base de sal de cozinha – preferiria chamar essa solução de "solução psicológica à base de sal de cozinha" – teve também sucesso imediato. Apesar disso, porém, foi pedido um controle radiológico e esse controle detectou uma metástase de mama.

Imunidade e situação afetiva

Em 1936, R. Bilz publicou um livro com o título *Die psychogene Angina* (A angina psicogênica). Naturalmente, ela não é psicogênica; muito ao contrário, porém, ela pode ser de qualquer modo dissolvida de maneira psicogênica. Pois se sabe que seu elemento desencadeador é ubíquo e só ocasionalmente é patogênico. Quando ele se mostra como patogênico, este fato não está em relação de dependência apenas de sua virulência, mas, também, da situação da imunidade; essa situação da imunidade, contudo, depende entre outras coisas da situação afetiva. Já há décadas, Hoff e Heilig comprovaram experimentalmente que voluntários transpostos por eles em estado de hipnose e aos quais eles tinham sugerido afetos felizes ou angustiados, tinham apresentado respectivamente um maior ou menor fator normal de aglutinação de seu soro ante bacilos do tifo.

No início de março de 1945, um companheiro de campo de concentração me contou que tinha tido no dia 2 de fevereiro de 1945 um sonho estranho. Uma voz, que assumira ares de profética, lhe disse que ele poderia lhe perguntar qualquer coisa – ela poderia lhe dizer tudo. E ele lhe perguntou quando a guerra acabaria para ele; a resposta foi: no dia 30 de março de 1945. Pois bem, esse dia 30 de março se aproximava, mas as coisas não pareciam de maneira alguma dar razão à "voz". No dia 29 de março, meu companheiro ficou febril e delirante. No dia 30, ele ficou inconsciente. No dia 31 de março, ele morreu: a febre tifoide o tinha levado embora. De fato, no dia 30 de março – naquele dia em que ficou inconsciente –, a guerra chegou ao fim para ele. Não estaremos equivocados se supusermos que, por meio da desilusão, que lhe tinha sido provocada pelo transcurso real das coisas, a situação de sua imunidade, os anticorpos e a resistência do seu organismo tinham caído a tal ponto que a doença infecciosa que já estava dormitando nele encontrou repentinamente um jogo fácil demais. (8)

Conhecemos um caso duplamente instrutivo e ilustrativo de angina psicossomática, e, em verdade, de uma angina que diz respeito a um clínico geral e ao seu assistente: os dois desenvolveram a angina, se é que eles efetivamente adoeceram de angina, em uma quinta-feira. O assistente a desenvolveu em uma quinta-feira, quando devia apresentar na sexta imediatamente subsequente uma conferência – o que significava para ele uma certa inquietação. O clínico desenvolveu a sua angina – se é que ele a desenvolveu – do mesmo modo numa quinta-feira; simplesmente porque sempre dava as suas preleções às quartas. Nesse dia, ele sempre se mostrava como um an-anginoso. Em verdade, temos todo o direito de supor que, nesse dia, a infecção já dormitava; mas ela não irrompia. Meu colega de trabalho não podia simplesmente se permitir adoecer no dia de sua preleção, e a irrupção da doença, que já estava decretada, foi adiada.

Assim, ter-se-ia mostrado afinal o seguinte: a medicina psicossomática nos permite compreender muito menos por que alguém fica doente do que por que alguém permanece, neste caso, saudável.

Também conhecemos o caso de um colega que, em um estado de cansaço extremo e de trabalho excessivo, foi convocado a participar de uma expedição de salvamento nos Alpes, que durou algumas horas; logo depois de ter realizado o seu dever como médico, ele entrou em colapso e teve dificuldade de se colocar em segurança numa rocha; o fato de ele ter experimentado um colapso é mais do que compreensível, e, em verdade, mesmo sem uma medicina psicossomática; o fato de o colapso não ter se dado um segundo antes de nosso colega ter realizado sua tarefa, porém, só pode ser explicado de maneira psicossomática.

Orientação em termos de sentido mantém vivo

Em suma, é evidente que não é apenas a situação do sistema imunológico que depende da situação afetiva. Ao contrário, a situação afetiva também depende da motivação. O quão decisiva, contudo, pode ser a motivação precisamente em situações-limite da existência humana é algo que vem à tona a partir das experiências que foram feitas nos campos de prisioneiros de guerra. Uma série de psiquiatras constatou que, tanto no Japão quanto na Coreia e no Vietnã do Norte, os prisioneiros de guerra que mais tinham chances de sobreviver eram aqueles que estavam orientados para um sentido com o qual eles se sabiam comprometidos. Isso também me foi, aliás, confirmado pelos três oficiais americanos que tinham sobrevivido ao mais longo aprisionamento de guerra no Vietnã do Norte (até sete anos) e, tal como o acaso queria, foram meus estudantes na US International University, na Califórnia. Lá, eles relataram expressamente as suas experiências em meu seminário e o resumo consonante dizia: foi a orientação pelo sentido que os tinha mantido em última instância vivos! (9) E a bibliografia internacional sobre os campos de concentração lhes dá razão. (10, 16)

Toda e qualquer orientação em termos de sentido, porém, é difícil para o homem de hoje. Ele tem o suficiente daquilo de que ele pode viver, mas não conhece quase nada pelo que ele conseguiria viver. Em uma palavra, ele sofre de um sentimento de ausência de sentido. O Estado do bem-estar e a sociedade da abundância satisfazem praticamente a todas as necessidades do homem, sim, sob a forma da sociedade de consumo, são geradas pela primeira vez efetivamente necessidades particulares. Só uma necessidade se esvazia, e esta é a necessidade de sentido do homem. Sob as condições sociais dominantes, essa necessidade não é senão propriamente frustrada! Trata-se de algo que transcrevo com um conceito oriundo da teoria da motivação como "vontade de sentido". Se o homem encontra um sentido, então ele também está preparado – se é que algo assim devesse ser necessário – para abdicar de algo, para assumir sobre si um sofrimento, para se sacrificar, sim, para sacrificar sua vida. Ao contrário, contudo, se ele não se depara com nenhum sentido da vida, então ele não liga para a vida, por mais que as coisas externamente possam estar indo muito bem, e, sob certas circunstâncias, ele joga a sua vida fora. Apesar da abundância e do supérfluo. A escalada das cifras de suicídio, com a qual nos confrontamos hoje, demonstra-nos que, apesar da abundância material, é possível experimentar uma frustração existencial.

Auxílio na descoberta de sentido

Mas como podemos enfrentar terapeuticamente com o corpo, para não dizer com a alma, o sentimento da ausência de sentido? Ora, se analisarmos o modo como o homem da rua compreende o seu próprio ser humano, então evidencia-se o fato de que há por assim dizer três vias principais, nas quais é possível encontrar sentido: de início, minha vida pode se tornar plenamente dotada de sentido por meio do fato de eu realizar uma ação, de eu criar uma obra; mas também por meio do fato de eu vivenciar algo – vivenciar algo ou alguém; e vivenciar alguém em toda a sua unicidade e singularidade significa amá-lo. Por fim, contudo, mostra-se que mesmo lá onde somos confrontados com um destino que simplesmente não tem como ser alterado, digamos, com uma doença incurável, que mesmo lá onde nos vemos inseridos em uma situação desesperada, sim, precisamente aí a vida pode ser sempre ainda configurada de maneira plenamente dotada de sentido, pois neste caso podemos realizar até mesmo o que há de mais humano no homem – e isto é a capacidade de transformar um sofrimento em uma realização humana. Com base nesta possibilidade, a vida revela-se como potencialmente dotada de sentido até o último instante – em geral, o que importa de qualquer modo é apenas "no último instante" realizar a possibilidade de configurar de maneira plenamente dotada de sentido até mesmo o sofrimento e a morte.

Esta doutrina do sentido dirigida contra o vazio de sentido, essa logoterapia que se encontra na base da logoterapia, já foi há muito tempo corroborada empiricamente por toda uma série de projetos de pesquisa conduzidos metodologicamente de maneira mais limpa. Na bibliografia logoterapêutica há publicações de Brown, Casciani, Crumbaugh, Dansart, Durlak, Kratochvil, Lukas, Lunceford, Mason, Meier, Murphy, Planova, Popielski, Richmond, Roberts, Ruch, Sallee, Smith, Yarnell e Young, das quais é possível concluir que se pode encontrar sentido na vida de maneira fundamentalmente independente do pertencimento de um ser humano a um gênero sexual e de sua idade, de seu quociente de inteligência e de seu grau de formação, de sua estrutura de caráter e de seu entorno; e, por fim, foi possível demonstrar que o homem pode encontrar sentido independentemente de ele ser ou não religioso; e, no caso de ele ser religioso, independentemente da confissão a que ele se encontra afiliado.

Logoterapia prática

Nossa logoterapia não se deixa comprovar apenas empiricamente, mas também praticamente. Uma paciente que sofria de pesada tuberculose pulmonar e que estava consciente de que não tinha mais nenhuma perspectiva de convalescença, mas que tinha antes todas as razões para pensar na morte, escreveu certa vez: "Quando é que minha vida foi mais rica? Outrora, quando eu (ela era bibliotecária) era terrivelmente útil e não conseguia mais me encontrar comigo mesma em meio a tantos compromissos? Ou nestes últimos anos de confrontação espiritual com mil problemas? A luta pela superação do medo da morte – que tinha me afligido, acossado e perseguido em uma medida inimaginável – mesmo isto me parece ter sido mais valioso do que toda uma dúzia de balanços muito bonitos."

Ou: a professora Patrícia L. Starck me escreveu no dia 29 de março de 1979 do Alabama: "*I have a 22 year old female client who was spinal cord injured at age 18 by a gunshot wound as she walked to the grocery store. Her injury level is C 4, and she can only accomplish tasks by use of a mouthstick. She feels the purpose of her life is quite clear. She watches the newspapers and television for stories of people in trouble and writes to them (typing with a mouthstick) to give them words of comfort and encouragement*.[6]

O que quase não ousamos formular em palavras é transcrito pelos nossos pacientes. Eles conquistam a própria vida em *extremis* e em *ultimis*. O que nos resta, porém, é – no quadro de tal luta por sentido – realizar um ajuda catalítica, "cuidado médico com almas", se os senhores quiserem. Em meu livro homônimo, (11) os senhores encontram um capítulo com o título "último auxílio", e, nesse capítulo, é citado um diálogo que transcorreu entre mim e um paciente, que morreu uma semana depois.

Cuidado médico com as almas

Não se pode falar que o cuidado médico com as almas estaria fazendo concorrência aos cuidados sacerdotais com as almas. Questionável é apenas se um cuidado médico com as almas é médico – se ele ainda se encontra sob os deveres de nós médicos. A resposta encontra-se sobre a porta principal da clínica geral de Viena, que o imperador José II *Saluti et solatio aegrorum* dedicou não apenas à cura, mas também ao consolo dos doentes.

Em segundo lugar, cuidado médico com as almas não é de maneira alguma apenas cuidado dos médicos voltados para pacientes com problemas nervosos com suas almas, mas diz respeito a todo e qualquer médico praticante. Um cirurgião chefe que pretendesse abdicar de todo e qualquer cuidado médico com as almas não teria o direito de se espantar se não encontrasse nenhum pa-

---

6   **N.T.:** Em inglês no original: "Tenho uma cliente de 22 anos que sofreu uma lesão na medula com 18 anos por conta de um tiro que ela levou quando andava até a mercearia. Sua lesão é grau 4, e ela só consegue realizar tarefas com o auxílio de um controle de boca. Ela acha que o propósito da vida dela é bem claro. Ela olha o jornal e a televisão em busca de histórias sobre pessoas com problemas e lhes escreve (digitando com um controle de boca) para lhes oferecer palavras de conforto e encorajamento."

252 ✳ Logoterapia e Análise Existencial ✳ Viktor E. Frankl

ciente antes da operação na mesa de cirurgia, mas só os encontrasse depois do suicídio na mesa de dissecação, junto ao "legista", o médico que trata por último dos pacientes.

A propósito da operação: agradeço a uma de minhas alunas na US International University em San Diego o relato sobre um mecânico de 31 anos, para o qual ela tinha sido destinada como acompanhante especial depois de ele ter sofrido um grave acidente provocado por um choque elétrico. Por causa da gangrena, precisaram amputar as suas quatro extremidades, e minha aluna descreveu como, durante a operação, escorriam lágrimas pelo rosto do cirurgião, do anestesista e da instrumentadora e como, apesar de todo autocontrole, lhes escapavam suspiros. Minha aluna estava incumbida da tarefa de, depois de o paciente despertar da narcose, comunicar-lhe que ele não tinha mais nenhuma perna e nenhum braço. Na busca de um lampejo de sentido que ela pudesse usar para lhe atiçar para o resto de sua vida, ela decidiu, então, aplicar princípios da logoterapia. De fato, ela efetivamente conseguiu, depois de algumas semanas – é difícil de acreditar –, levar o paciente ao ponto de ele orientar, por sua parte, um jovem paralisado do pescoço para baixo. Ao ter alta do hospital, ele abriu um negócio e conseguiu sustentar sua família. Em um carro especialmente adaptado, ele levava a sua família para viajar nas férias. E ele escreveu literalmente um dia para a sua orientadora – minha aluna: "I was very empty before my accident (Antes de meu acidente, eu era internamente vazio). I stayed drunk all the time and was bored to death (Eu estava constantemente bêbado e estava morrendo de tédio). Now I truly know what it means to be happy (Somente agora sei o que significa ser feliz)."

Objetivação ou humanização?

Em seu livro *Das Ringen um Sinn: Logotherapie für den Laien* (A luta pelo sentido: Logoterapia para o leigo), Joseph B. Fabry escreve: "Quando ainda era uma criança, nosso médico particular visitava semanalmente minha avó, que podia falar então sobre todos os seus sofrimentos e todas as suas preocupações da alma.

8. ✴ Psicologização – ou humanização da medicina? ✴ 253

Hoje, submeto-me todo ano a um exame completo minucioso, no qual passo por três horas de uma enfermeira para a outra, de um aparelho para o outro e, por fim, preciso responder a um questionário com 150 perguntas, que ajudam o computador a fazer o diagnóstico. Sei que o acompanhamento médico que experimento na clínica em questão é incomparavelmente melhor do que o que podia oferecer o médico particular de minha avó. No entanto, alguma coisa se perdeu no desenvolvimento ulterior da técnica medicinal. E quando escuto as questões que são colocadas para Frankl depois de suas conferências americanas, também percebo que esse algo não falta menos na moderna psicoterapia." (12) Gostaria de dizer que só se precisa atentar para a escolha de palavras pelas quais se empenha o psicoterapeuta médio de hoje, para que se possa notar o quanto de mecanização e de tecnicização se infiltraram na "moderna psicoterapia": assim, a expressão "terapia" cedeu hoje lugar à palavra da moda "estratégia".

Ritter von Baeyer disse certa vez: "A psicologia deve se colocar contra a tendência de objetivação presente na medicina moderna. Ela pode fazer isso? Certamente, apenas em uma medida restrita. Em si, a psicologia é apenas um outro modo, contraposto à fisiologia, de coisificação do ser do homem. E um paciente não se sente desconsiderado em seu ser humano apenas quando as pessoas se interessam somente por suas funções corporais, mas também quando ele se sabe como objeto de estudos e manipulações psicológicos. Talvez a ofensa seja mais profunda nesse último caso do que no mero tratamento corporal, porque aqui o que há de mais íntimo é tocado e arrastado para fora. Não há apenas o frio objetivismo da medicina científico-natural, mas também o frio objetivismo da psicologia e de uma medicina embebida com psicologia." (13)

Defesa da humanização

A partir daqui, os senhores devem compreender por que é que eu defendo antes uma humanização da medicina do que a sua psicologização. Por que não acho que o que está em questão é que cada vez mais médicos "arrastem para fora" cada vez mais complexos oriundos de um número cada vez maior de pacientes – para me adequar à terminologia de von Baeyer. O que é necessário é muito mais que nós, médicos, nos libertemos de uma imagem de homem envelhecida, em cujos quadros vemos na psique do homem um "aparelho" e um "mecanismo" ou na psique doente algo, que temos de reparar como uma máquina. Quem fala e age como *médecin technicien* só prova o fato de que vê no doente um "*homme machine*". O *medicus humanus*, porém, se conscientiza do *homo patiens*, (14) ele vê por detrás da doença o homem que sofre. E ele se conscientiza do humaníssimo: da vontade de sentido, da "luta pelo sentido" que não para diante do sofrimento e tampouco deve parar; pois precisamos distinguir entre sofrimento e desespero. Um sofrimento, uma doença, pode ser incurável; mas o paciente só se desespera, quando ele não consegue mais ver um sentido no sofrimento. Deixar um sentido reluzir, porém, é a tarefa do cuidado médico com as almas.

Essa tarefa demanda sob certas circunstâncias muito tempo, e Jürgen Moltmann disse certa vez: "No consultório acumulam-se hoje aparelhos custosos para o estabelecimento de diagnósticos e para a terapia, que só podem ser amortizados por meio da intervenção intensiva. O diálogo com o paciente, segundo o qual o consultório recebe o seu nome, transforma-se, em face desses aparelhos, em um negócio marcado por prejuízos que rouba o nosso tempo." (15)

Mas não é necessário que isto aconteça: um médico prático, por exemplo, me procurou. Há um ano ele perdera a sua mulher, que ele amava acima de todas as coisas, e não conseguia superar essa perda. Perguntei ao paciente, extremamente deprimido, se ele já tinha refletido sobre o que teria acontecido se ele mesmo tivesse morrido antes de sua mulher. "Não dá para não pensar", respondeu ele, que "minha mulher teria ficado desesperada". Então, chamei a sua atenção apenas para o seguinte ponto: "O senhor está vendo, sua mulher foi poupada de tal desespero, e foi o senhor que poupou dela tal sofrimento; naturalmente ao preço de que, a partir de então, é o senhor que tem de experimentar um luto por ela". No mesmo instante, seu sofrimento adquiriu um sentido: o sentido de um sacrifício.

Obviamente: de algum modo, é possível ser médico sem dar muita importância a coisas desse gênero; mas neste caso vale o que Paul Dubois tinha em mente em contextos semelhantes: que só nos distinguimos, neste caso, do veterinário por meio de um aspecto – a clientela.

Resumo

A assim chamada medicina psicossomática se movimentou por muito mais tempo do que o aconselhável no gelo escorregadio de hipóteses não sustentáveis. É preciso insistir, contudo, no fato de até mesmo em doenças infecciosas a situação imunológica depender da situação afetiva e de a situação afetiva depender em última instância da motivação, em particular da orientação pelo sentido. Precisamente esta circunstância possui uma grande significação, na medida em que o homem de hoje sofre em geral de um sentimento de ausência de sentido. Apesar da abundância material, experimenta-se hoje uma frustração existencial, e também é preciso ir ao encontro dessa frustração terapeuticamente. Isso, contudo, não é possível, na medida em que continuamos psicologizando a medicina, pois a psicologia mesma é interpretada e praticada de maneira amplamente mecânica. Ao contrário, as duas – a medicina e a psicologia – precisam de reumanização.

Bibliografia

(1) V. E. Frankl. *Theorie und Therapie der Neurosen* (Teoria e terapia das neuroses). Munique, 1983.

(2) H. Takashima. *Psychosomatic Medicine and Logotherapy.* Nova York, 1977.

(3) F. Mlczoch. *Para a concepção da asma bronquial.* In: *Therapie woche* 26, 1976, p. 7630.

(4) F. A. Freyhan. *Is psychosomatic obsolete?* In: Comprehensive Psychiatry 17, 1976, p. 381.

(5) V. E. Frankl. *Das Leiden am sinnlosen Leben* (O sofrimento por uma vida sem sentido). Freiburg, 1986.

(6) L. Skolnick. *Kinder sind hart im Nehmen* (Crianças são difíceis de abalar). Psychologie heute 5, 1978, p. 44.

(7) V. E. Frankl. *Die Psychoterapie in der Praxis.* Munique, 1986.

256 ✳ Logoterapia e Análise Existencial ✳ Viktor E. Frankl

(8) V. E. Frankl. *Trozdem ja zum Leben sagen* (Apesar disso, dizer sim à vida). Munique, 1986.

(9) V. E. Frankl. *Der Wille zum Sinn* (A vontade de sentido). Berna, 1982.

(10) V. E. Frankl. Psychologie und Psychiatrie des Konzentrazionslagers (Psicologia e psiquiatria do campo de concentração). In: Psychiatrie der Gegenwart. Berlim, 1961.

(11) V. E. Frankl. *Ärztliche Seelsorge* (Cuidado médico com as almas). Frankfurt junto ao Mainz, 1985.

(12) J. B. Fabry. *Das Ringen um Sinn* (A luta pelo sentido). Freiburg, 1978.

(13) W. von Baeyer. *Gesundheitsfürsorge – Gesundheitspolitik 7* (Previdência médica – política de saúde 7), 1958, p. 197.

(14) V. E. Frankl. *Der leidende Mensch. Anthropologische Grundlagen der Psychotherapie* (O homem que sofre. Bases antropológicas da psicoterapia). Berna, 1984.

(15) J. Moltmann, *Zeitschrift für Allgemeinmedizin* (Revista de medicina geral).

(16) V. E. Frankl. *Die Sinnfrage in der Psychotherapie* (A questão do sentido na psicoterapia). Munique, 1985.

9.
O encontro da psicologia individual com a logoterapia
[1984]

Os senhores poderão, certamente, compreender o fato de este "encontro da psicologia individual com a logoterapia" me deixar um pouco melancólico. Não se passaram menos do que 56 anos desde que apresentei uma das principais conferências no 3º Congresso Internacional de Psicologia Individual, que ocorreu em 1926 em Düsseldorf – entre o congresso de Düsseldorf e este 15º Congresso temos, portanto, 56 anos e 12 congressos.

Neste ínterim, surgiu a logoterapia – ela também deixou para trás o seu segundo congresso internacional. Além disso, a própria psicologia individual se desenvolveu ainda mais.

A bifurcação entre as duas correntes começou a acontecer no mais tardar em Düsseldorf, onde foi apresentada a minha comunicação intitulada "A neurose como expressão e meio". Em seu quadro de exposição, anunciei dúvidas em relação ao caráter exclusivamente de arranjo dos sintomas neuróticos – um tema que me parece, agora como antes, atual; é o que acha de qualquer modo ainda hoje um psicólogo individual tão representativo quanto Michael Titze (*Lebensziel und Lebensstil*– Meta de vida e estilo de vida. Munique, 1979, p. 194), ao pensar que é possível dizer que os "adlerianos *sempre* concebem os sintomas neuróticos como arranjos" (o itálico não se encontra no original). Em contrapartida, eu era da opinião de que a neurose também poderia ser muito bem uma expressão i-mediata e de que em geral só secundariamente é que ela era colocada como um meio para uma finalidade – neurótica –, que ela era colocada a serviço da neurose. Entre os clássicos da psicologia individual estava Erwin Wexberg, que citou em seu *Individualpsychologie. Eine systematische Darstellung* (Psicologia individual. Uma apresentação sistemática) minha concepção em relação a isso em um sentido positivo. Talvez tenha o direito de mencionar neste contexto o fato de também ter sido com ele que eu realizei a minha prova oficial em psicologia individual – infelizmente, não tenho mais o diploma, pois ele caiu durante a guerra (assim como uma dúzia de histórias de doentes escritas de próprio punho por Sigmund Freud e minha correspondência com Freud) nas mãos da Gestapo.

Como os senhores podem ver, trata-se propriamente de um reencontro em meio ao encontro da psicologia individual com a logoterapia. No entanto, o encontro originário tinha acontecido propriamente muito antes. No início dos anos 1920, tinha visto e mais tarde também ouvido – como um de seus ouvintes – Alfred Adler na escola técnica superior que ficava na Zirkusgasse; e, ainda mais tarde, eu mesmo me tornei docente de lá – juntamente com Wexberg – e dei cursos (pela primeira vez na Escola Técnica Superior de Viena) sobre psico-higiene.

No início dos anos 1920, porém, reinava na livraria da dita escola técnica superior uma atmosfera explícita de clube. Lilli Perlberg, que morreu de forma tão trágica no campo de concentração de Theresienstadt (em meu livro sobre o campo de concentração, (8) construí um modesto monumento para ela), dirigia a livraria e reunia lá em torno de si um círculo de jovens intelectuais, no qual encontrei pela primeira vez também Manès Sperber.

O "clube" propriamente dito dos psicólogos individuais, no qual fui mais tarde introduzido, estava alojado, porém, no célebre café Siller, onde Adler todas as noites recebia as pessoas – no verão com uma porção do célebre sorvete de chocolate que ele, antes de tomar, misturava tanto até ele se desfazer todo. Além disso, de tempos em tempos podíamos segui-lo para o local do clube no primeiro andar, onde podíamos vez por outra ouvi-lo em seu piano ou mesmo cantando.

Ainda não tinha me libertado do encanto da psicanálise. Em 1924, por instigação de Freud, um artigo meu foi publicado no

9. ✳ O encontro da psicologia individual com a logoterapia ✳ 259

seu *Internationalen Zeitschrift für Psychoanalyse*. (4) Deve ter sido por essa época que ele me incentivou a conversar com o antigo secretário da associação Ernst Federn sobre as modalidades de um acolhimento irrestrito na sociedade de psicanálise. Essa conversa tornou-se para mim uma vivência-chave. Reconheci repentinamente a verdade. Em todo caso, perdi a vontade de ainda me candidatar efetivamente para uma vaga como membro.

Tanto mais curioso e aberto me tornei em relação à psicologia individual. Hugo Lukacs convidou-me a receber um de seus postos de aconselhamento pedagógico – um deles estava localizado na Câmara dos Trabalhadores. Em seguida, ele me apresentou a Alfred Adler – no Café Siller (onde mais) – e, sem titubear, Adler ficou com o manuscrito de meu artigo "Psicoterapia e visão de mundo", que logo apareceu, então, para meu espanto, em seu *Internationalen Zeitschrift für Individualpsychologie*– apenas um ano depois de minha publicação psicanalítica! (5) Preciso dizer: um "reator de rápido enriquecimento".

Expresso menos no jargão da física do que no jargão da biologia, é possível dizer que a "lei biológica fundamental" de Ernst Haeckel tinha se confirmado em mim, a lei de acordo com a qual a ontogênese pode ser compreendida como uma repetição encurtada da filogênese. De fato, o desenvolvimento histórico da psicoterapia clássica reflete-se em minha história pessoal de vida.

Pois bem, parti então – já em meio à minha fase de desenvolvimento psicológico individual – de um "anúncio de reservas" em relação à doutrina da neurose de Adler, reservas que tinham em vista uma restrição de sua validade. Estávamos no ano de 1926. Em 1927, defendi para além disto uma ampliação do edifício de pensamento da psicologia individual, e, em verdade, em um sentido principal – ou, deixem-me dizer, em um sentido dimensional. As coisas se mostravam para mim de qualquer modo como se até ali a psicologia individual não tivesse resistido completamente à tentação do psicologismo, ou seja, a uma forma do reducionismo, e o reducionismo tende, segundo minha opinião, para uma desconsideração da estrutura multidimensional da existência humana.

Ao contrário, dissolvem-se mutuamente resultados científicos opostos de pesquisa, logo que apreendemos o fato de que suas contradições remontam a projeções – projeções de uma dimensão superior para uma inferior.

Se nos mantivermos junto ao exemplo das imagens do homem que se contradizem tanto quanto a imagem do homem da psicanálise, por um lado, e, por outro, a imagem do homem da psicologia individual, concretizando plasticamente essas imagens sob a forma de figuras em um livro aberto, então teremos do lado esquerdo, digamos, um quadrado, e, do lado direito, digamos, um círculo. Como se sabe, não há agora nenhuma "quadratura do círculo" e as duas figuras permanecem de algum modo incomensuráveis – elas se contradizem mutuamente. Elas só o fazem, contudo, enquanto nós as considerarmos no interior do plano horizontal (bidimensional) e não a inserirmos na dimensão espacial imediatamente mais elevada, na dimensão espacial tridimensional. Para este propósito, porém, não precisamos senão erguer a página da esquerda, não precisamos senão colocá-la perpendicularmente, imaginando que se trataria nessas figuras de uma projeção a cada vez (bidimensional) de um cilindro (tridimensional) a partir do espaço (tridimensional), para baixo sempre a cada vez um plano (bidimensional), em uma palavra, que se trataria da planta ou do perfil do cilindro.

Figura 10

9. ✳ O encontro da psicologia individual com a logoterapia ✳ 261

A mesma coisa acontece no que diz respeito às contradições entre as imagens do homem. Nós só precisamos transcendê-la na dimensão imediatamente mais elevada para que nos apercebamos de que as contradições não contradizem de maneira alguma a uniformidade do homem, contanto que as vislumbremos como meras projeções, o que também significa, porém, que justamente essa uniformidade do homem – e com ela toda a sua humanidade! – só pode vir à tona justamente na dimensão imediatamente superior; e essa dimensão é, então, a dimensão especificamente humana, a dimensão dos fenômenos especificamente humanos.

Infelizmente, com minha exigência, não "cheguei" a vincular essa dimensão como uma dimensão *sui generis*, com uma plena consciência metodológica, nas bases antropológicas da psicologia individual. Sim, quando Rudolf Allers (em cujo laboratório de fisiologia do sentido trabalhei experimentalmente) e Oswald Schwarz (que tinha escrito o prefácio de um livro meu – que permaneceu inédito) anunciaram em 1927, no quadro de um conjunto de conferências, a sua saída da sociedade de psicólogos individuais, e eu, incitado por Adler *expressis verbis* a fazer isso, tomei a palavra como primeiro debatedor, para também apresentar *minhas* reservas, assim como para acentuar também expressamente que eu não via nenhuma razão para abdicar em seguida do mesmo modo de minha condição de membro, não me foi permitido convencer Adler. Ao contrário, ele fez com que as pessoas sugerissem para mim reiteradamente a saída da sociedade, e, quando não me deixei levar por essa insinuação, fui excluído.

Adler precisa ter tido as suas razões para o fato de ter insistido em minha exclusão. Digo isso apenas porque críticos bem--intencionados da logoterapia sempre dizem uma vez mais que ela seria psicologia individual *at its best*,[1] e me perguntam por que é preciso sustentar aí um nome próprio. Pois bem, no que concerne à identidade ou mesmo apenas à compatibilidade das direções, Adler enunciou com certeza o juízo mais competente. Eu mesmo não me

---

1   **N.T.:** Em inglês no original: "em seu melhor".

coloco de maneira alguma no mesmo patamar que Adler e Freud. A expressão "Terceira corrente da psicoterapia" não veio de mim, mas de Wolfgang Soucek; (17) sempre pensei a logoterapia como um complemento, mas não com um substituto para a psicoterapia, é só cunhei o neologismo, para me poupar de ter de falar na primeira pessoa e para dificultar aos meus alunos o culto pessoal.

A expulsão foi muito difícil para mim; ainda no "tributo" solicitado a mim por Heinz Ansbacher para o seu *International Journal of Individual Psychology* por ocasião do aniversário de cem anos de Adler, escrevi: "Quem o conhecia, precisava amá-lo como homem, e quem trabalhava com ele, precisava admirá-lo como cientista; pois a psicologia individual significou uma revolução copernicana. Sim, mais do que isto: Adler é um precursor da psiquiatria existencial". Portanto, não neguei o cordão umbilical que me liga – agora como antes – à psicologia individual.

Mesmo a revista de psicologia individual que organizei e editei por um ano (*Der Mensch im Alltag* – O homem no cotidiano), eu deixei que fosse publicada por um tempo, e meu "carinho" por Adler me foi pago por amigos oriundos de seu círculo, que continuaram "fiéis" a mim – antes de todos os outros, Alexandra Adler e Alexander Neuer. E, para a colaboração nos postos de aconselhamento juvenil, que eu tinha me decidido a fundar naquela época, logo se prontificaram vindos do mesmo círculo Lukacs, Wexberg, Rudolf Dreikurs, Ida Löwy e Hilde Kramplitschek, assim como um homem que não era psicólogo individual, August Aichhorn, o famoso freudiano, e Charlotte Bühler.

Depois dessas considerações mais autobiográficas, contudo, gostaria de expressar também a crítica meritória à psicologia individual. Mas não sem repetir o que já tinha escrito na primeira frase de meu primeiro livro – o *Ärztliche Seelensorge* (Cuidado médico com as almas) – em 1941, livro este que só foi impresso pela primeira vez em 1946. (7) A saber, que não podemos falar de psicoterapia sem partirmos de Freud e de Adler. E, continuando ainda no primeiro parágrafo – articulando-me com uma imagem de Wilhelm Steckel –, afirmo, então, que mesmo um anão que se

9. ✳ O encontro da psicologia individual com a logoterapia ✳ 263

encontra sentado nas costas de um gigante consegue ver um pouco além... E, então, passo para a demonstração do fato de que a psicanálise e a psicologia individual não são apenas mutuamente complementárias: mas que a psicologia individual significa muito mais um progresso. E, no entanto, o elemento propriamente humano enquanto tal, enquanto elemento específico, enquanto dimensão *sui generis*, ainda não é (ou ao menos não de maneira inequívoca) inserido por ela na compreensão do homem.

A logoterapia, porém, considera como o elemento humaníssimo, se é que posso falar assim, a radical autotranscendência e, em particular, o seu aspecto teórico-motivacional, a saber, a orientação fundamental pelo sentido que é característica do homem. A logoterapia se apoia nessa orientação pelo sentido como uma psicoterapia *ex definitione*, para não dizer *ex nomine*, centrada no sentido. Este seu interesse é tanto mais atual em "tempos como o nosso", uma vez que impera nas condições sociais atuais um "vácuo existencial", como nós logoterapeutas o denominamos – um vazio de sentido, que só podemos ultrapassar com o auxílio de uma doutrina do sentido, tal como essa doutrina se encontra diante de nós sob a forma da *teoria* do *logos* (10) por nós desenvolvida. Compreende-se por si mesmo o fato de o vácuo existencial não ser em todos os casos patogênico – nem todas as neuroses são neste sentido "noogênicas", como nós o denominamos. Para não falar sobre o fato de que todo suicídio precisaria ser reconduzido a um sentimento de ausência de sentido. No entanto, por menos que ele venha a ser empreendido a partir de um sentimento de ausência de sentido – a inclinação para tanto poderia ter se deixado superar muito bem sob certas circunstâncias, caso o suicida em questão tivesse considerado um prosseguimento da vida como dotado plenamente de sentido.

O sentimento de ausência de sentido descrito por nós excede hoje, no que diz respeito ao seu caráter patogênico, o sentimento de inferioridade. Há dez testes logoterapêuticos, (9) com cujo auxílio é possível comprovar isto de maneira rigorosamente empírica. Por último, porém, vem à tona o fato de que – inteiramente em contraposição ao sentimento de ausência de sentido – é próprio à vida até mesmo literalmente uma participação incondicionada do sentido. Esta tese logoterapêutica é o resultado de uma análise fenomenológica da "auto-compreensão ontológica pré-reflexiva", (10) tal como se encontra formulado na logoterapia, mas ela é apoiada e sustentada por nada menos do que 20 pesquisas estatísticas, que abrangem uma miríade de voluntários e mais de 100 mil dados computadorizados.

Na logoterapia, portanto, compreendemos por sentido em geral o sentido concreto, que consegue distinguir uma pessoa concreta – por força de sua "vontade de sentido" – a partir de uma situação concreta. Uma capacidade graças à qual ela se encontra em condições de apreender sob o pano de fundo da realidade efetiva uma possibilidade de transformar até mesmo justamente essa realidade, ou, então, caso essa transformação seja efetivamente impossível, mudar a si mesmo, uma vez que, mesmo em um estado de sofrimento cuja causa não podemos suspender ou afastar, podemos amadurecer, crescer, sobrepujar a nós mesmos. De tal modo que a vida retém a sua concreção de sentido potencial mesmo ainda no *extremis* e no *ultimis*.

Pois bem, os senhores perguntarão agora: a psicologia individual também não fala, afinal, constantemente de meta para a vida? Qual é, então, a diferença entre *meta para a vida* e *sentido da vida*? Em outras palavras: qual é a diferença entre a finalidade, da qual tanto fala a psicologia individual, ou seja, a aspiração a uma meta, por um lado, e, por outro, a orientação pelo sentido que é pressuposta pela logoterapia? Posso vos dizer: a aspiração a uma meta dirige-se para uma meta intrapsíquica, enquanto o sentido do homem se mostra como transcendente. Com a autotranscendência da existência humana deve ser expresso justamente o fato de que ser homem significa se relacionar com algo que não é, por sua vez, ele mesmo – com algo ou com alguém, com uma coisa, à qual servimos, ou com um ser humano, que amamos. De um modo ou de outro: o ser humano se lança para além de si. Em contrapartida, está "claro" para Adler que "ser-humano significa possuir um sentimento de inferioridade, que impele incessantemente para uma superação", (1, p. 55) e também se acha igualmente claro para Ro-

9. ✳ O encontro da psicologia individual com a logoterapia ✳ 265

bert F. Antoch que "o agir humano serve à manutenção do sentimento de valor próprio do agente"; (2, 202) mas não tenho como ver na superação de meu próprio sentimento de inferioridade e na manutenção de meu sentimento mesmo de valor próprio, por mais que procure ter boa vontade com essas formulações, em que medida conseguiria dar um sentido à minha vida, que se estendesse para além de mim mesmo.

Em seu prefácio ao livro de Adler *Der Sinn des Lebens* (O sentido da vida), Wolfgang Metzger também aponta para o fato de que esta deficiência da psicologia individual com vistas à autotranscendência da existência humana tinha sido percebida por Fritz Künkel, assim como pelo próprio Adler, e superada em princípio; e, em verdade, já em 1928. Concretamente fala-se aí de "objetividade", e, em verdade, no sentido do "esquecimento de si". De fato, costumo explicitar a autotranscendência a partir dos olhos, que têm como pressuposto para a capacidade de ver o fato de não serem eles mesmos que veem, mas de eles precisarem desconsiderar a si mesmos – exatamente do mesmo modo como o homem também é totalmente homem e totalmente ele mesmo, na medida em que – entregando-se a uma tarefa ou ao próximo – desconsidera e se esquece de si mesmo. Em contrapartida, o discurso pseudo-humanista psicológico acerca da "autorrealização" conflui para uma indução completa em erro – autorrealização não é algo buscado por um caminho direto, mas nunca se insere senão como um efeito colateral inopinado da autotranscendência, e posso vos confidenciar que Abraham Maslow (15) se posicionou inteiramente favorável a essa minha afirmação em suas últimas publicações: "My experience agree with Frankl's that people who seek self-actualization directly... don't, in fact, achieve it... I agree entirely with Frankl that man's *primary* concern is his will to meaning" (*Journal of Humanistic Psychology*, 107-112, 1966).[2]

---

2   **N.T.:** Em inglês no original: "Minha experiência está em concordância com a de Frankl de que quem procura diretamente autorrealização... não a encontra de fato... Concordo inteiramente com Frankl quanto ao fato de que o problema *primário* que se tem é sua vontade de sentido."

Pois bem, como dissemos, nem toda neurose é noogênica. Em si, a neurose é muito mais psicogênica, e há, como pude comprovar, até mesmo neuroses somatogênicas. No quadro da logoterapia, porém, mesmo no caso de neuroses não noogênicas, foram desenvolvidos métodos de tratamento, a saber, a técnica da de--reflexão e a intenção paradoxal. No caso da intenção paradoxal, eu já a praticava em 1929 – ou seja, até mesmo antes da "negative practice" de K. Dunlap; e, então, em 1939, (6) publiquei-a pela primeira vez. *Suonomine*, contudo, pela primeira vez só em 1947. (9) Em termos principiais, havia algo deste gênero naturalmente muito antes; mas procurei fazer jus a todos os meus antecessores, até o ponto em que eles chegaram aos meus ouvidos, citando-os (9, p. 155 e segs.): Hans von Hattingberg, Dreikurs e Wexberg. Os senhores só não podem esquecer de uma coisa: se os senhores tirarem lá fora uma foto da Igreja de São Carlos e, então, mostrarem a foto a um colega, e se esse retirar uma foto da mesma Igreja de São Carlos da bolsa, os senhores não suspeitarão de que ele teria roubado o seu filme. Ao contrário, é antes de se supor que os dois tenham fotografado a mesma igreja. E, assim, muitos pesquisadores, de maneira inteiramente independente uns dos outros, descobriram métodos de tratamento, que se assemelham mutuamente. No que diz respeito agora à intenção paradoxal, a logoterapia só pretende, de qualquer modo, ter transformado esta técnica em um método e, para além disso, tê-la inserido em um sistema. O princípio no qual ela se baseia é um *coping mechanism*,[3] que se encontra à disposição de qualquer um em particular. Tal como I. Hand, Y. Lamontagne e I. M. Marks (13) puderam demonstrar, seus pacientes chegavam às vezes a aprender por si mesmos o truque e "inventavam a intenção paradoxal de novo". Onde chegaríamos se quiséssemos nos meter em um regresso *in infinitum* na busca por prioridades? Não agradeceríamos à psicologia individual nem mesmo a descoberta do caráter de arranjo que é típico das neuroses – três milênios antes encontramos a seguinte formulação na Bíblia (Sentenças 22, 13): "O indolente diz: há um leão na rua e, passeando pelas ruas, eu

---

3   **N.T.:** Em inglês no original: "mecanismo de confrontação".

9. ✳ O encontro da psicologia individual com a logoterapia ✳ 267

poderia ser morto." Como os senhores podem ver, já nos tempos bíblicos as agorafobias já eram vislumbradas como álibis.

Entrementes, a eficiência da intenção paradoxal foi há muito tempo corroborada pela teoria do aprendizado e pela terapia comportamental, e, além disso, L. Solyom et al. (16) e L. M. Ascher et al. (3) também puderam colocar essa eficiência sob prova experimentalmente – o último até mesmo como auxílio de experimentos *controlados*.

Só peço aos senhores que prestem atenção em uma coisa. Quando falamos anteriormente de "métodos que se assemelham mutuamente", o que estava em questão era se assegurar respectivamente daquilo que se tem em vista por intenção paradoxal. Quando Paul Watzlawick, um homem tão admirado por mim, deu em Viena uma conferência, ele falou inicialmente do fato de, ao vir de Palo Alto para Viena, para a cidade natal da intenção paradoxal, estar transportando corujas para Atenas. Em realidade, se é que posso falar assim, ele estava trazendo antes carvão para Viena – faço alusão aqui à contrapartida inglesa para a expressão alemã transportar-corujas-para-Atenas, que diz: *to carry coal to Newcastle*. O que estou querendo dizer com isto? O princípio do *double bind* (duplo vínculo)[4] só tem algo externa e superficialmente em comum com o princípio que se encontra na base da intenção paradoxal. Em contrapartida, *double bind* é praticamente o mesmo que *symptom prescription*. Os dois exortam os pacientes a intensificar o sintoma, digamos: ter ainda mais medo. No quadro da intenção paradoxal, porém, não é o próprio medo que é "paradoxalmente buscado", mas o conteúdo e o objeto respectivos do medo. A indicação para a intenção paradoxal segue de qualquer modo *lege artis*[5] na direção de que o paciente deve desejar para si ou empreender aquilo que ele até então tinha temido tanto. Em uma palavra, não o medo, mas aquilo

---

4   **N.T.:** Princípio da psicologia usado para designar vínculos contraditórios que envolvem ao mesmo tempo sentimentos como afeição e aversão. O princípio foi cunhado pela primeira vez por Gregory Bateson em 1956, um dos membros do grupo de Palo Alto, Califórnia.

5   **N.T.:** Em latim no original: "segundo as leis da arte".

268 ✳ Logoterapia e Análise Existencial ✳ Viktor E. Frankl

diante do que ele tem medo: é isso que é "buscado paradoxalmente"; e, sobretudo, é o próprio paciente que o faz, algo com o que também já se destrói o ódio à manipulação,[6] que é característica dos outros métodos paradoxais, os quais visam a, por assim dizer, cuspir na sopa da neurose do paciente, na medida em que compram do paciente o sintoma; compram, para não dizer: estragam.

Gostaria de explicitar para os senhores a diferença entre intenção paradoxal e intensificação do sintoma com base em um exemplo concreto, que se encontra no *International Forum for Logotherapy*. Um aluno meu coreano, Professor Byung-Hak Ko, (14) descreveu-nos lá um caso, no qual ele não aconselhou uma paciente que tinha medo da morte a ter, por exemplo, mais medo. Ao contrário, ele formulou suas sugestões da seguinte maneira: "Try to be more dizzy, have faster palpitations, and choke more. Try to die in front of the people. Together we made up the phrases the patient was to say to himself, paradoxically intending to blush, to sweat, to choke, to die. The next time the entered my office cheerfully and reported success".[7] Portanto, o paciente teve de "buscar paradoxalmente" toda

---

6 Poder-se-ia se objetar que mesmo a intenção paradoxal procederia de maneira manipuladora, na medida em que ela – ainda que ela o assuma – trabalharia com um "truque". Essa objeção, contudo, não se sustenta: pois no caso da intenção paradoxal o "truque" não é utilizado pelo terapeuta contra o paciente, mas pelo próprio paciente contra a neurose. E o fato de, como eu sempre aconselho uma vez mais, o "mecanismo" de produção do efeito que se encontra na base desta "técnica" se tornar compreensível para o próprio paciente faz ainda algo a mais para humanizar a intenção paradoxal. Em outras palavras, no quadro da intenção paradoxal, "joga-se com as cartas na mesa", e, assim, o caráter manipulador, que é característico de diversas "estratégias" análogas, é desde o princípio alijado. Em oposição particular ao método de tratamento denominado "intervenção paradoxal", não é o terapeuta que intervém aqui, mas muito mais o próprio paciente, que "busca" algo aí.

7 **N.T.:** Em inglês no original: "Tente ficar mais atordoada, ter palpitações mais rápidas e sufocar mais. Tente morrer na frente das pessoas. Juntos, nós imaginamos as frases que a paciente tinha de dizer para si mesma, buscando paradoxalmente corar, suar, sufocar, morrer. A próxima vez que ela entrou em meu consultório ela estava muito alegre e me contou como tinha tido sucesso."

9. ✶ O encontro da psicologia individual com a logoterapia ✶ 269

a paleta de seus temores, desde as batidas do coração até a morte por sufocamento; mas não se tinha como falar aqui sobre ela ter de por si mesma intensificar o medo da morte.

Comparem agora o procedimento do professor Ko com uma intervenção, que o professor Leo E. Missine da Universidade de Nebraska aconselhou (não para uma neurose do medo, mas) para o tratamento de uma neurose obsessivo-compulsiva: "For example, a person who has an obsession to wash his hands ten times a day will be invited to do so 30 times a day" (Manuscrito inédito).[8] *Symptom prescription* clássica! Os senhores podem ler como é que a intenção paradoxal teria sido aplicada em um caso semelhantemente disposto em meu livro *Die Psychotherapie in der Praxis* (A psicoterapia na práxis – 9) sob o "caso 19": Elfriede G. tinha deixado para trás duas tentativas de suicídio – sua neurose obsessivo-compulsiva era a este ponto aflitiva. E, no que dizia respeito particularmente à sua compulsão a se lavar, "a paciente precisava lavar as mãos algumas centenas de vezes por dia". No primeiro dia de sua estada em nossa estação de tratamento, nós a "estimulamos a, para variar, não temer ao menos uma vez as bactérias, mas desejar se contaminar: ela deveria pensar que ela não teria contraído hoje bactérias suficientes, que ela gostaria de ficar o mais suja possível; acho que não há nada mais legal do que bactérias". Em seguida, ela se voltou para os outros pacientes internados – ela tinha sido acolhida em meu setor hospitalar – perguntando se alguém não poderia lhe fornecer bactérias. "Quero agora ter bastante contato e travar o máximo de conhecimento com elas – não vou nunca mais lavá-las – vou deixar as pobres criaturinhas viver!" Nenhum de nós, médicos, teria chegado algum dia a pensar – ao modo de Missine ou no sentido de uma "intensificação" da compulsão a se lavar – em aconselhar a paciente a "não lavar as mãos algumas centenas de vezes por dia", mas algumas milhares de vezes...

---

8 **N.T.:** Em inglês no original: "Por exemplo, uma pessoa que tem uma obsessão por lavar as mãos 10 vezes por dias é convidada a agir assim 30 vezes por dia."

Quanto mais diferenciamos – ao menos nos casos de neuroses do medo e de neuroses obsessivo-compulsivas – intenção paradoxal e *symptom prescription*, tanto mais podemos otimizar em certas circunstâncias a eficiência de nossa técnica. Não deixa de ser interessante observar como, por exemplo, Titze, no caso de um paciente tratado por ele, não tinha conseguido ainda alcançar um sucesso estrondoso e impressionante, enquanto continuou instigando o paciente a *intensificar o sintoma* – no caso concreto (literalmente), enquanto se manteve sugerindo ao paciente que ele "tivesse o máximo de medo possível" –, mas só conseguiu tal sucesso quando levou o paciente a *buscar paradoxalmente* aquilo diante do que ele tinha medo, a "procurar ter o mais intensamente possível sensações de vertigem e desfalecer", ou, em um outro caso, dizer para si mesmo: "Espero que tenha um colapso e permaneça deitado na rua impotente" – somente neste momento houve sucesso pleno.

Não é menos interessante o que se lê em uma passagem da autodescrição de um outro paciente de Titze, passagem que ele disponibilizou tão amavelmente para mim: "Quando alguém diz para si 'eu quero ter medo', neste momento ele supera o sentimento de temor. (E, em verdade, o paciente sofria do medo de precisar vomitar coram publico.)[9] Agora, tomei para mim como tarefa vomitar na mesa, e, quando me encontrava atrás dela, desapareceu o sentimento de medo, e eu pude comer a salada de presunto normalmente."

Elisabeth Lukas diz em sua trilogia que não haveria em toda a história da psicoterapia nenhum sistema, que seria tão não dogmático quanto a logoterapia. Talvez eu mesmo tenha dado a minha contribuição para tanto, ao ter apresentado no 'First World Congress of Logotherapy' (San Diego, 1980) a conferência de abertura com o título "The Degurufication of Logotherapy".[10] (12) Mas como é, afinal, que a logoterapia poderia se calcificar dogmaticamente? Eu mesmo não me afastei sempre uma vez mais de uma ou de outra convicção? Não fui eu mesmo aquele que sempre

---

9   **N.T.:** Em latim no original: "em público".

10 **N.T.:** Em inglês no original: "A desguruficação da logoterapia."

9. ∗ O encontro da psicologia individual com a logoterapia ∗ 271

defendeu o fato de a logoterapia ser um sistema aberto? "Aberto em duas direções: em direção à sua própria evolução e em direção à cooperação com outras escolas." A logoterapia não é nenhum bazar oriental, cujo dono buscaria impingir uma mercadoria aos seus clientes; ao contrário, a logoterapia precisa ser comparada antes com um supermercado, no qual passeamos, a fim de procurar, sem coerção, aquilo de que precisamos; e, em verdade, não o que precisamos apenas para nós mesmos, mas também para aqueles que nos são próximos.

O fato de a psicologia individual – a moderna psicologia individual! – ter se tornado igualmente não dogmática é algo que o senhor Titze vos apresentará em sua comunicação paralela. E, assim, há a esperança de que o sentimento de comunidade, que desempenha na psicologia individual um papel tão preponderante, também possa se fazer valer entre as escolas de uma tal maneira, que o sentimento de ausência de sentido, o qual desempenha um papel tão grande na logoterapia, possa ser superado pelos psicólogos individuais e pelos logoterapeutas lado a lado. Eu agradeço aos senhores.

Bibliografia

(1) A. Adler. *Der Sinn des Lebens* (O sentido da vida). Frankfurt junto ao Mainz, 1933.

(2) R. F. Antoch. *Studien zur individualpsychologischen. Theorie und Praxis* (Estudos sobre a teoria e a práxis da psicologia individual). Munique, 1981.

(3) M. L. Ascher; R. M. Turner. Controlled Comparison of Progressive Relaxation, Stimulus Control and Paradoxical Intention Therapies. In: *Journal of Consulting and Clinical Psychology* 47, 1979, p. 500.

(4) V. E. Frankl. Zur mimischen Bejahung und Verneinung (Para a afirmação e a negação miméticas). In: *Internationale Zeitschrift für Psychoanalyse* 10, 1924, p. 437.

(5) _____. Psychotherapie und Weltanschauung (Psicoterapia e visão de mundo). In: *Internationale Zeitschrift für Individual psychologie* 3, 1925, p. 250.

(6) _____. Zur medikamentösen Unterstützung der Psychotherapie bei Neurosen (Para o apoio medicamentoso da psicoterapia das neuroses). In: *Schweizer Archiv für Psychiatrie* 43, 1939, p. 1.

272 ✱ Logoterapia e Análise Existencial ✱ Viktor E. Frankl

(7) _____. *Ärztliche Seelsorge. Grundlagen der Logotheraphie und Existenzanalyse* (Cuidado médico com as almas. Bases da logoterapia e da análise existencial). Viena, 1946 e 1985.

(8) _____. ...trotzdem Ja zum Leben sagen. Ein Psychologe erlebt das KZ (... apesar disto dizer sim à vida. Um psicólogo vivencia o campo de concentração). Munique, 1986.

(9) _____. *Die Psychotherapie in der Praxis. Eine kasuistische Einführung für Ärzte* (A psicoterapia na práxis. Uma introdução para médicos com base em casos). Viena, 1947 e 1986.

(10) _____. *A questão do sentido na psicoterapia*. Munique, 1985.

(11) _____. Forerunner of Existential Psychiatry. In: *Journal of Individual Psychology* 26, 1970, p. 12.

(12) _____. Logotherapy on Its Way of Degurufication. In: Analecta Frankliana. *The Proceedings of the First World Congress of Logotherapy* (1980), Ed. Sandra A. Wawrytko, Berkeley, Institute of Logotherapy Press, 1982.

(13) J. Hand; Y. Lamontagne; I. M. Marks. Group Exposure in vivo for Agoraphobics. In: *Brit. J. Psychiat*. 124, 1974, p. 588.

(14) Byung-Hak Ko. Applications in Korea. In: *The International Forum for Logotherapy* 4, 1981, p. 89.

(15) A. H. Maslow. Comments on Dr. Frakl's Paper. In: *Reading in Humanistic Psychology*, Ed. A. Sutick e M. A. Vich, Nova York, The Free Press, 1969.

(16) L. Solyom; J. Garza-Perez; B. L. Ledwidge; C. Solyom. Paradoxial Intention in the Treatment of Obsessive Thoughts. In: *Compreehensive Psychiatry* 13, 1972, p. 291.

(17) W. Soucek. Die Existenzanalyse Frankls, die dritte Richtung der Wiener psychotherapeutischen Schule (A análise existencial, a terceira direção da escola psicoterapêutica de Viena). In: *Deutsche Medizinische Wochenschrift* 73, 1948, p. 594.

10.
Fome por pão – e fome por sentido[1]
[1985]

Conheço a fome. Na Primeira Guerra Mundial, fui para fazendas mendigar pão; e, na Segunda, vivi durante um tempo (em um campo de concentração) com uma dieta de 850 calorias por dia, tendo chegado a pesar 40 quilos. Mesmo no entreguerras, porém, conheci pessoas que estavam passando fome; e, em verdade, no contexto de uma ação iniciada pela Câmara do Trabalho de Viena intitulada "Juventude em necessidade", em cujo quadro tinha a missão de orientar psicologicamente jovens desempregados. Já faz agora 50 anos desde que publiquei um ensaio sobre as minhas experiências relativas a isso na revista *Sozialärztliche Rundschau*. E, em verdade, pude demonstrar que a depressão das pessoas jovens tinha de ser reconduzida ao fato de elas dizerem para si: estou desempregado, logo, sou inútil, consequentemente, minha vida não tem sentido. No fundo, portanto, tratava-se de um sentimento de ausência de sentido que tinha desencadeado a depressão! E isso pôde ser demonstrado pelo fato de, no instante em que consegui inserir sem fazer estardalhaço essas pessoas jovens em uma organização juvenil qualquer ou em uma biblioteca pública ou em uma escola técnica superior, onde elas puderam assumir uma função não remunerada, honorária, que também lhes dizia

---

1   O antigo chanceler alemão Dr. Bruno Kreisky e o Professor Universitário Dr. Viktor E. Frankl tinham sido convidados a apresentar as suas posições no auditório máximo da Universidade Técnica de Viena no quadro de um painel de discussão sob o título "A fome no Terceiro Mundo e a crise do sentido no Primeiro Mundo", e, em verdade, Kreisky sobre a primeira parte e Frankl sobre a segunda parte do tema.

respeito pessoalmente, no mesmo instante a depressão desapareceu – apesar de o estômago continuar roncando, e, em verdade, literalmente, pois naquela época um desempregado precisava literalmente passar fome; mas nunca esquecerei como alguns desses jovens desempregados gritaram, clamando em minha direção: o que nós queremos, aquilo de que precisamos, não é apenas dinheiro, mas em primeira linha algo pelo que pudéssemos viver – algo que desse sentido às nossas vidas!

Não há, portanto, uma fome por pão, mas também, do mesmo modo, uma fome por sentido! E no Estado do bem-estar de hoje se leva muito pouco em consideração esse fato. Também no contexto do desemprego. A assim chamada rede social de seguridade, gostaria de dizer, tem malhas amplas demais: a indigência psíquica dos desempregados e seu sentimento de ausência de sentido são desconsiderados!

Agora, é interessante ver que esse sentimento de ausência de sentido e a depressão que se segue a ele não são passíveis de serem constatados de maneira alguma apenas junto aos desempregados, por exemplo, mas também podem ser observados do mesmo modo entre a população trabalhadora. Assim, o diretor de um centro de terapia comportamental em Nova York relatou que muitos dos pacientes tratados lá se queixavam de que: "they have a good job, they are successful but they want to kill themselves, because they find life meaningless" (eles têm um bom trabalho, eles têm sucesso, mas querem se matar, porque consideram a vida sem sentido).

O vazio interior

Os senhores estão notando o que está acontecendo aqui? A depressão não depende apenas de se alguém está ou não desempregado, mas antes de se ele considera ou não a vida sem sentido. Em uma palavra, não há apenas estômagos vazios, mas também um vazio interior – e esse vazio interior há tanto sem trabalho quanto com trabalho, ou seja, apesar do trabalho, sim, por vezes até mesmo por intermédio do trabalho. Pois trata-se aí daquele vácuo existencial, que eu já tinha investigado e descrito há décadas e que cresceu neste ínterim, se transformando em uma neurose das massas mundo afora – o que pôde ser certamente comprovado cientificamente com o auxílio de testes e de estatísticas por pesquisadores em todo o mundo.

As coisas mostram-se justamente de tal modo que a sociedade industrial está a caminho de satisfazer a todas as necessidades do homem, sim, sob a forma da sociedade de consumo, ela cria pela primeira vez certas necessidades, para então poder satisfazê-las; só uma necessidade sai daí vazia, e, em verdade, a mais humana de todas as necessidades humanas, a saber, aquela necessidade do homem que eu denomino como sua "vontade de sentido": essa necessidade permanece amplamente frustrada.

E como é que se manifesta concretamente esse sentimento onipresente de ausência de sentido ou de vazio? No tédio e na indiferença; sendo possível definir o tédio como uma falta de interesses e a indiferença como uma falta de iniciativa: falta ao homem de hoje em muitos aspectos um interesse autêntico pelo mundo, para não falar de ele tomar a iniciativa de, estando no mundo, transformar algo no mundo. Pensem, de qualquer modo, apenas no fato de – no que diz respeito a interesses – o austríaco "consumir" em média meio livro por ano, e, no que diz respeito à iniciativa, de não precisarmos senão nos lembrar do assim chamado enfado com a política, que infelizmente se alastra por toda parte.

O que falta ao homem é justamente o engajamento, o empenhar-se por uma coisa que é digna de tal empenho, a entrega a uma tarefa pela qual ele poderia se decidir livremente. E, assim, chega-se ao ponto no qual – de acordo com uma enquete relativa à lei de liberdade de informação – 29 por cento dos austríacos encontram muito pouco sentido na vida; e, de acordo com uma estatística da Caritas alemã, entre os jovens esta cifra chega até os 42 por cento.

Faltam modelos

A essa falta de sentido na vida acrescenta-se, porém, ainda algo diverso: a falta de modelos, que também viveriam antes de nós a entrega a uma tarefa! E também há referências estatísticas para isso: o Instituto para Análises de Mercado e Sociedade descobriu por quem é que os austríacos possuem o maior respeito. Esses não são os grandes pesquisadores, nem tampouco os políticos mais significativos, não são nem os artistas famosos, nem os esportistas conhecidos; mas pessoas, "que conseguem dominar um destino difícil", e – se colocando no ápice! – "pessoas que se entregam a grandes sacrifícios sociais por outras, pessoas que ajudam outras pessoas!" – 47 por cento das pessoas votaram nelas.

E como as coisas se encontram em relação à juventude, contra a qual se gosta de lançar tantos impropérios? De acordo com resultados do Instituto Fessel, entre os jovens não foram 47 por cento, mas entre eles 83 por cento manifestaram o desejo de ajudar outros homens! Quem não se torna otimista diante de tais quotas percentuais não tem como ser ajudado...

O mais belo é que todo o sentimento de ausência de sentido se mostra como um grande e único anacronismo: nós só precisamos ampliar um pouco o nosso horizonte, para que observemos o quão relativamente boas estão as coisas para nós – relativamente, ou seja, em comparação com outros países, que, ou bem não têm liberdade política, ou bem passam por necessidades, como o que acontece no Terceiro Mundo – ou as duas coisas... Em todo caso, para todos aqueles que ainda conseguem se entusiasmar com alguma coisa, ainda haveria muito a fazer – um número bastante grande de tarefas espera por eles. Portanto, há sentido suficiente.

Nesse caso, a orientação pelo sentido, vista psicologicamente, não é apenas importante em termos vitais, mas importante para a sobrevivência! Se, tal como eu, os senhores não conhecerem apenas a bibliografia científica internacional sobre prisioneiros de guerra, mas, também como eu, tiverem tido a oportunidade de conhecer pessoas que tinham atrás de si até sete anos de prisão de guerra, então os senhores sabem o quão decisivo para a sobrevivência é o direcionamento para o futuro.

Suicídio crônico

Agora, reflitam um pouco sobre que perigos, do ponto de vista psicológico, podem significar o fato de nossa jovem geração compreender a si mesma e se designar como "no future generation", ou seja, como uma geração sem sentido e sem futuro. Neste vácuo existencial, vemo-nos diante da ameaça de que aquela tríade marcante da neurose das massas pulule, aquela tríade composta por depressão, adição e agressão, o que significa praticamente: suicídio[2] (Selbstmord)[3] no sentido lato do termo, suicídio crônico no sentido da dependência de drogas[4] e, sobretudo, também

---

2   Normalmente, só se pergunta sobre a razão que alguém pode ter tido para tentar se matar. O que deveria nos interessar, contudo, é menos a razão que leva alguém a uma tentativa de suicídio e muito mais a razão que afasta alguém da tentativa de suicídio. Em uma palavra, o que está em questão são recursos, que precisam ser mobilizados para que se consiga ultrapassar não apenas situações-limite como a prisão de guerra, mas também pesadas depressões, que são acompanhadas de impulsos suicidas. Razão pela qual importa menos medir com o auxílio de testes a intensidade dos impulsos suicidas e muito mais constatar o quanto o paciente em questão está em condições de resistir aos impulsos suicidas com vistas a um sentido da vida, a um sentido da sobrevivência. Uma indicação correspondente para um diálogo esclarecedor pode ser encontrada pelo leitor em meu livro *Ärztliche Seelsorge* (Cuidado médico com as almas), na página 43.

3   **N.T.:** O termo alemão *Selbstmord* significa literalmente assassinar a si mesmo.

4   A mera expressão "dependência" de drogas pode induzir em erro, na medida em que ela obscurece a liberdade, que possibilita ao homem se decidir a cada vez em favor ou contra a assunção pela primeira vez das drogas; e isso uma vez que ele – curiosa como é a juventude – cede à pressão dos colegas ou, porém, resiste a ela. Se ele *não* se levanta para resistir e chega ao ponto de se tornar dependente de drogas, então ele não é mais livre, e à dependência de drogas cabe a posição conjuntural de uma doença. Tanto mais, o que precisa estar em questão para nós é uma profilaxia – e não apenas uma terapia – que conflua para o fato de precisarmos tomar cuidado para não falarmos neste contexto *desde o princípio* de "doença" e de suas "vítimas". Ao contrário, o que precisa nos interessar agora é não prover os que ainda são saudáveis com tais álibis, mas ajudá-los a alcançar a consciência plena de sua liberdade, deixando que eles sintam a plena responsabilidade pelo seu destino futuro. Confrontei certa vez um jovem paciente com a alternativa "liberdade ou dependência", um paciente que estava perto de cair na cena das drogas. Depois de um esclarecimento do estado de coisas, disse-lhe então: "Em dez anos, o senhor se dirá uma bela tarde: 'O quão submisso eu fui ao, há dez anos atrás, quando me encontrava sentado diante do médico, me decidir

violência contra os outros. Experiências de décadas, porém, falam em favor do fato de "podermos contar" mesmo com tais homens jovens, sim, de eles se tornarem gratos quando são "fomentados", ou seja, quando são concretamente confrontados com uma tarefa, que lhes fala ao coração, para não dizer à alma. Ou será que os senhores não conhecem a história das estátuas no parque Frogner, em Oslo? O *Time Magazine* contou-nos sobre elas. Jovens vândalos as tinham danificado, queriam destruí-las, exatamente como tinham rasgado as capas de couro dos trens de superfície. A polícia os prendeu. E fez com que eles organizassem brigadas voluntárias, que perambulavam pelos parques à noite e conduziam os trens de superfície de dia – e que convenciam outros vândalos por meio de boa argumentação e com força de persuasão a não caírem no mesmo erro.

E aqui já chegamos também ao foco de minhas exposições: o que aconteceria se nós extrapolássemos? Se a entrega voluntária a uma tarefa comum estivesse em condições de superar agressividade e violência – isso também não deveria ser válido em larga escala, ou seja, não apenas no caso de homens particulares e grupos humanos particulares, mas também no caso da humanidade como um todo? Nisso vejo pessoalmente o significado do interesse e dos empenhos globais, tais como – para acentuar apenas alguns poucos – preservação do meio ambiente, movimentos de paz e ajuda ao desenvolvimento. No que diz respeito à ajuda ao desenvolvimento, porém, destaca-se, para não ficar apenas no meu próprio tema, mas para retornar também ao nosso título comum, uma solução ideal: justamente na medida em que o Primeiro Mundo vê uma tarefa em combater a fome no Terceiro Mundo, ele ajuda a si mesmo a lutar contra a sua própria crise de sentidos: nós lhes damos pão e eles nos dão, com isso, sentido – nada mau como troca.

---

por abandonar as drogas' – ou o senhor precisará dizer: 'Que imbecil eu fui há dez anos, quando joguei as palavras do médico ao vento e me entreguei à cena das drogas'. Hoje, o senhor – ainda – pode decidir o que será de sua vida: o submisso ou o imbecil!". O prazo de dez anos já passou há muito tempo e, agora como antes, o paciente ainda não precisa se chamar de "imbecil".

11.
O homem na busca por um sentido derradeiro[1]

Minhas senhoras e meus senhores, quando um conferencista vem de Viena, os senhores esperam que ele fale com um acento vienense – como eu mesmo o faço: e quando ele, ainda por cima, é um psiquiatra, então os senhores com certeza esperam que ele faça menção de início a Sigmund Freud – que assim seja: todos nós aprendemos de Freud a ver no homem um ser que, em última instância e no fundo, só busca uma coisa, e essa coisa é o prazer. Por fim, foi Freud quem introduziu o princípio do prazer e a coexistência de um princípio de realidade não contradiz de maneira alguma a hipótese de Freud, de acordo com a qual a busca por prazer constitui a principal motivação do homem; pois – como Freud acentua inúmeras vezes – o princípio de realidade encontra-se a serviço do princípio do prazer, uma vez que ele não representa senão uma mera "modificação" do princípio do prazer, "que no fundo também *busca* o prazer"[2] e "significa em certo sentido um prosseguimento do princípio do prazer com outros meios".[3] "Um prazer momentâneo e incerto em suas consequências é abandona-

---

1   Uma fita de áudio (número de ordem: L 19-186-85) dessa "Oskar Pfister Award Lecture", que foi gravada em língua inglesa em 1985 no Annual Meeting da American Association in Dallas, Texas, sob o título "Man in Search for Ultimate Meaning", está à venda como Audio Transcripts, 610 Madison Street, Alexandria, Virginia 22314 (Preço 10 dólares americanos).

2   S. Freud. *Obras reunidas XI*, p. 370.

3   H. Hartmann. Ich-Psychologie und Anpassungsproblem (Psicologia do eu e o problema da adaptação). *Psyche* 14 (1960), p. 81.

280 ✻ Logoterapia e Análise Existencial ✻ Viktor E. Frankl

do, mas apenas para, por meio daí, alcançar um prazer que chega mais tarde por uma nova via de maneira assegurada".[4] Só que em tudo isso não podemos, nem temos o direito de esquecer que o próprio princípio do prazer – do mesmo modo segundo Freud – serve ele mesmo e por sua parte a um princípio mais abrangente, a saber, ao princípio da homeostase no sentido de W. B. Cannon (*The Wisdom of the Body, Nova York*, 1932), cuja meta é atenuar tensões internas, a fim de manter ou reproduzir o equilíbrio interno. Assim, então, mesmo Freud expõe "o aparelho psíquico" como algo cuja "intenção" consistiria em "dominar e sanar a profusão de estímulos e as grandezas dos estímulos que se aproximam desse aparelho vindos de fora e de dentro".[5]

No quadro de tal imagem do homem não falta, contudo, nada mais e nada menos do que aquela característica da existência humana, que gostaria de designar a autotranscendência da existência. Com isso, o que pretendemos descrever é o fato de que todo ser humano já sempre se lança para além de si, na medida em que sempre remete para algo que não é, por sua vez, ele mesmo, para algo diverso dele – ou para uma outra pessoa! Em outras palavras, em termos profundos e em última instância, o homem não está interessado em estados internos quaisquer, seja o prazer, seja o equilíbrio interno, mas ele está orientado para o mundo lá fora, e, no interior desse mundo, ele busca um sentido que ele gostaria de preencher, ou uma pessoa que ele poderia amar. E com base em uma autocompreensão ontológica pré-reflexiva, ele também sabe de algum modo que ele concretiza exatamente a si mesmo, na medida em que esquece de si mesmo, e ele esquece de si mesmo, por sua vez, precisamente na medida em que ele se entrega, na medida em que ele se entrega a uma coisa, à qual ele serve, ou a uma pessoa, que ele ama. Mas as coisas se dão de tal modo que a segunda das duas escolas vienenses clássicas da psicoterapia – a psicologia individual de Adler – não leva em conta a autotranscendência da

---

4   S. Freud, *Obras reunidas V*, p. 415.
5   S. Freud, *Obras reunidas IX*, p. 370.

existência. Ora, ela considera de qualquer modo o homem no fundo como um ser, que visa a se lançar para além de um estado interno determinado, a saber, o sentimento de inferioridade, por meio do fato de ele desenvolver uma aspiração por superioridade – uma aspiração amplamente congruente com a assim chamada "vontade de poder" de Nietzsche.

Ora, enquanto uma teoria motivacional girar em torno da "vontade de prazer" – como quer que possamos renomear a partir de agora o princípio do prazer no sentido de Freud –, ou, então, em torno da aspiração por superioridade no sentido de Adler, tratar-se-á de uma típica psicologia profunda. Em contrapartida, uma "psicologia elevada"[6] também inseriria em sua imagem do homem aquelas aspirações que precisariam ser assentadas "para além do princípio do prazer" e da vontade de poder. E, entre essas aspirações, a busca do homem por sentido precisar ser colocada com certeza em primeiro lugar. De fato: Oskar Pfister foi o primeiro que, já no ano de 1904, pensem bem, aconselhou que se dirigisse a pesquisa nessa direção, ao expressar a opinião de que "o reconhecimento daquelas experiências espirituais elevadas da natureza humana, que são tão poderosas quanto as experiências espirituais profundas são mais significativas (em comparação com a psicologia profunda).

A psicologia elevada não é nenhuma substituta da psicologia profunda, mas permanece muito mais um complemento, ainda que um complemento incondicionável, da psicologia profunda; e, em verdade, na medida em que tematiza a necessidade de sentido que distingue tanto o homem – essa é, caso se queira dizer assim, a mais humana de todas as necessidades humanas e pode ser contraposta enquanto tal às teorias motivacionais da psicologia individual e da psicanálise com a expressão "vontade de sentido".[7]

---

6   V. E. Frankl, Zur geistigen Problematik der Psychotherapie– Sobre a problemática espiritual da psicoterapia, *Zeitschrift für Psychotherapie* 10 (1938), p. 33.

7   V. E. Frankl, *Der unbedignte Mensch* - O homem incondicionado, Viena, 1949.

282 ✴ Logoterapia e Análise Existencial ✴ Viktor E. Frankl

Ora, mas é justamente a vontade de sentido que é amplamente frustrada atualmente. Com uma medida crescente apodera-se do homem de hoje um sentimento de ausência de sentido, que entra em cena normalmente junto com um sentimento de "vazio interior" – trata-se do *vácuo existencial*" que foi descrito e designado por mim enquanto tal.[8] Esse *"vácuo existencial*" manifesta-se principalmente sob a forma do tédio e da indiferença. Neste contexto, enquanto o tédio significa uma perda de interesse – interesse pelo mundo –, a indiferença designa uma falta de iniciativa – a falta da iniciativa de transformar algo no mundo, de melhorar algo!

Isso é suficiente sobre a fenomenologia do vácuo existencial. E como as coisas se encontram no caso da sua epidemologia? Talvez possa extrair aleatoriamente uma passagem, que se encontra no *Existential Psychotherapy* (Nova York, 1980), de Irvin D. Yalom, e que nos diz o seguinte: "Of forty consecutive patients applying for therapy at a psychiatric outpatient clinic, 30 percent had some major problem involving meaning as adjudged from selfratings, therapists, or independent judges".[9] Mas não acredito que todo e qualquer caso particular de neurose (ou mesmo de psicose) precise ser reduzido ao sentimento de ausência de sentido. Tampouco acredito que, inversamente, o sentimento de ausência de sentido conduz em todos os casos particulares a uma neurose. Em outras palavras, nem toda neurose é "noogênica",[10] ou seja, nem toda neurose precisa ser derivada de um vácuo existencial, nem é o vácuo existencial em todos os casos patogênico; e isso para não falar que ele seria algo patológico. Ao contrário, considero mesmo por assim dizer uma prerrogativa do homem não apenas formular a questão acerca do sentido de sua vida, mas também colocar em

---

8   V. E. Frankl, *Pathologie des Zeitgeistes*– Patologia do espírito do tempo. Viena, 1955.

9   **N.T.:** Em inglês no original: "De quarenta pacientes que estavam buscando terapia em uma clínica psiquiátrica não voltada para a internação, 30 por cento tinha algum problema principal envolvendo sentido, tal como é adjudicado por autoestimativas, por terapeutas ou juízes independentes."

10   V. E. Frankl, *Über Psychotherapie – Sobre psicoterapia*. Wiener Zeitschrift für Nervenheilkunde 3, 1951, p. 461.

questão esse sentido. Ou será que um animal já perguntou algum dia sobre o sentido de sua vida? Nem mesmo um dos gansos cinzas de Konrad Lorenz.

Ainda que não se deixe conceber no sentido de uma neurose noogênica ou psicogênica, o vácuo existencial pode ser muito bem concebido no sentido de uma neurose sociogênica. Ora, a sociedade industrial tem em vista diretamente satisfazer, se possível, a todas as necessidades humanas, e seu efeito colateral, a sociedade de consumo, busca até mesmo gerar necessidades, para poder, em seguida, satisfazê-las. A industrialização introduz-se juntamente com uma urbanização e desenraíza o homem, na medida em que o aliena das tradições e dos valores mediados pelas tradições. Compreende-se por si mesmo que, sob tais circunstâncias, sobretudo a nova geração tenha de sofrer do sentimento de ausência de sentido, avaliação em favor da qual falam também os resultados de pesquisas empíricas. Neste contexto, gostaria de me referir apenas à síndrome da neurose das massas, que se compõe da tríade "addiction, aggression und depression"[11] e na base da qual se encontra comprovadamente o sentimento de ausência de sentido. Para citar apenas uma única testemunha: Stanley Krippner demonstrou que, entre jovens dependentes de drogas, nada menos do que 100 por cento sofriam do fato de tudo se lhes mostrar sem sentido.

Ora, mas já é tempo de perguntarmos o que compreendemos propriamente por "sentido". Em conexão com a logoterapia, o sentido não visa a nada abstrato. Ao contrário, trata-se muito mais inteiramente de um sentido concreto, a saber, do sentido concreto de uma situação, com a qual uma pessoa igualmente concreta é respectivamente confrontada. No que diz respeito à percepção de tal sentido, porém, seria preciso dizer agora que ela teria por um lado algo em comum com a percepção de uma figura no sentido de Max Wertheimer, e, por outro, algo em comum com uma experiência "aha!"

---

11   **N.T.:** Em inglês no original: "adição, agressão e depressão".

no sentido de Karl Bühler. Kurt Lewin e Max Wertheimer[12] falaram efetivamente sobre o "caráter de desafio" de uma situação dada. De fato, toda situação apresenta uma exigência para nós, dirige uma questão para nós – uma questão, para a qual damos uma resposta, na medida em que empreendemos algo, de um modo ou de outro; em uma palavra, uma vez que a acolhemos como uma incitação à luta. Com isso, a diferença entre a percepção do sentido e a percepção da figura conflui para o fato de que nós nos apercebemos neste último caso de uma "figura" em seu pano de fundo, enquanto no decurso da percepção do sentido, se é que posso falar assim, reluz uma possibilidade sob o pano de fundo da realidade, para não dizer que ela nos salta aos olhos; e, em verdade, a possibilidade de configurar de um modo ou de outro a situação dada.

Compreende-se completamente por si mesmo o fato de nós, psiquiatras, não estarmos em condições de "prescrever" aos nossos pacientes o sentido da vida. Esse sentido não tem como ser alcançado por receita. O que é bem possível, contudo, é tornar compreensível o fato de nossa vida segundo a possibilidade ser plenamente dotada de sentido sob todas as condições e circunstâncias, permanecendo assim até o último instante. Nada menos do que 20 pesquisadores podem demonstrar o fato de o homem ser capaz de encontrar um sentido em sua vida – e, por princípio, independentemente de seu sexo, de sua idade, de seu QI (de sua cota de inteligência), de sua formação, de sua estrutura de caráter, de seu mundo circundante e – de maneira notável – independentemente de se ele é ou não religioso, e – se ele é religioso – independentemente da confissão à qual ele possa se ligar. Aponto apenas para os trabalhos de Brown, Casciani, Crumbaugh, Dansart, Durlak, Kratochvil, Lukas, Lunceford, Mason Murphy, Planova, Popielski, Richmond, Roberts, Ruch, Sallee, Smith, Yarnell e Young.[13]

---

12 *Some Problems in the Theory of Ethics,* em: M. Henle (Ed.), Documents of Gestalt Psychology, Berkeley, 1961.

13 V. E. Frankl, *The Unconscious God. Psychotherapy and Theology.* Nova Yorke, 1985.

11. ∗ O homem na busca por um sentido derradeiro ∗ 285

Esses resultados de pesquisas científicas encontram-se em contradição com as insinuações do sentimento da ausência de sentido; mas eles se acham em ressonância com a compreensão ontológica pré-reflexiva de si mesmo e do sentido do homem, cuja análise fenomenológica nos possibilita uma visão do modo como o puro e simples "homem da rua" chega a encontrar um sentido na vida – e mesmo a preencher esse sentido. Aparentemente, ele sabe que ele se aproxima de uma possibilidade de sentido por três vias, a saber: em primeiro lugar, por meio de um ato que ele realiza ou por meio de uma obra que ele cria. Em segundo, por meio do fato de ele vivenciar algo – algo ou alguém, em outras palavras, por meio do fato de não experimentar um sentido apenas no trabalho, mas também no amor. Para além disso, porém, ele também parece saber que há uma terceira *via para o sentido*: quando quer que sejamos confrontados com uma situação que não podemos alterar, há sempre ainda a possibilidade de mudar nosso *posicionamento* em relação à situação – nosso posicionamento e nós mesmos: na medida em que amadurecemos e crescemos, na medida em que nos alçamos para além de nós mesmos. E isso é igualmente válido para os três componentes daquela "tríade clássica" que se compõe a partir de sofrimento, culpa e morte; e, em verdade, ele é válido na medida em que o sofrimento pode se transformar em realização; em que a culpa pode se transformar em mudança; e a perecibilidade da existência humana pode se tornar o impulso para um fazer responsável (V. E. Frankl, *Der leidende Mensch: Anthropologische Grundlagen der Psychotherapie* – O homem sofredor: bases antropológicas da psicoterapia, Berna, 1984).

Com base em uma história que nos é contada por Georg Moser, procuraremos exemplificar como é que o homem pode estar em condições de converter uma tragédia pessoal em um triunfo humano: alguns anos depois da Segunda Guerra Mundial, um médico encontra uma mulher judia que trazia uma pulseira com os dentinhos de leite de seus filhos, com todos esses dentinhos envolvidos em ouro. "Uma bela pulseira", observou o médico. "Sim", respondeu a mulher, "este dentinho é de Miriam, este é de Ester e este de Samuel...". Ela denominou por ordem de idade todos os nomes de suas

286 ✳ Logoterapia e Análise Existencial ✳ Viktor E. Frankl

filhas e filhos. "Nove crianças", ela acrescentou, "e todos foram arrastados para as câmaras de gás". Perturbado, o médico perguntou: "Como é que a senhora consegue viver com tal pulseira?". Constrita, ela retrucou: "Assumi em Israel a direção de um orfanato."[14]

Assim se mostra, afinal, que o sentido também pode ser arrancado mesmo ao sofrimento; e isso significa, por sua vez, que o sentido potencial da vida é um sentido incondicionado. Será que isso deve significar que o sofrimento seria necessário, para se encontrar sentido? Esta seria uma tosca incompreensão. O que acho é que o sentido é possível apesar do sofrimento, para não dizer, por meio de um sofrimento – contanto que o sofrimento seja necessário, ou seja, contanto que a causa do sofrimento não possa ser suspensa e alijada; seja porque se trata de uma causa biológica, psicológica ou sociológica; se um carcinoma é operável, então o paciente será obviamente operado; se um paciente chega com uma neurose em nossa práxis, então faremos naturalmente tudo para liberá-lo de tal neurose; e se fosse a sociedade que estivesse doente, então prosseguiríamos até onde e enquanto fosse possível para uma ação política. Um sofrimento desnecessário confluiria para o masoquismo, e não para o heroísmo.

Já de início tínhamos falado que – em conexão com a logoterapia – o sentido tinha em vista o sentido concreto de uma situação, com a qual uma pessoa igualmente concreta é respectivamente confrontada. Para além disto, também há obviamente um sentido derradeiro, abrangente. Só é válido, porém, o seguinte: quanto mais abrangente é o sentido, tanto menos tangível ele também é. Trata-se aí do sentido do todo, do sentido da vida como um todo, e não tenho como imaginar que seria digno de um psiquiatra, em geral de um cientista, desde o princípio, com base em pressupostos aprioristicos, para não dizer inculcações doutrinárias ideológicas, contestar inteiramente ainda que apenas a mera possibilidade de

---

14 G. Moser, *Wie finde ich zum Sinn des Lebens?* (Como encontro uma via de acesso ao sentido da vida?). Freiburg em Brisgau 1978, citado em: V. E. Frankl, *Die Sinnfrage in der Psychotherapie* (A pergunta sobre o sentido na psicoterapia). Munique, 1985.

11. ∗ O homem na busca por um sentido derradeiro ∗ 287

tal sentido (não único, mas) universal. Como o "sentido concreto de uma situação" se relaciona, então, com esse sentido universal? Gostaria de citar uma alegoria: pensemos apenas em um filme – ele se compõe a partir de milhares e milhares de cenas particulares e cada cena particular aproxima do espectador um sentido; mas o sentido de todo o filme só desponta para nós por volta do final da apresentação – contanto que também "compreendamos" antes de tudo o sentido da cada cena particular! Ora, mas o mesmo não acontece analogamente em nossas vidas? O sentido de nossas vidas não se desvela para nós, se é que isso acontece, do mesmo modo apenas no fim? E esse sentido final de nossa vida também não depende da mesma maneira de se nós preenchemos de início o sentido de cada situação particular, até onde conseguimos saber e acreditar conscientemente que o fizemos.

Partimos do fato de o sentido derradeiro se subtrair completamente ao menos a uma intervenção intelectual; mas pode ser legítimo nos imiscuirmos em uma espécie de *extrapolação*, e eu gostaria de ilustrar aos senhores por meio de um dado concreto o que tenho em vista aqui: um dia, acabei caindo em uma das reuniões de terapia de grupo organizadas por meu assistente, Dr. K. Ao entrar no grupo, estava sendo discutido o caso de uma mulher que tinha perdido há pouco tempo o seu filho de 11 anos com apêndice supurado. A mãe tinha tentado se matar e tinha sido trazida logo depois para mim na clínica. Nesse momento, eu intervim: "Imagine por um momento que se aplicam injeções dolorosas em um macaco, para conseguir um soro contra poliomielite. O macaco algum dia conseguiria compreender por que ele precisava sofrer?". Em uníssono, o grupo retrucou: nunca, o macaco jamais estaria em condições de seguir as reflexões do homem, que o inseriu em seus experimentos; pois o mundo humano não é acessível para ele. Ele não consegue atingi-lo, ele não consegue alcançar sua dimensão. Em seguida, por outro lado, chegou novamente a minha vez: "...e as coisas ocorrem com o homem de maneira diversa? O mundo do homem é uma espécie de estação final, de tal modo que, para além dele, não haveria nada? Não precisamos supor antes que o próprio mundo humano é por seu lado ultrapassado por um mundo que, por sua vez, também não é acessível ao homem, mundo esse no qual apenas seria possível encontrar o sentido do sofrimento?"[15] Tal como o acaso o queria, o grupo tinha sido recrutado a partir de participantes que eram inteiramente não religiosos. No entanto, sentados em suas carteiras, eles admitiram que tal dimensão mais elevada em relação à dimensão humana, ainda que não seja *crí-vel*, seria ao menos *pensá-vel*, e que ela seria tão pouco acessível ao homem quanto a dimensão humana para o macaco.

Se essa dimensão mais elevada em relação à dimensão humana não é acessível nem à "razão pura" nem ao entendimento puro, em outras palavras, se ela não é nem apreensível de maneira puramente racional, nem tangível de modo puramente intelectual, então isso é tanto mais válido para a intervenção científica. E, assim, não se encontra na imagem de mundo científica nenhum lugar para tal sentido. Ora, mas será que isso precisa significar que o próprio mundo é sem sentido? Isso não fala antes em favor do fato de que – ao menos em relação a um sentido derradeiro – a ciência é *cega* para o sentido? Com razão, E. Schrödinger diz que falta ao mundo das ciências naturais tudo aquilo que tem ligação com o sentido e a finalidade do acontecimento como um todo. No interior dos limites da mera ciência natural, o sentido não desponta. A visão panorâmica que a ciência natural conduz através da realidade não toca justamente no sentido.

O exemplo de Jacques Monod se impõe a nós. Ele afirma precisamente que toda vida surgiria da interação de mutações e seleção. A ideia do "puro acaso" seria "a única realmente pensável, uma vez que ela é a única que concorda com os fatos que são colocados à nossa disposição pelas observações e pela experiência. E nada justifica a suposição de que nossas respectivas representações precisariam ser algum dia sobrepostas ou mesmo que elas poderiam quiçá apenas ser sobrepostas".[16] Em relação a isto seria preciso dizer agora:

---

15   V. E. Frankl, *Die Sinnfrage in der Psychotherapie* (A pergunta acerca do sentido na psicoterapia). Munique, 1985.

16   *Newsweek*, 26 de abril de 1971.

evidentemente, mutações são projetadas no plano de interseção da "ciência da natureza" como meros acasos. Só que, quando se fala que a ciência da natureza não pode constatar nenhuma teleologia, esse anúncio de vazio deveria ser formulado de maneira mais cuidadosa: no plano de projeção científico-natural, a teleologia não se reproduz, ela não é alcançada nesse plano de interseção. No entanto, isso ainda está longe de excluir o fato de que ela possa existir em uma dimensão mais elevada. E não se manter aberto para a possibilidade da teleologia em uma dimensão que transcende a ciência natural, mas negar essa possibilidade não tem mais nada em comum com empiria. Ao contrário, trata-se de filosofia, e, em verdade, não criticamente refletida, mas filosofia diletante, antiquária.

 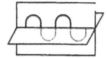 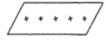

Suponhamos que uma curva encontra-se em um plano vertical, que é cortado por um plano horizontal. O que a curva deixa para trás no plano de interseção não são senão pontos de interseção, senão os cinco pontos isolados, que nos permitem sentir a falta de uma conexão entre eles. Mas eles só fazem aparentemente com que isso aconteça. É só aparentemente que eles não se encontram em conexão entre si. Pois, em realidade, eles são ligados um ao outro pela curva. As ligações, porém, não se encontram no interior, mas fora do plano horizontal, a saber, acima e abaixo dele.

Caso transponhamos agora o que pudemos aprender da imagem supramencionada para os acontecimentos que fazem com que sintamos falta do mesmo modo de uma conexão "plenamente dotada de sentido", digamos, para as mutações aparentemente desprovidas de sentido, então é possível compreender por que elas – e com elas toda a evolução – precisariam se reproduzir no plano de interseção "ciência natural" como meros acasos, enquanto o sentido respectivamente "mais elevado" e "mais profundo" a cada vez –

290 ∗ Logoterapia e Análise Existencial ∗ Viktor E. Frankl

não seria outra coisa senão a curva que se encontra acima ou abaixo do plano horizontal – só poderia vir à tona em um outro plano de interseção. Para acentuar as coisas ainda mais: nem tudo pode ser compreendido no sentido de nexos plenamente significativos, ou seja, teleologicamente (ou com vistas a fins), mas tudo só se deixa explicar justamente de maneira causal. Ao menos podemos compreender, no entanto, por que as coisas são e precisam ser assim e por quê, contudo, podemos acreditar em um sentido que se encontra aí por detrás, um sentido que se encontra acima daí, ainda em um outro plano setorial, para o interior do qual nós temos justamente de segui-lo.[17] Aqui, o saber renuncia ao seu posto e a crença passa a ter a palavra; mas aquilo que é *impossível de ser sabido* não precisa ser *in-acredit-ável*. Em verdade, como dissemos, não é possível descobrir de maneira puramente intelectual se tudo é em última instância sem sentido ou se, porém, por detrás de tudo há um sentido velado; mas por mais que não haja qualquer resposta intelectual a essa pergunta, continua sendo sempre possível uma decisão existencial em face dela. Quando os argumentos em favor e contra um sentido derradeiro se equilibram, sempre podemos continuar lançando o peso de nosso próprio ser na balança "pró", e isto significa justamente decidir-se em favor de uma das duas possibilidades de pensamento.[18] Em face das duas possibilidades de pensamento, o homem *que acredita no sentido* enuncia o seu "fiat", o seu "amém": "Assim o seja – me decido por agir deste modo, 'como se' a vida tivesse um 'sentido superior' que transcende a nos-

---

17 V. E. Frankl, *Die Sinnfrage in der Psychotherapie* (A pergunta acerca do sentido na psicoterapia). Munique, 1985.

18 O homem não consegue mais tomar essa decisão a partir de uma lei lógica, mas só a partir da profundeza de seu próprio ser. Só assim ele consegue se resolver para uma coisa ou outra. Sabemos, contudo, ao menos o seguinte: quando o homem se decide pela crença em um sentido derradeiro, pela crença no sentido superior do ser, essa crença, tal como toda crença, tem efeitos criativos. Pois... ao lançar mão de uma possibilidade de pensamento, o que ele está fazendo é mais do que apenas lançar mão de uma possibilidade de pensamento – trata-se da realização de uma mera *possibilidade* de pensamento. (V. E. Frankl, ...*Trotzdem Ja zum Leben sagen* – Apesar disso dizer sim à vida, Viena, 1946)

sa capacidade de concepção finita." E sob a pena cristaliza-se uma definição correta: "A crença não é um pensamento, diminuída da realidade do pensado, mas um pensamento, ampliado da existencialidade do pensante." (V. E. Frankl, *Der unbedingte Mensch* – O homem incondicionado, Viena, 1949)

E o que faz, ao ser confrontado com o "impassível de ser sabido", o "homem da rua" ou a mulher da rua? Talvez possa reformular a questão: os senhores já se encontraram algum dia em um palco? Se a resposta for sim, então os senhores certamente se lembrarão que, ofuscados pelas luzes da ribalta, ao invés de verem o local da plateia, os senhores não viram senão um grande buraco negro;[19] mas nenhum de vós teríeis chegado à ideia de duvidar da presença dos espectadores – ou? Pois bem, o mesmo vale com certeza para a maioria da população deste nosso planeta: ofuscados pelo "brilho aparente" do cotidiano, eles preenchem o "grande buraco negro" com símbolos. O homem tem justamente a necessidade de "ver" algo "dentro" do nada, diante do qual ele se encontra – algo, ou melhor, alguém. Ele compartilha por assim dizer da opinião do existencialismo que pode – ao que me parece – ser reduzido à seguinte tese: "Nothingness is really no-thing-ness" (Nada significa efetivamente não-ser-uma-coisa). Ou seja, um ser derradeiro – o correspondente do "sentido derradeiro" –, em uma palavra, Deus, não é uma coisa entre outras, mas – para falar com Heidegger – "o ser ele mesmo". E, assim, também não podemos colocar esse "ser superior" (se é que posso chamá-lo desse modo) em um mesmo plano que as coisas que se acham assentadas no mundo, as "coisas-que-são-no-mundo", as coisas "intramundanas". Seria como se nos arriscássemos a cometer o mesmo erro que um pequeno jovem, que disse certa vez, que sabia com certeza o que queria ser, a saber, "ou acrobata em um trapézio de um circo – ou Deus". Ele falou de Deus como se ser-Deus fosse uma profissão entre outras.

Retornemos agora ao símbolo: o fosso, para não dizer o abismo, entre o que é respectivamente simbolizante e o que tem de

---

19   V. E. Frankl, *Die Existenzanalyse und die Probleme der Zeit* (A análise existencial e os problemas do tempo). Viena, 1947.

ser simbolizado pode ser notado da maneira mais dolorosa possível, quando o que está em questão é o ser-superior. E, contudo, não seria justificado se subtrair da necessidade de simbolização, renunciando a ela apenas porque o símbolo jamais pode coincidir com aquilo que é representado por ele. Pensemos apenas em um quadro, que retrata uma paisagem, sobre ela o céu: todo pintor, ao menos todo pintor com inclinações realistas, nos "fará ver o céu", pintando apenas umas poucas nuvens; mas as nuvens não são precisamente aquilo que há de menos idêntico ao céu? As coisas não se dão de tal modo que as nuvens se revelam como algo que – por mais que possam nos fazer pressentir por assim dizer o céu – nos priva de uma visão direta dele? E, contudo, elas são usadas como o melhor e mais simples símbolo para o céu.

E, assim, mesmo o divino também é em geral simbolizado com o auxílio de algo que ele *não é*: os atributos divinos são e continuam sendo meramente propriedades *humanas* – se não propriedades demasiadamente humanas. Não se poupa a Deus ser simbolizado de uma maneira mais ou menos antropomorfa. Assim, deveríamos ter o direito de rejeitar tudo o que é religioso com base em todos os ingredientes antropomorfos presentes no geral? As coisas não se dão muito mais de tal modo que a (de qualquer modo assintótica) aproximação do segredo e do mistério da verdade derradeira produz algo antes pela via simbólica do que por uma via meramente abstrata? Foi Konrad Lorenz – sim, Konrad Lorenz! – quem disse há pouco tempo, literalmente, no âmbito de uma entrevista para a televisão: "Se os senhores considerarem globalmente o conteúdo de verdade de uma visão de mundo, o conteúdo de verdade da camponesa bem simples e o conteúdo de verdade da visão de mundo de B. F. Skinner, então os senhores descobrirão que a camponesa, que acredita na virgem Maria, no amado Deus e no espírito santo, está mais próxima da verdade do que o behaviorista."[20]

Naturalmente há ciladas à nossa espera, quando nos metemos de maneira acrítica com o antropomorfismo. Para exemplificá-lo

---

20   K. Lorenz/F. Kreuzer, *Leben ist Lernen* (Viver é aprender). Munique, 1981.

11. ∗ O homem na busca por um sentido derradeiro ∗ 293

com o auxílio de uma piada: "Na escola, o professor de religião estava falando sobre a atividade milagrosa de Deus. Assim, como ilustração, ele contou uma pequena história: 'Era uma vez um homem pobre que não tinha dinheiro para se dar ao luxo de contratar uma ama de leite. Vendo tais dificuldades, Deus fez um milagre e deixou que crescessem seios no peito desse pobre homem, de tal modo que ele pôde amamentar em seguida o bebê.' Ao escutar isto, o pequeno Moritz levantou a mão e disse: 'Dito sinceramente, professor, não entendi bem a história. Não teria sido mais fácil se Deus tivesse arranjado as coisas de tal modo que esse pobre homem – aparentemente por acaso – tivesse achado dinheiro na rua? Então ele teria podido se dar ao luxo de contratar uma ama de leite – e Deus teria se poupado de fazer um milagre.' Ao que o professor retrucou: 'Tu, menino bobo! Se Deus pode fazer um milagre, ele não vai gastar dinheiro vivo!'"[21]

Assim, obtém-se o fato de que a religião pode ser muito bem definida como um sistema de símbolos – de símbolos para algo, que não se deixa mais aprisionar em conceitos e, então, expressar em palavras; mas a necessidade de cunhar ou utilizar símbolos não é uma característica e um traço fundamental da *condition humaine*? Ou será que a capacidade de falar ou, respectivamente, a capacidade de compreender o falado não se mostra como um elemento constitutivo do ser humano? Portanto, pode ser inteiramente legítimo definir as línguas particulares, tal como a humanidade as desenvolveu no decurso de sua história, a cada vez como um "sistema de símbolos".

Caso coloquemos de tal modo a religião em relação com a língua, então também precisaremos apontar para o fato de que não é permitido a ninguém fazer passar a sua língua materna como uma língua *superior* a todas as outras línguas – em *todas* as línguas, o homem pode se aproximar da verdade – da verdade una – e, em todas as línguas, ele pode também se equivocar e mentir. E, assim, por intermédio de *toda e qualquer* religião, ele também pode encontrar o seu caminho até Deus – até o Deus uno.[22] Não

---

21 V. E. Frankl, *Der leidende Mensch* (O homem sofredor). Berna, 1984.
22 V. E. Frankl. *Das Leiden am sinnlosen Leben* (O sofrimento de uma vida sem sentido). Freiburg em Brisgau, 1987.

estamos lidando, contudo, apenas com um pluralismo linguístico, mas, também, com um pluralismo religioso, de tal modo, em verdade, que a religião se encontra diante de nós em geral apenas sob a forma de diversas confissões – confissões que, como dissemos, não podem pretender ter superioridade umas em relação às outras. Mas não poderia acontecer de o pluralismo religioso ser cedo ou tarde superado, na medida em que um universalismo religioso entrasse em seu lugar? Não acredito em uma espécie de esperanto religioso. Ao contrário. Não nos encaminhamos para uma religiosidade universal, mas muito mais para uma religiosidade pessoal – uma religiosidade profundamente personalizada, uma religiosidade a partir da qual cada um encontrará o caminho para a sua língua pessoal, própria, originariamente própria, voltando-se para Deus.[23] Gordon W. Allport considera em particular o hinduísmo como "a rare instance of an institutional religion recognizing the ultimate individuality of the religious sentiment".[24-25]

Será que isso significa que as confissões particulares ou que suas organizações e instituições estariam indo ao encontro do seu ocaso? Não acredito; pois – por mais diversos que possam ser os estilos pessoais, nos quais os homens expressam a sua busca por um sentido derradeiro e se voltam para um ser último – há sempre e sempre haverá ritos e símbolos comuns. Ora, há evidentemente uma pluralidade de línguas – e, contudo, não há para muitas delas um alfabeto comum?

Admitindo que essa nossa concepção de religião – religião no sentido mais amplo da palavra – tem felizmente muito pouco em comum com a bitolação confessional e com suas consequências, com a miopia religiosa, que vê em Deus aparentemente uma essência, que só tem em vista uma coisa, qual seja: que o maior número possível de pessoas acredite n'Ele, e, além disto, exatamente do

---

23   V. E. Frankl. *Das Leiden am sinnlosen Leben* (O sofrimento de uma vida sem sentido). Freiburg em Brisgau, 1987.

24   **N.T.:** Em inglês no original: "uma rara instância de uma religião institucional que reconhece a individualidade última do sentimento religioso".

25   G. W. Allport. *The Individual and His Religion*. Nova York, 1956.

11. ✷ O homem na busca por um sentido derradeiro ✷ 295

modo como uma confissão totalmente determinada o prescreve. "Acreditai apenas", elas nos dizem, "e tudo ficará bem". Não consigo imaginar que faça plenamente sentido que uma igreja exija *de mim* que eu acredite. Ora, eu não tenho como *querer* acreditar – exatamente como também não tenho como querer amar, ou seja, como eu tampouco tenho como me impingir a amar; e, por fim, assim como também não posso me obrigar a ter esperança, até onde posso ver as coisas. Há, contudo, coisas, que não se deixam querer – e que, por isso, também não podem ser produzidas por meio de uma exigência, de um comando. Para mencionar um exemplo simples: não se pode rir por comando. Se alguém quer que eu ria, então ele precisa se dignar a me contar uma piada. As coisas também se comportam analogamente, contudo, no que diz respeito ao amor e à crença; eles não se deixam manipular. Como fenômenos intencionais que são, ele só se fazem inversamente presentes, quando um conteúdo e um objeto adequados irrompem.[26] Caso os senhores queiram levar alguém a acreditar em Deus, então os senhores precisam tornar Deus crível (*believable*) para eles – e, antes de tudo, os senhores mesmos precisam produzir uma impressão crível (*credible*). Em outras palavras, os senhores precisam fazer exatamente o contrário daquilo que é feito por aquelas confissões, que aparentemente não têm outra coisa a fazer senão combater umas às outras e alienar mutuamente os seus crentes.

Não falei de uma religiosidade a partir da qual cada um encontra a sua língua pessoal ao se voltar para Deus? De fato, a relação eu-tu, na qual Martin Buber vê como se sabe a essência da existência espiritual, culmina na oração, em particular em sua estrutura dialógica. Só que precisamos levar em conta o fato de que não há apenas uma fala interpessoal, mas também uma intrapessoal, a saber, o diálogo consigo mesmo, o monólogo. E, avançando nessa direção, tenho nos últimos tempos recorrido reiteradamente a uma definição que eu – lembro-me exatamente – já tinha desenvolvido aos meus 15 anos e da qual não gostaria de privar os

---

26   V. E. Frankl. *Das Leiden am sinnlosen Leben* (O sofrimento de uma vida sem sentido). Freiburg em Brisgau, 1987.

senhores – uma definição de Deus e, em verdade, uma definição operacional; ela diz: Deus é o parceiro de nosso monólogo mais íntimo. O que significa em termos práticos o seguinte: onde quer que estejamos completamente sozinhos com nós mesmos, onde quer que mantenhamos com uma solidão derradeira e uma sinceridade derradeira um diálogo com nós mesmos, é legítimo denominar Deus o parceiro de tal diálogo consigo mesmo – sem levarmos em conta, se nós nos consideramos ateus ou crentes. Esta diferenciação torna-se justamente irrelevante no quadro de uma definição operacional. Nossa definição permanece no campo anterior à bifurcação na visão de mundo teísta ou estética. Uma diferença só se faz notar, no momento em que se trata de um diálogo consigo mesmo e de nada além disto; enquanto o outro lado acredita que o homem – quer ele esteja consciente disto ou não – mantém um "di"-álogo com alguém e, em verdade, com alguém diverso de si mesmo. Mas será que é realmente tão importante saber se a "derradeira solidão" é uma mera solidão aparente ou não? A única coisa importante não é muito mais o fato de ela levar a termo justamente a "derradeira sinceridade"? Pois caso deva haver um Deus, então também não há como não estar convencido de que Ele não iria levar a mal se alguém o confundisse com o seu próprio si mesmo e simplesmente o renomeasse a partir daí. A questão é apenas saber se há em geral efetivamente ateus. Em um de meus livros,[27]com base em um material casuístico, enredei-me em reflexões que me revelaram o fato de que, no fundo, na profundeza do inconsciente, cada um de nós, ao menos no sentido mais amplo do termo, é um crente, por mais que essa sua crença possa ter sido ainda por demais reprimida ou soterrada. E, se Freud afirmou certa vez que o homem não seria apenas com frequência muito mais imoral do que ele acredita, mas também muito mais moral do que ele pensa, então podemos acrescentar: ao mesmo tempo, ele também pode ser muito mais religioso do que ele estaria pronto a admitir. Tal

---

27   V. E. Frankl. *The Unconscious God. Psychotherapy and Theology*. Nova York, 1985.

onipresença da crença – ainda que apenas no inconsciente e no sentido de uma crença em um sentido derradeiro – torna explicável o fato de ateístas declarados, tal como é possível comprovar empiricamente, no que concerne à capacidade de encontrar um sentido em sua vida, não ficam atrás de crentes conscientes.

A quem pode espantar, portanto, o fato de se evidenciar que a credulidade inerente, por menos explícita que seja, está em condições de opor uma expectativa para além de condições e circunstâncias externas tanto quanto internas. Assim, meus colaboradores se esforçaram por acompanhar uma série aleatória de pessoas oriundas da população de pacientes que tinha chegado ao hospital no espaço de tempo de 24 horas com vistas às correlações que se deixavam explicitar entre imagem do pai e vida religiosa. E, estranhamente: entre as 23 pessoas que tinham crescido sob uma boa estrela pedagógica, apenas 16 se encontravam mais tarde em uma relação igualmente boa com Deus, enquanto sete tinham renunciado à sua crença; entre os 13, porém, que tinham sido criados sob os auspícios de uma imagem de pai negativa, só dois dentre eles podiam ser qualificados como irreligiosos, enquanto não menos do que 11 tinham conseguido chegar a alcançar uma vida religiosa.[28]

Isso é suficiente no que diz respeito à educação. Mas como as coisas se encontram em relação à influência do meio? Com base em minha experiência profissional e em minhas vivências pessoais, ouso dizer que, para a maioria preponderante dos internos dos campos de concentração que eram crentes, Deus "não tinha morrido", com o que me contraponho à frase de um rabino americano, cujo livro *After Auschwitz* procura nos fazer acreditar exatamente no contrário (sim, ele não *esteve* em Auschwitz). Tal como eu o vejo, a crença em Deus é ou bem uma crença incondicionada, ou bem não se trata de uma crença em Deus. Caso ela seja uma crença incondicionada, então ela também resistirá, se seis milhões de pessoas se tornarem vítimas do holocausto; e se ela não for incondicionada, então ela sucumbirá – para me servir da argumentação de Dostoievski – em

---

28 V. E. Frankl. *Der Wille zum Sinn* (A vontade de sentido). Berna, 1982.

298 ✳ Logoterapia e Análise Existencial ✳ Viktor E. Frankl

face de uma única criança inocente que se ache à beira da morte; pois não podemos negociar com Deus, não podemos dizer: até seis mil ou, no meu caso, até um milhão de vítimas do holocausto, eu continuo acreditando em Ti; mas, se passar de um milhão, não há o que fazer, e – infelizmente – precisarei deixar de acreditar em Ti.

Os fatos falam a favor da afirmação de que um aforismo de La Rochefoucauld relativo aos efeitos da separação sobre o amor pode ser modificado: como o pequeno fogo, que é apagado pela tempestade, enquanto o grande fogo é atiçado por ela, a crença fraca é enfraquecida pelas catástrofes, enquanto a crença forte sai delas fortalecida.

Isso é o bastante no que diz respeito às circunstâncias exteriores. E como se encontram as coisas em relação às condições internas, às quais a crença deve estar em condições de resistir? Em um de meus livros,[29] descrevo o caso de uma fase extremamente maníaca; em outros livros meus, o caso de uma depressão endogênica[30] e casos de esquizofrenia[31] – casos nos quais a religiosidade dos pacientes não pôde ser afetada pela psicose.

Minhas senhoras e meus senhores, depois de lhes ter apresentado uma definição operacional de religião, que é tão neutra a ponto de incluir até mesmo agnosticismo e ateísmo, também me mantive psiquiatra, enquanto me confrontava com a religião; e isto sobretudo porque a considerei como um fenômeno *humano*, sim, como expressão do mais humano de todos os fenômenos, a saber, a vontade de sentido. De fato, a religião pode ser definida como o preenchimento de uma "vontade de um sentido *derradeiro*".

Essa nossa definição de religião está em confluência com uma definição que devemos a Albert Einstein: "To be religious is to have found na answer to the question: What is the meaning of

---

29 V. E. Frankl. *The Will to Meaning*. Nova York, 1988

30 V. E. Frankl. *The Unconscious God. Psychotherapy and Theology*. Nova York, 1985.

31 Cf. meus livros *Man's Search for Meaning*, Nova York, 1985, e *The Will to Meaning*. Nova York, 1988.

11. ✳ O homem na busca por um sentido derradeiro ✳ 299

life? (Ser religioso é ter encontrado uma resposta para a questão: qual é o sentido da vida?)"[32] E, então, há uma outra definição, que nos é fornecida por Ludwig Wittgenstein: "Acreditar em Deus significa ver que a vida tem um sentido."[33] Como vemos, o físico Einstein, o filósofo Wittgenstein e o psiquiatra Frankl concordam mais ou menos um com o outro.

É de se perguntar apenas até que ponto as três definições também são aceitáveis para o teólogo. O religioso acredita em um sentido da vida (Ludwig Wittgenstein); mas alguém que acredita em um sentido da vida já é também religioso por isso (Albert Einstein)? De um modo ou de outro: uma resposta à pergunta sobre se não apenas a tese de Wittgenstein é válida, mas também a sua inversão produzida por Einstein, só pode ser exigida e esperada pelo teólogo. O que nós psiquiatras podemos fazer – e precisamos fazer – é única e exclusivamente manter em curso o diálogo entre religião e psiquiatria – no espírito de uma tolerância mútua, tal como ela é indispensável em uma era do pluralismo e na arena da medicina, mas também no espírito da tolerância mútua, tal como ela pulsa de maneira extremamente impressionante na correspondência notável entre Oskar Pfister e Sigmund Freud. Agradeço aos senhores pela atenção.

Resumo

A logoterapia tem de lidar com o sentido concreto de situações concretas, nas quais uma pessoa concreta se encontra a cada vez disposta. A logo-*teoria*, contudo, não se mistura apenas com a "vontade de sentido" em geral, mas também se depara com uma vontade de um sentido *derradeiro*. No quadro de uma análise fenomenológica, vem à tona, portanto, o seguinte: *quanto mais abrangente é o sentido, tanto menos tangível ele é.* Quando o que está em questão é o sentido derradeiro, ele se subtrai completamente

---

32   A. Einstein. *Out of My Later Years*. Nova York, 1950.
33   L. Wittgenstein. *Tagebücher 1914-1916* (Diários de 1914 a 1916). Frankfurt a. M., 1960.

ao menos a uma intervenção meramente intelectual. O que não é passível de ser sabido, porém, não precisa ser in-crível.

Em face da questão de saber se tudo possui um sentido, ainda que um sentido velado, ou se, porém, o mundo é um grande e único disparate, o saber precisa abrir espaço para a crença – é a crença que é conclamada aí a tomar uma decisão. Onde os argumentos que falam a favor ou contra um sentido derradeiro mantêm o equilíbrio entre si, o homem que acredita no sentido lança todo o peso de seu ser humano, de sua existência, na balança, enunciando o seu "fiat", o seu "amém": "que assim seja – eu me decido por agir assim, 'como se' a vida tivesse um sentido infinito que transcende toda a nossa capacidade finita de concepção – um "suprassentido". *A crença não é um pensamento diminuído da realidade daquilo que é a cada vez pensado, mas um pensamento aumentado da existencialidade daquele que respectivamente pensa.*

Tal pensamento, contudo, refere-se incessantemente a símbolos, e as religiões ou confissões particulares são sempre a cada vez um *sistema de símbolos*. Nessa medida, elas se assemelham às línguas particulares. Em certo sentido, elas *são* até mesmo línguas. Só que precisamos levar em conta o fato de que não há apenas uma fala interpessoal, mas também uma intrapessoal. Neste contexto, venho recorrendo nos últimos tempos reiteradamente a uma definição, que já tinha desenvolvido quando tinha 15 anos de idade – uma definição operacional, se é que posso chamá-la assim, e ela diz: *Deus é o parceiro de nosso diálogo mais íntimo com nós mesmos.* Onde quer que estejamos completamente sozinhos com nós mesmos, onde quer que nos mantenhamos em uma solidão derradeira e em uma sinceridade derradeira com nós mesmos, é legítimo denominar o parceiro de tal diálogo consigo mesmo Deus – sem levar em conta se nós nos consideramos crentes ou ateus. Essa diferenciação torna-se irrelevante no quadro de uma definição operacional. Nossa definição permanece no campo prévio em relação à bifurcação entre uma visão de mundo teísta e uma ateia. Uma diferença só se faz notar, no momento em que um dos lados insiste no fato de que se trataria justamente de uma conversa consigo mesmo e de nada além de uma conversa consigo mesmo, enquanto o outro lado acredita poder afirmar que o homem – por mais que esteja consciente disto ou não – mantém justamente um "di"-álogo com alguém, e, em verdade, com alguém diverso dele mesmo. Mas será que é realmente importante saber se a "derradeira solidão" é uma mera solidão aparente ou não? A única coisa que importa não é muito mais o fato de ela trazer à tona a "derradeira sinceridade"? E se deve haver um Deus, então estou de qualquer modo convencido de que Ele não vai levar a mal se alguém o confundir consigo mesmo.

Bibliografia

A. Einstein. *Out of My Later Years*. Nova York, 1950.

G. Moser. *Wie finde ich zum Sinn des Lebens?* (Como encontro uma via de acesso ao sentido da vida?) Freiburg em Brisgau, 1978.

G. W. Allport. *The Individual and His Religion*. Nova York, 1956.

I. D. Yalom. *Existential Psychotherapy*. Nova York, 1980. W. B. Cannon. *The Wisdom of the Body*. Nova York, 1932.

K. Lorenz. *Leben ist Lernen* (Viver é aprender). Munique, 1981.

L. Wittgenstein. *Tagebücher 1914-1916* (Diários de 1914 a 1916). Frankfurt a. M., 1960.

M. Werthheimer. *Some Problems in the Theory of Ethics*. *In*: M. Henle (Ed.), Documents of Gestalt Psychology. Berkeley, 1961.

O. Pfister. *Die Willensfreiheit: Eine kritisch-systematische Untersuchung* (A liberdade da vontade. Uma investigação crítico-sistemática). Berlim, 1904. Citado em Thomas Bonhoeffer. *Das Christentum und die Angst – dreissig Jahre später* (O cristianismo e o medo – trinta anos depois). In: *Weg ezum Menschen 25*, 11/12, 1973, p. 433.

V. E. Frankl. Zur geistigen Problematik der Psychotherapie (Sobre a problemática espiritual da psicoterapia), *Zeitschrift für Psychotherapie* 10 (1938), p. 33.

_____. *Der unbedignte Mensch* (O homem incondicionado). Viena, 1949.

_____. *Über Psychoterapie* (*Sobre psicoterapia*). Wiener Zeitschrift für Nervenheilkunde 3, 1951, p. 461.

_____. *Pathologie des Zeitgeistes* (Patologia do espírito do tempo). Viena, 1955.

_____. *Man's Search for Meaning: An Introduction to Logotherapy*. Nova York, 1984 (a).

_____. *The Will to Meaning: Foundations and Applications of Logotherapy*. Nova York, 1984 (b).

302 ✳ Logoterapia e Análise Existencial ✳ Viktor E. Frankl

_____. *The Unconscious God. Psychotherapy and Theology*. Nova York, 1985 (a).

_____. *The Unheard Cry for Meaning: Selected Papers on Logotherapy*. Nova York, 1985 (b).

_____. *Psychotherapy and Existentialism: Selected Papers on Logotherapy*. Nova York, 1985 (c).

_____. *The Doctor and the Soul. From Psychotherapy to Logotherapy*. Vintage Books, Nova York, 1986.

W. James. *The Will to Believe*. Nova York, 1987.

12.
Observações sobre a patologia do espírito do tempo

Nos anos 1920, Oswald Spengler escreveu um livro que se tornou em seguida um *best-seller*. O título do livro era: *O declínio do Ocidente*. Essa sua profecia não se cumpriu, mas se cumpriu antes certamente uma outra, que ele publicou nos anos de 1930. Nessa outra obra, ele expôs a opinião de que, antes mesmo de o século chegar ao fim, os homens dotados de um nível intelectual superior não se deixariam fascinar mais como hoje pela ciência e pela tecnologia, mas se dedicariam à reflexão sobre a questão acerca do sentido da vida. Pois bem, a profecia, em verdade, se confirmou, mas, infelizmente, em um sentido inteiramente negativo. Visto até mesmo internacionalmente, cada vez se torna mais preponderante uma dúvida em relação ao fato de a existência ser dotada de sentido. Assim, recentemente, uma pesquisa empírica nos Estados Unidos revelou, que 80 por cento dos estudantes universitários sofrem de um sentimento expresso de ausência de sentido. E não apenas isso. No quadro de um outro levantamento evidenciou-se o fato de que, por ano, mais de meio milhão de adolescentes nos Estados Unidos tentam o suicídio. O que é o suicídio, porém, senão um não à questão acerca de um sentido da vida?

E como é que deveríamos explicar para nós tudo isso? Para formulá-lo de maneira tão sucinta quanto possível: a sociedade industrial tenta satisfazer a todas as necessidades humanas; e a sociedade de consumo está empenhada em, para além disso, gerar sempre novas necessidades, para ir então ao seu encontro e satisfazê-las. Mas *uma* necessidade – e essa é talvez a mais humana de todas as necessidades humanas – permanece insatisfeita, a saber, a necessidade de ver um sentido na vida – ou talvez, dito um pouco melhor, em cada situação particular da vida, com a qual somos confrontados – e de, se possível, também preencher esse sentido. Hoje, as pessoas em geral têm o suficiente daquilo de que elas podem viver; mas elas nem sempre encontram algo em nome do que a vida também se encontrasse aí. E, sem um para quê, a vida torna-se insípida, a vida precisa se mostrar como sem sentido. Estabelece-se aqui aquilo que eu designo como o vácuo existencial. E isso não é algo que se observe apenas no Ocidente, mas também no Oriente. Acabo de voltar de Moscou, onde já tinha estado há alguns anos atrás – ainda sob o domínio de Brejnev – de tal modo que não apenas pude comparar as condições de lá com as condições no Ocidente, mas também pude compará-las com as condições de anos atrás. Durante mais de 70 anos as pessoas mantiveram no topo na União Soviética a tese de Marx de que a "religião é o ópio do povo". Entrementes, porém, o marxismo mesmo se transformou em uma religião. No entanto, com a falência da ideologia compulsiva marxista, o que passou a importar deixou de ser, diante dela, levar a termo um ensino para a obediência. Ao contrário, o que precisaria acontecer seria muito mais – gostaria de dizer – a eliminação do ensino para a obediência e a sua substituição deste por um ensino para a consciência. E, entre um momento e outro, estabeleceu-se no Ocidente um vácuo adicional, um sentimento aprofundado de ausência de sentido. Pois é a consciência, se os senhores quiserem, que tem a função de apreender a possibilidade de sentido que habita em toda e qualquer situação particular, que "dormita" nela. Pois bem, nós, médicos, sabemos por meio da patologia que há algo assim como um assim chamado aumento da adiposidade, ou seja, sabemos que lá, onde um órgão se atrofia, lá onde, portanto, digamos no caso de um coração em processo de envelhecimento, as células musculares perecem, cresce nos espaços livres que surgem daí tecido adiposo. Visto em termos de psicologia das massas, acontece algo análogo: também há neste caso um aumento de adiposidade no vácuo existencial, e são justamente esses aumentos da adiposidade que constituem, então, a "patologia do espírito do tempo".

12. ✳ Observações sobre a patologia do espírito do tempo ✳ 305

Certa vez, nos Estados Unidos, para obter algumas informações autênticas para uma conferência iminente que iria dar, perguntei a um motorista de táxi o que ele achava da nova geração. Ele sintetizou de maneira muito precisa suas experiências e respondeu: "They kill themselves – they kill each other – and they take dope".[1] Com essas poucas palavras, ele tinha de fato circunscrito ao menos as excrescências da atmosfera que imperava sobre a nova geração: *depression – aggression – addiction* (depressão – agressão – adição). O que significa: propensão ao suicídio – agressividade – dependência de drogas. No que diz respeito ao suicídio, entendo um pouco deste tema. Durante dez anos trabalhei no primeiro "Centro de Aconselhamento de Pessoas Cansadas da Vida" em todo o mundo, um centro fundado por Wilhelm Börner, e durante quatro anos dirigi, na maior instituição psiquiátrica austríaca, o pavilhão feminino para pacientes depressivos graves, que eram enviados para lá depois de tentarem cometer suicídio. Neste intervalo, fiz os cálculos certa vez, passaram por minhas mãos certamente 1.200 "casos". E sempre me vi confrontado uma vez mais com a questão de saber se em um caso dado a paciente também poderia ser algum dia liberada uma vez mais ou se, ao contrário, ela precisaria ser sempre considerada como correndo o risco de tentar cometer suicídio. E a decisão precisava acontecer a cada vez no interior de poucos minutos. Neste momento, a paciente se encontrava sentada diante de mim enquanto eu folheava o prontuário com o histórico de sua doença. Assim, eu lhe perguntava em seguida: a senhora sabe, a senhora se encontra diante de mim, depois de ter tentado tirar a sua própria vida? "Exatamente". E a senhora continua às voltas com a ideia de se matar? "Não, não". Em seguida, eu fazia uma nova incursão e perguntava: *por que* não? No mesmo instante acontecia o seguinte: ou bem a paciente não ousava me olhar nos olhos, se encolhia na poltrona e respondia depois de uma pausa: "o senhor pode tranquilamente me dispensar, doutor". Um tal caso era eminentemente marcado pelo risco da tentativa de suicídio. Não há

---

1 **N.T.:** Em inglês no original: "Eles se matam – eles matam os outros – e eles fazem uso de drogas".

306 ✴ Logoterapia e Análise Existencial ✴ Viktor E. Frankl

aparentemente nada que consiga manter um paciente afastado de uma nova tentativa de homicídio, nada que fale contra uma repetição. Ou bem acontecia algo diverso. As coisas eram diferentes no caso de um paciente que reagia imediatamente à minha questão, apontando para o fato de que se preocupava com a sua família ou de que precisava se dedicar a outros compromissos e tarefas, ou, porém, de que teria sido eu mesmo que lhe tinha assegurado que ele sairia uma vez mais da fase depressiva como o homem que ele um dia tinha sido. Um tal paciente, eu teria liberado descansadamente; ele sabia "por que *não*" cometer suicídio, ele sabia "por que" continuar vivendo. Como Nietzsche disse certa vez: "Quem tem um por que viver, quase sempre suporta todo como."

Ao ser transportado, em 1944, do campo de concentração de Theresienstadt para o campo de concentração de Auschwitz, minha expectativa de sobrevivência era – como estudos recentemente publicados comprovaram – de 1:29. E é preciso que eu tenha pressentido isso. E o que era mais natural do que "correr logo para o fio de arame farpado eletrificado", ou seja, o que era mais natural do que cometer o suicídio da forma mais usual naquela situação, tocando a cerca de arame farpado eletrificada que circundava o campo de concentração? Neste momento, porém, me veio uma ideia: quem em todo mundo podia me garantir que eu *não* sairia dali com vida? Ninguém poderia me dizer isso. Mas enquanto as coisas se mantivessem assim, tinha a responsabilidade de agir como se a minha sobrevivência estivesse garantida. E essa responsabilidade eu tinha perante aqueles que talvez estivessem esperando pelo meu regresso e aos quais eu devia o fato de empenhar tudo para cumprir o que eles esperam. Só que se evidenciou em seguida que – quando retornei a Viena – não havia mais ninguém de minha família na cidade, que tivesse esperado por mim. Meu pai morreu em Theresienstadt, meu irmão em Auschwitz, minha primeira mulher em Bergen-Belsen e minha mãe nas câmaras de gás de Auschwitz.

Nesse momento, porém, me conscientizei de que – ainda que ninguém mais esperasse por mim – de qualquer modo *algo* estava esperando por mim: em Auschwitz concluí o manuscrito, pronto para a publicação, de meu primeiro livro (*Ärztliche Seelsorge*

12. ✳ Observações sobre a patologia do espírito do tempo ✳ 307

– Cuidado médico com as almas), uma vez que alimentei a esperança de que ao menos esse "filho espiritual" sobrevivesse a mim. E aí estava: um por que sobreviver! Agora, o que importava era reconstruir o manuscrito. E eu me lancei ao trabalho. Ele tornou-se meu escrito de livre-docência.

Essas reminiscências pessoais podem ilustrar o que compreendo por auto-transcendência: autotranscendência designa, aqui, o fenômeno antropológico-fundamental de que o homem também olha sempre para além de si mesmo em direção a algo, que não é, por sua vez, ele mesmo; para algo – ou para alguém; para um sentido que é importante preencher, ou para uma pessoa à qual alguém se dedica por amor; pois no serviço relativo a uma coisa ou no amor por uma pessoa, o homem se torna pela primeira vez plenamente homem e realiza a si mesmo. Assim, a autorrealização não pode ser buscada por uma via direta, mas apenas por meio de um desvio. Precisa haver antes de tudo uma razão, em consequência da qual a auto-realização, então, se instaura. Em uma palavra, autorrealização é algo que não pode ser visado – ela precisa acontecer em consequência de algo. Não obstante, na medida em que ela é uma consequência do preenchimento de sentido, também é possível compreender o fato de, em um tempo no qual segmentos significativos da população não conseguem ver mais nenhum sentido em sua vida, as pessoas não pegarem mais o "desvio", mas buscarem muito mais um atalho. Tais pessoas parecem-se com um bumerangue: em contraposição à suposição equivocada de que o bumerangue retornaria em todos os casos para o caçador, ele só o faz quando não alcança o alvo, quando não acerta a presa. Exatamente assim, aqueles *homens*, que estão tão empenhados e preocupados com a sua autorrealização, acabam – frustrados na busca por sentido – retornando a si mesmos, curvando-se sobre si mesmos, "refletindo" sobre si mesmos. Neste sentido, porém, eles não apenas forçam a auto-observação, mas também buscam de maneira forçada a auto-realização, e, uma vez que justamente essa intenção forçada é claramente contraproducente, eles acabam necessariamente por fracassar.

A propósito da autorrealização, também gostaria de tomar uma posição em relação à assim chamada experiência de si, tal como essa é obrigatória na formação psicoterapêutica. De fato, a formação não é o único pressuposto, para que se possa realizar um trabalho psicoterapêutico: ao lado da formação é necessário em primeiro lugar um talento pessoal – já é preciso trazer consigo esse talento – e, em segundo, a experiência pessoal – e essa precisa ser primeiro adquirida. No que concerne à experiência de si, porém, é preciso advertir contra uma hipotrofia, se é que a experiência de si não deve se degenerar e se transformar em um treinamento para a hiper-reflexão. Mas mesmo sem levarmos isto em conta, há limites da experiência de si, limites até mesmo apriorísticos. Ora, mas o si mesmo tomado de maneira exata perante si mesmo – gostaria de dizer – é funcionalmente cego. E neste caso também não ajuda nada nenhum "olhar embasbacado para os próprios estados sentimentais" (Heidegger). Pois é válida a sentença de Goethe: "Como é que o homem aprende a se conhecer? Nunca por meio de uma consideração, mas apenas por meio da ação. Cumpra o teu dever e tu saberás junto ao que tu te encontras. Mas o que é um dever? A exigência da hora."

No que concerne particularmente à psicoterapia em grupos, contudo, uma palavra de censura seria aqui adequada, na medida em que temos de levar em conta aquilo que Schiller disse certa vez: "Se a alma fala, então também já não fala mais a alma." Além disso, durante as reuniões, há tendência para que se difunda um exibicionismo mútuo. Ora, mas se um ou outro participante acabasse se mostrando antes inversamente como travado, então ele precisaria estar preparado para uma espécie de inquisição sádica por parte dos outros.

Chegamos ao segundo aspecto da patologia do espírito do tempo: a dependência de drogas. Na medida em que a terapia é neste caso difícil – na mesma medida a profilaxia é importante, e, relativamente, ela também é fácil. Só precisamos partir do fato de que a dependência de drogas precisa ser reconduzida no fundo a dois elementos: à curiosidade e à assim chamada *peer pressure*, o que significa o mesmo que a pressão que parte do grupo. Quando em 1938 fui encarregado por meu chefe – o diretor da Clínica Psiquiátrica Universitária Professor Otto Pötzl – de investigar a anfetamina que estava outrora chegando no mercado (em sua época chamada ben-

12. ✶ Observações sobre a patologia do espírito do tempo ✶ 309

zedrina e, em seguida, pervitina) com vistas à sua eficiência psicoterápica possível junto a doenças psiquiátricas,[2] tive dificuldade de resistir à tentação de tomar *eu mesmo* uma pílula; instintivamente, devo ter pressentido o risco de ficar viciado, risco esse que naquela época não era ainda, de maneira alguma, conhecido. Em todo caso, é compreensível que justamente indivíduos novos cedam à curiosidade de saber qual é o efeito desta ou daquela substância química. E, no que concerne à *peer pressure*, só precisamos imaginar como é que um aluno, que se vê forçado a observar seus companheiros se precipitarem no recreio para os espaços de fumantes instalados nas escolas há algum tempo pelo Ministério da Educação, não gosta de "ficar para trás", mas gostaria antes de informar que ele também está "maduro", que ele também está entre os fumantes. Ele tem orgulho disso! E ninguém chamou a sua atenção para o quão orgulhoso ele deveria estar caso ele não tivesse feito o mesmo que os fumantes, mas tivesse conseguido justamente resistir a esta tentação. Os Estados Unidos da América devem ter tido esse orgulho em mente e eles tiveram mesmo um certo custo com isso, pois colocaram em todos os jornais estudantis um anúncio de uma página inteira, no qual se podia ver um estudante, olhando de maneira desafiadora para o observador e perguntando – em inglês – com escárnio: "Você é suficientemente inteligente, para discutir o 'vácuo existencial' de Viktor Frankl – mas não está em condições de abandonar o fumo?" Nada inábil, esse apelo ao orgulho "mais elevado" – e com certeza ele também não permaneceu totalmente ineficaz.

Em 1961, na Universidade de Harvard: o professor Fordon W. Allport, eleito presidente da American Psychological Association – foi ele que solicitou para mim a cátedra em Harvard – me perguntou um dia: "Senhor Frankl, temos aqui um jovem professor chamado Timothy Leary, e a questão é se devemos demiti-lo – ele vem propagando um alucinógeno, a substância se chama dietila-

---

2   Cf. V. E. Frankl. *Zur medikamentösen Unterstützung der Psychotherapie bei Neurosen* (Sobre o apoio medicamentoso da psicoterapia em neuroses). Arquivo Suíço para Neurologia e Psiquiatria XLII, 1939, 9, 26-31.

mida de ácido glicérgico (LSD); o senhor seria a favor de uma demissão?" Eu era a favor. "Compartilho com o senhor a sua opinião; mas a maioria da faculdade votou contra mim, e, em verdade, em nome da liberdade acadêmica de cátedra." Esse resultado de votação desencadeou a avalanche das drogas mundo afora! Uma vez mais se comprovou o quão certo eu estava, ao sempre dizer quando me encontrava frente a frente com meus amigos americanos, o seguinte: "Liberdade – mesmo a liberdade de cátedra – não é tudo, não é toda a história, é apenas a metade da verdade, é apenas *um* lado da medalha – seu outro lado é: responsabilidade; pois a liberdade ameaça se degenerar, logo que ela não é controlada pela responsabilidade." Razão pela qual eu gostaria de tocar o coração dos senhores, dizendo-lhes que a sua "Statue of Liberty" na costa leste precisa ser completada pela construção de uma "Statue of Responsibility" na costa oeste.

No que concerne ao terceiro aspecto da patologia do espírito do tempo, gostaria de apontar para um acontecimento que se deu recentemente em Essen. Houve por lá atos de violência cometidos por jovens. Ao serem perguntados sobre *a razão pela qual* tinham cometido tais atos, esses jovens simplesmente retrucaram: "por que *não*?" Uma vez mais é preciso dizer: não havia nada, que tivesse falado contra tais atos. Onde tudo é sem sentido, não há nenhum contra-argumento contra a violência.

Na antiga Alemanha Oriental há uma cidade, na qual existia e continua existindo um telefone para momentos de crise. Até a "virada" do regime, ele era frequentado por pessoas que, em sua maioria, formulavam questões que se encontravam em conexão com sexo. Depois entraram em cena as questões – cito literalmente – os temas – "depressão – violência – alcoolismo". Essa tríade corresponde aos três aspectos discutidos por nós *depression – agression – addiction*. Além disso, porém, é notável o fato de que os autores em questão supõem que, à base da doença tripartida por eles observada, se encontra aquilo que eles designam como "desorientação". Ora, mas o que é a desorientação senão a falta de uma imagem de homem válida, de uma antropologia no interior

12. * Observações sobre a patologia do espírito do tempo * 311

da qual a dimensão humana tenha lugar, a dimensão no interior da qual, uma vez mais, estão assentados os fenômenos especificamente humanos; e ela é – para citar o título de meu livro predileto de Freud – uma dimensão "para além do princípio do prazer".

Depois de termos exposto a autotranscendência da existência humana como fenômeno antropológico fundamental, o melhor lugar para constatarmos da maneira mais retumbante possível um déficit no quadro da imagem de homem psicanalítica é com certeza lá onde Freud expõe sua teoria da sexualidade: tal como ocorre com todas as pulsões, a pulsão sexual também possui uma "meta pulsional" e um "objeto pulsional". A meta pulsional é a descarga da tensão e o objeto pulsional é o parceiro, junto ao qual a descarga acontece. Para alcançar a meta, contudo, a masturbação seria suficiente e – se o que estivesse em questão não fosse outra coisa senão um objeto, um objeto *qualquer*, a prostituição bastaria. Com tudo isso, porém, ainda não adentramos a dimensão humana; pois, de acordo com a segunda versão do imperativo categórico de Kant, um homem nunca deve ser usado como mero meio para fins; mas mesmo quando o parceiro é apreendido em sua *humanidade*, a promiscuidade permaneceria com livre acesso; pois só quando se percebe também, para além disso, a *unicidade e singularidade* do parceiro, conquista-se a garantia para a exclusividade e duração da ligação, ou seja, para o amor e a fidelidade; pois só alguém que ama o seu parceiro pode perceber essa unicidade e singularidade (a *haecceitas* no sentido de Duns Scotus).

É notável que – se é que podemos acreditar em levantamentos empíricos recentes – a maioria das pessoas da geração mais jovem de hoje se identifique precisamente com tal compreensão de sexo como expressão de amor. Também há, porém, ao lado do "para além do princípio do prazer", um aquém do princípio do prazer, e, no interior de sua dimensão movimenta-se o homem, para o qual o sexo não é um meio de expressão do amor, mas um meio para a finalidade da conquista do prazer. O prazer transforma-se em fim em si mesmo, e exatamente essa inversão de seu valor conjuntural originário, para não dizer esta "per-versão", leva ao fracasso; pois quanto mais o que está em jogo para alguém é o prazer, tanto mais ele se *evade* de alguém. Expresso em termos universais: quanto mais se *corre atrás* da felicidade, tanto mais se a afugenta. E este é o ponto a partir do qual se inicia etiologicamente a maioria dos casos de uma perturbação da potência e do orgasmo. O prazer não pode ser transformado em meta, ele precisa permanecer uma consequência, e, enquanto tal, ele se insere automaticamente, logo que um *fundamento* se faz presente; em outras palavras, o prazer também não pode ser visado, mas precisa acontecer. Mesmo o prazer só se deixa "conquistar", por assim dizer, por meio de um desvio, e toda tentativa de encurtamento termina em um beco sem saída.

O neurótico, contudo, não tende apenas para o já discutido "olhar embasbacado para os seus próprios estados sentimentais", ou seja, para uma interpretação forçada, mas também para uma retrospecção excessiva. Alfred Adler gostava de nos contar uma de suas piadas prediletas: no quarto de dormir de um abrigo, uma mulher começa a choramingar à noite: "Meu Deus, estou com tanta sede...". Por fim, alguém se levanta e pega para ela um copo d'água da cozinha. Todos procuram continuar dormindo; mas, de repente, a mulher começa a choramingar uma vez mais: "Meu Deus, com que sede eu – *estava*...". O neurótico também retorna sempre uma vez mais ao passado, sempre se dirige para a sua infância e fala sobre o "complexo dos maus pais" (Elizabeth Lukas). De fato, estudos empíricos extensos, feitos independentemente um do outro na Universidade de Columbia e na Universidade da Califórnia, comprovam que experiências infantis desfavoráveis não possuem, de maneira alguma, aquela influência decisiva no destino dos adultos, influência essa que lhe tinha sido atribuída anteriormente. A dissertação de uma estudante da Universidade de São Francisco continua em minha lembrança: a partir dela vem à tona o fato de que mesmo uma infância que transcorre tragicamente não precisa de maneira alguma se efetivar mais tarde como deletéria. Ao contrário, apesar dessa infância, pode-se construir uma vida inteiramente "feliz", "exitosa" e "plenamente dotada de sentido". A autora recorre expressamente a material autobiográfico concreto de antigos prisioneiros dos campos de concentração; e ela sabe do que está falando – ela teve de passar uma parte de sua

12. ⁕ Observações sobre a patologia do espírito do tempo ⁕ 313

infância em Auschwitz. Além disso, ela se refere a resultados de pesquisa alcançados paralelamente por outros dois autores.

Não se refletem nos resultados empíricos citados as teorias motivacionais das três assim chamadas "escolas vienenses de psicoterapia"? "Feliz" não se remete ao princípio do prazer – "exitoso" não se refere à vontade de poder e "plenamente dotado de sentido" não aponta para a vontade de sentido?

Permaneçamos junto à vontade de sentido e perguntemo-nos se há uma prova de sua existência mais convincente do que a prova da existência daquele sentimento de ausência de sentido, do qual falamos a princípio – como é que pessoas poderiam *sofrer* deste estado hoje tão amplamente difundido, se lhes fosse intrínseco em uma dimensão maximamente profunda uma *necessidade de sentido*? Como as coisas se dão, porém, no que concerne ao *próprio* sentido – onde há uma prova de sua existência? Eu vos devolvo a questão: como é que a natureza poderia ter plantado algum dia na *condition humaine* uma necessidade de sentido, se não houvesse também efetivamente um sentido, dito de maneira ainda melhor, se não existissem também efetivamente possibilidades de sentido, que, por assim dizer, esperam para ser convertidas em realidade efetiva? Neste caso, os senhores talvez percebam o fato de eu estar me mantendo aqui junto à bela frase de Franz Werfel: a sede é a prova da existência de algo assim como a água (*Der veruntreute Himmel*). A questão, contudo, sobre qual seria "o" sentido da vida, aproxima-se em sua ingenuidade da pergunta: qual é a melhor jogada de xadrez do mundo? Naturalmente, não pode haver uma tal jogada, uma vez que toda jogada de xadrez precisa se orientar pela situação do jogo e não, em última instância, pela pessoa à nossa frente. As coisas não se mostram de maneira diversa no que concerne ao sentido: sem querer recorrer à "contenda dos universais" entre os escolásticos, gostaria de dizer que o sentido não é nada universal, mas sempre e a cada vez algo único; e isso constitui o seu "caráter desafiador", a *imperatividade* do apelo que parte dele, um apelo em cuja base se encontra a singularidade da respectiva situação e a unicidade da pessoa que se acha com ela confrontada. Por mais única que possa ser a respectiva situação, porém, não há *nenhuma* situação que *não* abrigue em si um sentido potencial, ainda que esse sentido seja o fato de o sentido consistir em prestar um testemunho em favor da capacidade humana de converter mesmo a tríade clássica "sofrimento – culpa – morte" em um triunfo pessoal. Justamente desse modo, o caráter de sentido da existência humana se revela até mesmo como um caráter incondicionado.

Minhas senhoras e meus senhores, a questão acerca do sentido é, hoje, tão atual quanto é agudo o sofrimento por uma vida aparentemente sem sentido. Só é possível responder a essa questão, no entanto, por meio de uma espécie de virada copernicana, a saber, por meio de uma inversão do questionamento; pois, em última instância, somos nós mesmos os questionados, nós somos aqueles que têm de responder neste caso, que têm de responder à pergunta que a vida nos apresenta. Se *tivermos* respondido alguma vez a essa pergunta, porém, então o teremos feito *de uma vez por todas*! Nós teremos salvo o sentido no passado. Nada pode tornar esse feito revogável e fazer com que ele não tenha se dado. No passado, não há nada irreversivelmente perdido. Ao contrário, nele, tudo está de tal modo abrigado, que não o podemos perder. Admitamos: normalmente, nós vemos apenas, se é que posso falar assim, os restolhais da perecibilidade – e deixamos de considerar os celeiros plenos do passado, para os quais levamos há muito temo a colheita: as obras, que criamos, os feitos, que empreendemos, os amores, que tivemos e – até mesmo – todos os sofrimentos, pelos quais passamos com dignidade e coragem.

Agradeço aos senhores pela atenção.

Anexo

Em memória de 1938[1]

Minhas senhoras e meus senhores, espero contar com a sua colaboração, pedindo que, nessa hora de constituição de um memorial, os senhores se lembrem juntamente comigo: de meu pai – que pereceu no campo de concentração de Theresienstadt; de meu irmão – ele morreu no campo de concentração de Auschwitz; de minha mãe – ela perdeu sua vida nas câmaras de gás de Auschwitz; e de minha primeira mulher – ela precisou deixar a vida no campo de concentração de Bergen-Belsen. E, no entanto, preciso pedir às senhoras e aos senhores que não esperem de mim nenhuma palavra de ódio. A quem eu deveria odiar? Só conheço efetivamente as vítimas, mas não os algozes. Ao menos não os conheço pessoalmente – e eu recuso declarar alguém culpado *coletivamente*. Não há uma culpa coletiva, e eu não digo isso apenas hoje. Ao contrário, eu o disse desde o primeiro dia em que fui libertado de meu último campo de concentração – e, naquela época, quando se ousava publicamente tomar uma posição contrária à tese da culpa coletiva, quem o fazia não se tornava popular por meio disso.

Culpa só pode, em todo caso, ser culpa pessoal – a culpa por algo que eu mesmo fiz – ou talvez que eu tenha deixado de fazer! Mas não posso ser culpado por algo que outras pessoas fizeram, ainda que elas sejam os meus pais ou os meus avós. E, nesse sentido, incutir nos austríacos, que estão hoje entre os recém-nascidos e os homens de 50 anos de idade, uma por assim dizer "culpa cole-

---

1 Discurso proferido no dia 10 de março de 1988 diante de 35.000 espectadores na Praça da Prefeitura de Viena, no quadro de uma manifestação pelos 50 anos da marcha de Hitler na Áustria.

tiva retroativa" é algo que considero um crime e um disparate – ou, para formulá-lo psiquiatricamente, *seria* um crime, se não se tratasse de um caso de loucura. E de uma *recaída* na assim chamada prisão coletiva dos nazistas! E acho que justamente as vítimas das antigas perseguições coletivas deveriam ser os primeiros a concordar comigo. A não ser que os senhores estejam interessados em lançar os jovens nos braços dos antigos nazistas ou dos neonazis!

Voltemos à minha libertação do campo de concentração: retornei, então, com o primeiro transporte possível (ainda que se tratasse de um transporte possível, mas ilegal), um caminhão, para Viena. Entrementes, as pessoas já me levaram 63 vezes para a América: todas as vezes, porém, retornei à Áustria. Não porque os austríacos me adoram demais; mas, ao contrário, porque sempre amei tanto a Áustria, e, como se sabe, o amor nem sempre se baseia em reciprocidade. Pois bem, sempre que estou na América, os americanos me perguntam: "Por que o senhor não veio até nós já *antes* da guerra, senhor Frankl? O senhor teria poupado muito sofrimento." O que me faz, então, lhes explicar que tive de esperar durante anos a fio por um visto e que, quando as coisas finalmente ficaram prontas, já era tarde demais, pois não conseguia mais simplesmente, em meio à guerra, deixar meus velhos pais à sua própria sorte. Ao ouvirem isso, então, os americanos costumam perguntar: "E por que o senhor não veio até nós ao menos *depois* da guerra? Os vienenses tinham feito pouco com o senhor, com o senhor e com os seus?" "Olhem", digo às pessoas, "em Viena havia, por exemplo, uma baronesa católica que, correndo risco de vida, tinha mantido uma prima minha escondida como um 'submarino' e que lhe salvou, assim, a vida. E, além disso, havia em Viena um advogado socialista – que contrabandeava mantimentos para mim sempre que podia – correndo, do mesmo modo, risco de vida". Os senhores sabem quem foi ele? Bruno Pittermann, o antigo vice-chanceler austríaco. "Pois bem", assim continuo perguntando aos americanos, "por que *não* deveria retornar para uma tal cidade, na qual há pessoas como essas?".

Minhas senhoras e meus senhores, ouço os senhores dizerem: "Tudo isso é muito bom e muito bonito; mas essas foram apenas as

Anexo: Em memória de 1938 ✳ 317

exceções – exceções à regra; normalmente, as pessoas não passavam de oportunistas – eles precisariam ter oferecido resistência ao regime." Minhas senhoras e meus senhores. Os senhores têm razão; mas pensem bem, resistência pressupõe heroísmo, e heroísmo só pode ser exigido, a meu ver, de um único homem, e esse homem é – o si mesmo! E quem diz neste caso que se deveria ter preferido se ver preso a se acomodar aos nazistas, só deveria dizer propriamente isso caso tenha colocado por sua própria pessoa à prova a sua *preferência* por ser colocado em um campo de concentração. Mas vejam bem: aqueles que *estavam* em um campo de concentração têm em geral um julgamento muito mais suave sobre os oportunistas, mais suave do que aqueles que, durante esse tempo, se mantiveram no exterior. Para não falar da geração dos jovens – como é que eles podem imaginar como é que as pessoas se afligiam e como é que elas temiam por sua liberdade, sim, por sua vida, assim como pelo destino de suas famílias, pelas quais eles continuavam de qualquer modo se responsabilizando? *Tanto mais* precisamos admirar aqueles que ousaram se articular com o movimento de resistência. (Lembro neste caso de meu amigo Hubert Gsur que, por causa de uma acusação de infiltração nas forças armadas de ideias e ações dissolutoras, foi condenado à morte e executado na guilhotina.)

O nacional-socialismo trouxe consigo a loucura racial. Em realidade, porém, só há duas raças humanas, a saber, a "raça" dos homens decentes e a "raça" dos homens indecentes. E a "*cisão de raças*" atravessa sem quebras todas as nações e se dá no interior de cada nação particular em todos os partidos. Até mesmo nos campos de concentração, nós nos deparávamos aqui e ali com um sujeito parcialmente decente entre os soldados da SS – exatamente como havia um ou outro velhaco e patife entre os prisioneiros. E isso para não falar dos chefes. Precisamos nos haver com o fato de que os homens decentes foram a minoria e também permanecerão assim até onde podemos ver. O perigo só aparece, contudo, quando um sistema político leva os homens indecentes, ou seja, a seleção negativa de uma nação, para a superfície. Em contrapartida, nenhuma nação está imune a isso e, neste sentido, toda nação é por princípio capaz de holocausto! Os resultados surpreendentes das pesquisas científicas na área da psicologia falam efetivamente em favor desta posição – pesquisas, que devemos a um americano. Elas entraram na história sob a designação "experimento Milgram".

Se quisermos retirar de tudo isso as consequências políticas, então deveríamos partir do fato de que, no fundo, só há dois estilos de política, ou, talvez, dito de maneira mais adequada, só dois tipos de políticos: uns são justamente aqueles que acreditam que os fins santificam os meios, e, em verdade, *qualquer* meio... Enquanto os outros políticos sabem, muito bem, que também há meios que mesmo o mais sagrado dos fins acabaria por profanar. E é nesse tipo de políticos que eu confio para, apesar do barulho em torno do ano de 1988, escutar a voz da razão e a exigência do dia, para não dizer a exigência do aniversário de 50 anos da entrada de Hitler na Áustria, vendo aí que todos aqueles que possuem boa vontade estendem as mãos uns aos outros, para além de todos os túmulos e para além de todos os coveiros. Eu agradeço às senhoras e aos senhores pela atenção.

Indicação das fontes

(1) (*Zur geistigen Problematik der Psychotherapie* – Sobre a problemática espiritual da psicoterapia) – Zentralblatt für Psychotherapie X, 1938, p. 33-45.

(2) (*Seelenärztliche Selbstbesinnung* – Automeditação médico-espiritual) – Christlicher Ständestaat – 30 de janeiro de 1938, p. 72-74.

(3) (*Philosophie und Psychotherapie* – Filosofia e psicoterapia) – Schweizerische Medizinische Wochenschrift 31, 1939, p. 707-709.

(4) (*Zur medikamentösen Unterstüzung der Psychotherapie bei Neurosen* – Sobre o apoio medicamentoso da psicoterapia em neuroses) – Schweizer Archiv für Neurologie und Psychiatrie XLII, 1939, p. 26-31.

(5) (*Grundriss der Existenzanalyse und Logotherapie*– Manual de análise existencial e logoterapia) – *Handbuch der Neurosenlehre und Psychotherapie* (Manual da teoria das neuroses e psicoterapia), org. pelo Prof. Dr. Med. Phil. Viktor E. Frankl, Prof. Dr. Phil. Dr. Med. Victor E. Von Gebsattel e Prof. Dr. Med. J. H. Schultz. v. III (Urban & Schwarzenberg). Munique/Berlim, 1959, p. 663-736.

(6) (*Psychologie und Psychiatrie des Konzentrationslagers* – Psicologia e psiquiatria do campo de concentração) – Psychiatrie der Gegenwart, v. III (Springer). Berlim/Göttingen/Heidelberg. 1961, p. 743-759.

(7) (*Rudolf Allers als Philosoph und Psychiater* – Rudolf Allers como filósofo e psiquiatra) – Jahrbuch für Psychologie, Psychotherapie und medizinische Anthropologie XI, 1964, p. 187-192.

(8) (*Psychologisierung – oder Humanisierung der Medizin?* – Psicologização – ou humanização da medicina?) Österreichische Ärztezeitung, Ano 36, Caderno 10, 1981, p. 701-707.

(9) (*Die Begegnung der Individualpsychologie mit der Logotherapie* – O encontro da psicologia individual com a logoterapia) – *Die Begebnung der Individualpsychologie mit anderen Therapieformen. Ausgewählte Beiträge vom 15. Kongress der Internationalen Vereinigung für Individualpsychologie vom 2. Bis 6. August 1982 in Wien* (O encontro da psicologia individual com outras for-

320 ✳ Logoterapia e Análise Existencial ✳ Viktor E. Frankl

mas de terapia. Contribuições seletas do 15º Congresso da Associação Internacional para Psicologia Individual de 2 a 6 de agosto de 1982 em Viena). Org. por Toni Reinelt, Zora Otalora e Helga Kappus. (Reinhardt) Munique/Basileia. 1984, p. 118-126.

(10) (*Hunger nach Brot – und Hunger nach Sinn–* Fome de pão – e fome de sentido) – Kulturmagazin Tiroler Impulse, Ano 2, n. 1, 1985, p. 6 e segs.

(11) (*Der Mensch auf der Suche nach einem letzten Sinn –* O homem à procura de um sentido último) – Oskar Pfister Award Lecture, 1985, proferida no Annual Meeting da American Psychiatric Association em Dallas/Texas.

(12) (*Bemerkungen zur Pathologie des Zeitgeistes –* Observações sobre a patologia do espírito do tempo) – Festschrift: 100 anos da Clínica Universitária de Psiquiatria, Innsbruck. Relatório de atividades 1989-1992. Org. por Hartmann Hinterhuber (Psiquiatria integrativa). Innsbruck, 1993, p. 26-32. – Discurso proferido em Seefeld, Tirol.

Anexo (Em memória de 1938) – Discurso proferido no dia 10 de março de 1988 na praça da prefeitura de Viena.

Livros sobre o tema "logoterapia"

A bibliografia conjunta pode ser vista na Web mundo afora; e, em verdade, no endereço: *http://www.viktorfrankl.org.*

Outros livros de Viktor E. Frankl

[A lista de todos os volumes de autoria de Viktor Frankl, bem como uma bibliografia *on-line* abrangente sobre logoterapia, pode ser acessado no site do Instituto Frankl Viktor, www.viktorfrankl.org]

Frankl, Viktor E. *O Homem em Busca de um Sentido* (Man's Search for Meaning). Lua de Papel, Alfragide, 2014; ISBN 978-989-23-1991-9.

Frankl, Viktor E.; Lapide, Pinchas. *A busca de Deus e questionamentos sobre o sentido* (Gottsuche und Sinnfrage). Petrópolis: Vozes, 2013; ISBN 978-989-23-1991-9.

Frankl, Viktor E. *O que não está escrito nos meus livros – memórias.* São Paulo: É Realizações, 2010. ISBN 978-85-88062-85-6.

Frankl, Viktor E. *Psicoterapia para todos* (Uma psicoterapia coletiva para contrapor-se a neurose coletiva). Petrópolis: Vozes (Brasil) 1990-1991.

Frankl, Viktor E. *Sede de sentido.* São Paulo: Quadrante, 1989.

Frankl, Viktor E. *Em Busca de Sentido. Um Psicólogo no Campo de Concentração.* São Leopoldo: Editora Sinodal; Petrópolis: Editora Vozes, 1985-2013 (33. Auflage); ISBN 978-85-233-0886-5. Vozes edition Edição da Vozes: ISBN 978-85-326-0626-6.

Frankl, Viktor E. *A presença ignorada de Deus* (Der unbewusste Gott). Porto Alegre: Editora Sulina; Rio de Janeiro: Imago, 1993; 12. edição (revista) São Leopoldo: Editora Sinodal, 2010 (ISBN 978-85-233-0887-2); Petrópolis: Editora Vozes (ISBN 978-85-326-0769-0).

Frankl, Viktor E. *Psicoterapia e sentido da vida. Fundamentos da Logoterapia e análise existencial* (Aerztliche Seelsorge/The Doctor and the Soul). São Paulo: Editora Quadrante, 1973-2003.

Anexo

Por iniciativa da editora, o Professor Frankl colocou à nossa disposição e liberou para a publicação o material de imagens biograficamente relevantes que estão impressas a seguir.

Os pais de Frankl: Elsa (nome de solteira: Lion) e Gabriel Frankl

Frankl (no meio) com o irmão Walter e a irmã Estella Frankl

Anotações feitas por Frankl com a finalidade de reconstrução do manuscrito perdido no campo de concentração de Auschwitz e relativo à obra *Ärztlichen Seelsorge* (Aconselhamento espiritual médico) – rabiscado ainda no campo de concentração de Turkheim no verso de um formulário da SS)

Descendo pela corda junto ao monte Tribulaun, no Tirol (1948)

Os Frankls com Martin Heidegger (no meio) em "Heurigen" (1956)

Frankl durante uma conferência para a Associação Industrial

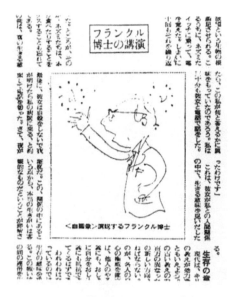

Autocaricatura publicada em um jornal de Tóquio

Frankl faz uma caricatura das "três escolas vienenses da psicoterapia" (a psicanálise de Freud, a psicologia individual de Adler e a logoterapia de Frankl).

Frankl (uma das poucas fotos nas quais ele está rindo)

O casal Frankl (1994)

Índice Onomástico

A

Adler, Alexandra – 262
Adler, Alfred – 2, 101, 152, 228, 240, 258, 259, 261, 262, 264, 265, 280, 281, 312
Adler, H. G. – 209, 212, 223
Aichhorn – 262
Allen – 43
Allers, Rudolf – 4, 15, 30, 227, 228, 229, 231, 234, 235, 236, 237, 261
Allers, Ulrich – 228
Allport – 107, 172, 188, 294, 309
Ansbacher – 262
Antoch – 265
Ascher – 267

B

von Baeyer – 253, 254
Bally – 30, 134
Bernano – 186
Börner – 305
Berze – 52
Bettelheim – 201
Bilz – 181, 246
Binswanger – 109, 171
Bloomberg – 43
Bluhm – 221
Bok – 214
Brown – 250, 284
Buber – 295
Bühler, Charlotte – 107, 262
Bühler, Karl – 284

C

Cambriels – 52
Cannon – 280
Casciani – 250, 284
Cohen – 193, 194, 195, 198, 200, 201, 202, 209, 211, 212, 215, 221
Crumbaugh – 250, 284

D

Dansart – 250, 284
Darwin – 123
David – 172
Davidoff – 43
Dehmel – 66
de Meyer – 133
Descartes – 75
de Wind – 195, 221
Dienelt – 158
Dostoievski – 66, 200, 221, 297
Dreikurs – 262, 266
Dubois – 255
Dunlap – 266
Durlak – 250, 284

E

Einstein – 145, 298, 299
Eliasberg – 15

F

Fabry – 252
Federn – 259
Feigel – 30
Foerster – 57
Freud – 2, 9, 27, 59, 87, 107, 109, 116, 193, 209, 231, 236, 240, 258, 262, 279, 280, 281, 296, 299, 311
Freyhan – 242
Fröschels – 50

G

Gauger – 14
von Gebsattel – 84, 134
Gehlen – 110
Gentile – 136
Goethe – 31, 91, 136, 308
Groner – 151
Gsell – 204, 214
Gsur – 317
Guttmann – 43

H

Habakuk – 153
Haeckel – 259
Hand – 266
Hartmann – 63, 88, 279
von Hattingberg – 266
Hebbel – 196
Heidegger – 4, 15, 160, 171, 234, 235, 291, 308
Heilig – 246
Helweg-Larsen – 211
Hermann – 214
Hertel-Wulff – 213
Hess-Thaysen, E. – 201
Hess-Thaysen, J. – 201
Heyer – 134
Hoff – 190, 246

Hoffmeyer – 213
Huk – 217
Hunter – 240
Husserl – 160

J

James – 301
Jaspers – 15, 115, 134, 188, 218, 229
Joelson – 143
Joseph II –126, 251, 252
Jugnet – 231, 232, 235
Jung – 14, 28, 116

K

Kaas – 221
Kallmann – 91
Kant – 14, 160, 187, 311
Kautsky – 202, 203, 221
Kieler – 201, 202, 212
Klages – 115
Ko – 268, 269
Kocourek – 172, 173, 177
Kohlberg – 244
Kolle – 215, 216
Kramplitschek – 262
Kratochvil – 250, 284
Kreisky – 273
Kretschmer – 13, 204
Kreuzer – 292
Krippner – 283
Kronfeld – 15, 30
Kropotkin – 123
Künkel – 12, 265

L

Lamontagne – 266
Lamy – 213
Lange – 91
Langen – 154

Índice onomástico ✱ 335

La Rochefoucauld – 298
Lazarsfeld – 206
Leary – 309
Lersch – 103
Lewin – 284
Lifton – 92
van Loon – 212
Lorenz – 283, 292
Löwy – 262
Lukacs – 259, 262
Lukas – 6, 137, 241, 243, 250, 270, 284, 312
Lunceford – 250, 284

M

MacLean – 43
Mann – 206
Marks – 266
Marx – 304
Maslow – 265
Mason – 250, 284
Meerloo – 162
Meier – 250
Meinertz – 15, 30
Metzger – 265
Myerson – 43
Michel – 214
Missine – 269
Mlczoch – 242
Monod – 288
Moser – 285, 286
von Muralt – 66
Murphy – 284

N

Nardini – 219
Niebauer-Kozdera – 154, 173, 174, 175, 177, 178
Nietzsche – 125, 135, 218, 281, 306

P

Paracelso – 69, 87, 192
Pascal – 114
Perlberg – 258
Pfeiffer – 15
Pfister – 3, 279, 281, 299
Pflanz – 163, 192
Pittermann – 316
Planova – 250, 284
Pötzl – 308
Polak – 158, 239
Popielski – 250, 284
Portmann – 112
Prill – 154
Prinzhorn – 13
Prinzmetal – 43

R

Reifenstein – 43
Richmond – 250, 284
Roberts – 250, 284
Rosencher – 214
Ruch – 250, 284

S

Sallee – 250, 284
Sargant – 43
Scharch – 240
Scheler – 27, 63, 81, 136, 145, 188
Schilder – 44, 53, 58
Schiller – 308
Schopenhauer – 120
Schrödinger – 288
Schulte – 134, 163
Schultz – 13, 15, 50, 133
Schwarz – 15, 27, 228, 261
Selye – 162
Simmel – 19, 78
Skinner – 292

Smith – 250, 284
Sócrates – 144
Solyom – 267
Soucek – 262
Spengler – 303
Sperber – 258
Spinoza – 212
Starck – 250
Steckel – 262
Straus – 28, 180

T

Takashima – 240
Thygesen – 201, 202, 212
Titze – 257, 270, 271
Tolstoi – 136

U

von Uexküll – 163, 192
Utitz – 204, 205
Utz – 151

V

van der Veldt – 154

Volhard – 154
Vrijhoff – 221

W

Watzlawick – 267
Weiss – 101
Weitbrecht – 135
von Weizsäcker – 13
Werfel – 313
Wertheimer – 283, 284, 302
Wexberg – 258, 262, 266
Wilbur – 43, 53
Wittgenstein – 299, 302
Wulfften-Palthe – 212, 226

Y

Yalom – 282
Yarnell – 250, 284
Young – 250, 284

Z

Zeisel – 206
Zilboorg – 101